붉은 의료

소련의 사회화한 건강

지은이

아서 뉴스홈 Arthur Newsholme
(잉글랜드와 웨일즈 지방정부위원회 전 국장)

20세기 초 영국의 공중 보건 학자, 의사였던 뉴스홈은, 당시 런던에서 유행하던 결핵, 디프테리아 등의 감염병을 접하면서 공중 보건의 중요성을 깨달았다. 더 나은 국민건강을 위해서는 국민 건강보험National Health Insurance, 공중위생 등 보건 의료의 국가 개입이 중요하다고 주장했으며, 유럽 19개국의 의료제도를 파악하여 출간한 보고서는 구상을 실현하기 위한 작업 중 하나였다. 그의 공중 보건관은, 이후 미국 최초의 공중 보건 교육기관인 존스홉킨스대학에서 가르치며 미국 공중 보건사에도 큰 영향을 끼치게 된다.

존 아담스 킹스베리 John Adams Kingsbury
(Milbank Memorial Fund 사무국장, 뉴욕 공공자선회 전 위원)

20세기 초 미국의 공중 보건 활동가. 1921년부터 1935년까지 민간 공중 보건 재단인 밀뱅크메모리얼기금의 사무국장을 지냈고, 뉴욕시 공공자선회 등 민간 중심의 미국 의료제도를 보다 통합적인 공공 의료제도로 개편하기 위해 열정적인 노력을 기울였다. 하지만 프랭클린 루스벨트 대통령을 움직여 공공 의료보험을 사회보장 제도에 포함시키려는 시도는 미국의사협회와 월가의 강력한 저항에 부딪혀 실패하고, 킹스베리는 공산주의자라는 비난을 받으며 주요 직위에서 밀려나 미국 보건사에서 거의 잊히는 존재가 되고 말았다.

북펀딩에 참여해 주신 분들께 감사드립니다.

강지연 김경미 김미정 김신애 김원철 김정은 김주연 김창훈 문미라 박경아 박지은
박찬호 백재중 성창기 송혜숙 신상수 신영전 심재식 안정선 원진호 유기훈 이기림
이민정 이준수 이지혜 전진용 정선화 조계성 조선희 조혜영 채윤태 최호영 홍수연

붉은 의료

초판 1쇄 발행 2017년 11월 10일
지은이 아서 뉴스홈, 존 아담스 킹스베리 옮긴이 이미라 신영전
펴낸이 백재중 만든이 조원경 꾸민이 박재원 펴낸곳 건강미디어협동조합
등록 2014년 3월 7일 제2014-23호 주소 서울시 광진구 동일로 18길 118
전화 010-4749-4511 팩스 02-6974-1026 전자우편 healthmediacoop@gmail.com
값 18,000원 ISBN 979-11-87387-07-7

이 책은 런던의 윌리암 하인맨(의학 서적) 출판사 William Heinemann(Medical Books) LTD.가 1934년 발간한『*Red Medicine: Socialized Health In Soviet Russia*』을 번역한 것이다.

소련의 사회화한 건강

붉은 의료

아서 뉴스홈·존 아담스 킹스베리 지음 | 이미라·신영전 옮김

러시아 혁명
100주년 기념판

소련 보건의료 2

RED ME

이 조사를 처음으로 제안한 미국 메디컬 프로페션(Medical Profession)의 원로(Nestor)
윌리엄 헨리 웰치(William Henry Welch)께 책을 헌사하며,
그 과정에서 핵심적인 도움을 준 사라 뉴스홈(Sara Newsholme)을 기린다.

-

런던
윌리엄 하인만(WILLIAM HEINMANN) 의학서적(Medical books) 주식회사
1934

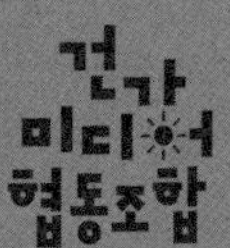

옮긴이

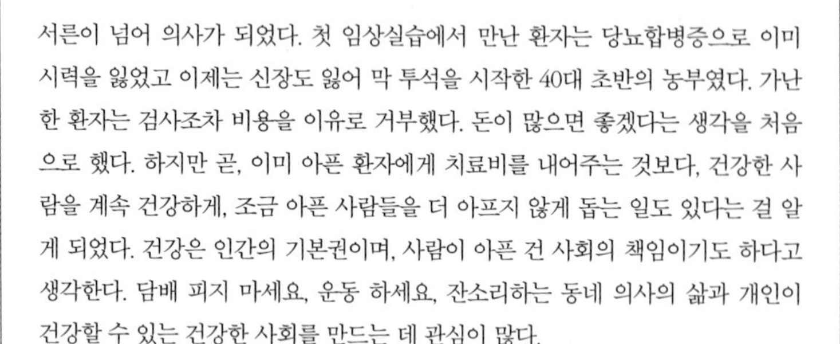

이미라

서른이 넘어 의사가 되었다. 첫 임상실습에서 만난 환자는 당뇨합병증으로 이미 시력을 잃었고 이제는 신장도 잃어 막 투석을 시작한 40대 초반의 농부였다. 가난한 환자는 검사조차 비용을 이유로 거부했다. 돈이 많으면 좋겠다는 생각을 처음으로 했다. 하지만 곧, 이미 아픈 환자에게 치료비를 내어주는 것보다, 건강한 사람을 계속 건강하게, 조금 아픈 사람들을 더 아프지 않게 돕는 일도 있다는 걸 알게 되었다. 건강은 인간의 기본권이며, 사람이 아픈 건 사회의 책임이기도 하다고 생각한다. 담배 피지 마세요, 운동 하세요, 잔소리하는 동네 의사의 삶과 개인이 건강할 수 있는 건강한 사회를 만드는 데 관심이 많다.

신영전

의학과 보건학을 전공하고 현재 한양의대 예방의학교실 교수, 건강과사회연구소 소장을 맡고 있다. '건강', '취약 집단', '정치학'이라는 키워드를 가지고 건강정치학을 공부하고 있으나 최근 '건강'을 재정의할 필요성을 느껴 '온존'이라는 개념을 갈고 닦는 중이다. 역사에도 일부 관심이 있으나 스스로를 역사학자라기보다는 '계보학도'라 불리고 싶어 한다. '역사 과학' 더 나아가 '온역사one history'에 관심이 있다. 건강, 질병, 건강정책 역사를 남한에 국한하지 않고 북한, 일본, 만주 지역 등으로 점차 확대해 가며 공부하고 있는데 이번 소련 보건 의료 관련 번역도 이러한 과정의 산물이다.

옮긴이 서문

소련의 의료제도라니, 생경했다. 현실 공산주의가 거의 사라진 지금에 와서 다시 그들의 '실패한' 제도를 살펴 볼 필요가 있을까? 하지만 가진 자원에 비해 탁월한 효율을 보이고 있는 쿠바의 의료제도도 소련의 모델을 적용했으므로, 소련의 초기 의료제도가 어떤 모습이었는지 무척 궁금해졌다.

이 책은 영국 출신 공중 보건 학자인 아서 뉴스홈과 미국 출신 공중 보건 활동가인 존 아담스 킹스베리가 1932년 소련을 방문한 후 소련의 사회상과 보건 의료 체계를 분석, 소개한 보고서이다.

아서 뉴스홈은 밀뱅크메모리얼기금의 지원을 받아 유럽 18개국의 의료제도를 살피고 분석하는 작업을 막 끝낸 참이었고, 원래 이 프로젝트에 포함되지 않았던 소련을 추가로 방문하게 된 건, 당시 밀뱅크메모리얼기금의 사무국장이었던 킹스베리의 역할이 컸다. 근대 이후 보건 의료를 전적으로 민간 영역에 기댄 두 나라의 의료제도에 혁신이 필요하다는 사회적 합의가 무르익던 시점이었고, 이들은 국민 건강 개선을 위해 공공 의료, 즉 국가의 개입이 필요하다는 입장이었다. 의기투합하여 도와주는 이들이 많았고, 밀뱅크메모리얼기금이 재정 지원을 하는 등 소련 방문은 준비부터 실행까지 순조로웠다.

그들이 직접 경험한 소련은 기대를 저버리지 않았다.

의료의 접근성은 높았다. 거주지에서든, 일터에서든 어렵지 않게 의사를 만날 수 있었고, 일터마다 마련된 탁아소에는 간호사와 교사들이 아이들을 돌보며 위생 교육을 담당했고, 노동자들이 근무 중에 아이들을 만나는 것도 허용되었다. 결핵이나 성병 등 특수 관리가 필요한 질병은 전담 요양소가 따로 마련되었고, 경증 환자들은 낮에는 일터에서 일하고 밤에는 야간 요양소에 머물면서 치료를 받았다. 특수 식이가 필요하면 일터에 마련된 식당에서 특수 식이를 제공 받았고, 충분한 요양이 필요하면 경치 좋고 공기 좋은 곳에 위치한 요양소로 전원되기도 했다.

아프지 않더라도, 노동자들은 일 년에 2주, 요양소에서 휴가를 지낼 기회를 누렸다. 제정 러시아 시대의 황제나 귀족들이 별장으로 이용하던 크림 반도의 화려한 공간들이 요양소로 운영되었다.

여성은 혁명 이전보다 독립적인 개체로 사회에 참여하였다. 노동의 기회는 평등하게 주어졌고, 불행한 결혼을 그만두는 과정은 전보다 쉬워졌다. 임신 기간 동안에는 지역 일차 의사가 건강 관리를 하고 분만은 종합병원으로 전원되어 이루어지며, 병원에서의 의료 기록은 분만 후 일차 의사에게 다시 전달되었다. 분만 후에는 두 달 간의 유급 휴가가 주어졌다.

저자들은 중앙정부가 정책을 입안하고, 지역정부가 실행을 분담하는 중앙집권적 방식을 소련 의료제도가 광대한 국토에도 불구하고 높은 효율과 정책의 일관성을 유지하는 동력으로 이해했다.

물론, 기간산업에 필요한 기계 등의 수입이 공산품의 수입에 우선하고, 산업화가 계획처럼 빨리 진전되지 않는 등의 계획경제의 단점 때문에 먹거리나 공산품은 늘 부족했다. 새로운 사회주의 국가의 탄생에 전적 지지를 보내던 앙드레 지드가 소련 방문 후 쓴 여행기에서 '치즈가 다양하지 않다' 같은 불평을 했던 이유이기도 하다.

앙드레 지드의 다른 비판에는 사회의 획일성도 있었다. 어딜 가나 비슷한 구성의 무리를 만나고, 비슷한 형식의 답변을 듣는 데 지쳤는지, 여행기의 후반에는 그런 답변들이 훈련된 게 아닌가 하는 의문을 품기도 하는데, 이런 의문은 이 책의 저자들도 가졌던 듯하다. 공장 등의 생산 기본단위에서 구성원들의 의견이 잘 반영되고 있는지, 높은 생산성에 대한 기대가 자발적인 것인지 등에 대한 의문이 반복적으로 제기되는데, 인터뷰에 참여한 소련 사람들의 대답은 언제나 비슷하게 긍정적이었던 걸로 기록된다.

소련에서 돌아온 후, 이들은 각자의 기록과 자료들을 취합해 보고서 작성을 시작했다. 뉴스홈은 어느 정도 비판적인 의견을 표현했던 반면, 킹스베리는 매우 우호적이었다. 킹스베리는 소련식 의료제도를 미국에 도입해야 한다는 신념이 강했고, 미국인들의 의식이 그만큼 여물었다고 생각했으므로, 보고서의 책 출판 이전부터 미국 전역을 돌며 강연에 나섰다. 마침 프랭클린 루스벨트 대통령은 사회 전반에 적용될 사회보장 제도를 구체화하고 있었고, 킹스베리와의 개인적 친분이 작용했는지 사회보장 제도의 한 부분으로의 공공 의료보험 현실화 계획도 담당 위원회에서 검토되고 있었다. 킹스베리가 당시 상황을 긍정적으로 본 이유일 수도 있다.

출판 직전에서야 원고를 확인한 밀뱅크메모리얼기금은 소련에 우호적인 책의 어조와 여러 번 인용된 시드니 웹의 정치성을 문제 삼아 출판을 마뜩치 않아 했다. 저자들은 소련의 보건 의료 제도가 정치 체계와 밀접한 관련이 있다고 해석했으므로, 보건 의료 제도에

의 긍정적인 평가는 정치체계의 지지로 연결되어 받아들여질 것이라는 우려였다. 어느 정도 조율을 거쳐, 1934년 보고서는 마침내 출판이 되었지만, 킹스베리가 맞닥뜨린 현실은 녹록치 않았다.

러시아 혁명 즈음부터 나타난 공산주의에 대한 공포Red Scare는 여전했고, '사회화한 의료'라는 정면 승부를 택한 킹스베리는 곧 공산주의자라는 낙인이 찍힌 채, 미국 주류사회의 극심한 비판에 부딪힌다. 국가의 개입을 의료인의 자주권 박탈로 판단한 미국의사협회와 서비스의 공공화가 자본주의를 해친다고 주장하는 월가의 저항은 강력했다. 『미국의사협회지*JAMA: Journal of American Medical Association*』에서는 책의 출판 직후 살벌한 서평을 계속 썼다. 공중 보건 관련 연구를 지원하던 밀뱅크메모리얼기금의 모기업에 대한 보이콧 운동이 일어나고, 킹스베리를 해고하라는 압력이 가해졌다.

이후 두 저자의 운명은 출신 국가의 공공 의료제도와 궤를 같이 한다. 영국의 의료제도가 국민건강서비스NHS: National Health Service로 개편되면서 뉴스홈의 작업은 유효성을 인정받은 반면, 킹스베리의 운명은 그렇지 못했다. 1935년 루즈벨트 대통령은 사회보장 제도를 통과시키기 위해 공공 의료보험을 협상카드로 이용하고 폐기하였으며, 킹스베리는 14년간 일했던 밀뱅크메모리얼기금에서 해고 당했다. 이후 미국의 반공산주의는 매카시즘으로까지 이어지며 극렬해졌고, 의료제도의 공공화는 어떤 식으로든 '사회주의자들의 의료'라는 이름으로 폄훼되며 진지하게 논의되지 못했다.

그런 시대였다. 1937년 소련을 방문하고 『소련의 사회화한 의료Socialized Medicine in the Soviet Union』라는 책을 낸 존스 홉킨스 대학교의 의사학과 학장 헨리 지거리스트Henry Sigerist 박사는 몇 년 후 반

강제적으로 미국을 떠나 고향인 스위스로 돌아가야만 했다. 그의 영향으로 캐나다 서스캐처원 주에 공공의료가 도입되고, 나아가 캐나다 공공의료제도의 근간이 된 사실과 씁쓸한 대조를 이룬다.

책의 전반부에는 이들이 여행을 하며 보고 겪은 소련의 자연과 사람들의 모습에 초점을 맞추고, 후반부에는 보건 의료 세부 분야에 대해 상세하게 설명하는 형식을 취하고 있다.

책을 옮기는 과정은, 캅카스며 크림 반도 같은 아름다운 자연과 흔히 신생 국가가 그러하듯 건강한 의욕이 충만한 사회를 간접적으로나마 경험하는 즐거운 기회였다. 종종 모스크바로 향하는 시베리아 횡단 열차를 타면 이들이 보고 겪었던 것을 지도 삼아 여행할 수 있을지도 모르겠다고 공상하기도 했지만, 벌써 85년 전의 일이다.

그럼에도 불구하고 85년 전 이들의 시도는 현재를 사는 우리에게도 여전히 유효하다. 모든 사람들이 건강을 누릴 수 있지 않을까 희망했던 1978년의 알마아타 선언이 겨냥했던 2000년도 벌써 17년이나 지났지만, 모든 사람이 건강할 수 있는 사회는 아직 이루어지지 않은 목표이다. 사람들은 여전히 죽지 않아도 될 병으로 죽고, 노동으로 말미암아 죽기도 하며, 감당할 수 없는 치료비에 고통받는다. 그러니까 더 많은 사람들이 더 나은 삶을 살 수 있는 제도를 고민하는 것은 여전히 유효하다. 물론, 이들의 시도에서 무엇을 취하고 무엇을 버릴 것인가는 우리의 몫이겠다.

2017년 10월

이미라

차례

서문

소련에서 사람이 아프면 정부는 문제를 해결하기 위해 조치를 취한다. 개인 건강이 전체 사회의 주요 관심사라고 규정하고 있으므로, 사실상 정부가 이미 어떤 조치를 취하고 있는 셈이다. 실제로 소련은 국민들에게 예방과 치료를 포함한 모든 의료 서비스를 제공하도록 설계된 완전한 체계을 구축하고 운영하는 세계 유일의 국가이다. 이 사회화한 보건 의료socialized health에 관한 방대하고 매혹적인 실험이 연구 기획자들의 기대에 미치지 못할지 아니면 더 나을지 아직 알 수 없다. 하지만 둘 중 어떤 경우라도 세상이 그냥 지나치지는 못할 실험임에는 분명하다.

이 책에서 우리는 소련의 의료 기관과 의료 행정의 개요를, 소련을 여행하며 모은 상세한 자료와 함께 소개할 것이다. 이 분야를 종합적으로 다룬 서적을 찾을 수 없었기에, 소련에 대한 일반론과 저자 개인들과 관계있는 특정 주제 관련 여러 책에서 도움을 받았다. 몇몇 저자들과의 사적인 관계에서 얻은 정보의 혜택도 누렸다. 귀중한 도움을 주신 많은 분들 중 몇 분은 여기서 이름을 밝힐까 한다.

소련을 오랫동안 알고 계시면서 우리에게 자극이 되는 말씀을 주신 분들 중, 『뉴욕타임즈』 모스크바 통신원인 월터 듀란티Walter Duranty 님이 특히 많은 도움이 되었다. 윌리엄 보라William E. Borah 상원의원과 시드니 웹Sindey Webb이라 불리는 패스필드 경Sir Passfield

의 소개장 덕분에 소련에서 언제나 환대를 받았다. 외무부 우만스키K. A. Umansky 씨와 소련 정부 보건 담당 당 정치위원 블라디미르스키M.F. Vladimirsky 박사께서 여행 편의를 아낌없이 제공해 주셔서 우리가 찾던 정보를 얻을 수 있었다. 본문에 언급된, 소중한 도움을 준 다른 여러 소련 인사들께 이 자리를 빌어 고마움을 전한다. 미국에 휴가차 체류하던 중 우리에게 보충 정보를 주신 모스크바 대학 알렉산더 루바킨Alexander Roubakine 박사에게도 빚을 졌다. 정치·경제에 관한 질문을 도와주신 제정 러시아 육군 소장이자 케렌스키Kerensky 내각의 일원이며 러시아 혁명에 저명한 역사학자인 빅토르 야콘토프Victor A. Yakhontoff, 러셀 세이지Russell Sage 재단의 산업 연구 분과 과장인 매리 밴 클리크Mary Van Kleeck 여사께도 감사를 드린다. 두 분 다 원고를 읽어 주셨다. 또 책의 일부를 읽고 무척 귀중한 제안을 해주신 패스필드 경Sir Passfield께도 감사드린다. 밀뱅크메모리얼기금Milbank Memorial Fund 직원으로 편집과 출판을 도와 주신 빅토르 프리베리Victor O. Freeburg 씨께도 빚을 졌다.

급격히 변화하는 상황에서 복잡한 주제를 다루었기 때문에, 주의를 기울였음에도 불구하고, 우리 글이 오류에서 아주 자유롭지는 못할 것이다. 독자들께서 관대하게 봐 주시기 바란다.

우리가 이 연구를 할 수 있게 전폭적으로 도와 주신 밀뱅크메모리얼기금에 깊은 감사를 드린다.

오직 우리가 본 것만을 충실하게 서술하는 목적 외에 어떤 다른 이유가 없음을 덧붙이고 싶다.

1933년 10월 1일

아서 뉴스홈Arthur Newsholme, 존 킹스베리John A. Kingsbury

들어가며

먼저 어떻게 소련Soviet Russia[1]의 의료와 보건 행정에 대한 얘기를 하게 되었는지 말하려 한다.

영국의 아서 뉴스홈 경은 밀뱅크메모리얼기금의 연구 사업으로 의료 분야 민간 진료 활동과 보건 행정을 포함, 공공 당국과 의료 부문 사회복지사들의 다양한 행위들 간의 관계를 조사해 왔고, 재단의 지원으로 그 결과를 세 권의 책으로 묶어 출판하였다.[2] 그는 이 저서들에서, 주요 유럽 국가들에서 보이는 의료 서비스의 실제 제공 방식과 절차에 대한 소개를 설명을 곁들여 다루고 있다.

네 번째 독립적인 권에서는 이전에 세계 각국에서 수집된 사실들을 바탕으로 민간 의료와 공공 의료의 다양한 접점에 대한 문제를 주요하게 논의하며, 미래를 위한 바람직한 조언으로 몇 가지 중요한 결론을 도출하고 있다.

이 연구는 유럽 국가들의 보건 의료 사업을 주제로 하지만, 러시

---

1. 이 책에서 러시아, 소비에트사회주의공화국연방Union of Soviet Socialist Republics의 약자인 U.S.S.R, 소련Soviet Union 등의 용어는 서로 대체 가능하다. 물론 저자들은 러시아로 알려진 정부는 더 이상 존재하지 않는다는 것을 알면서도 혼용하고 있다.

2. *International Studies on the Relation Between Private and Official Practice of Medicine, with Special Reference to the Prevention of Disease.* London: George Allen & Unwin; Baltimore: Williams & WIkins Company, 1931, 3 vols.
조사 대상국은 1권에서는 네덜란드, 덴마크, 스웨덴, 노르웨이, 독일, 오스트리아, 스위스, 2권에서는 벨기에, 프랑스, 이탈리아, 유고슬라비아, 헝가리, 폴란드, 체코슬로바키아, 3권에서는 잉글랜드, 스코트랜드, 웨일스, 아일랜드이다. 『의료와 국가*Medicine and the State*』라는 제목의 다른 권은 전체 주제를, 원인이 되는 의료 문제점에 대한 일반적인 원칙들과 함께 조심스럽게 고찰하고 있다.

아는 포함되어 있지 않다. 부분적으로는 국제 조사의 책임자였던 저자가 조사를 실용적인 범위로 한정시켜야 했기 때문이기도 하지만, 미국이나 영국에서 필요한 발전이나 개혁의 방향 또는 성격을 결정하는 데 러시아의 경험이 도움될 것이라고 생각하지 않았기 때문이기도 하다. 실제로 이들 나라의 광범위한 선진 의료 및 사회복지 사업의 역사는 러시아와 공통된 점이 거의 없다. 이후 뉴스홈 경이 내린 이러한 '선험적' 결론에 대해 의문이 제기되면서, 밀뱅크메모리얼기금 주도의 공동 방문 조사가 착수되었다. 방문 조사는 사회학적 연구에 경험이 많은 두 연구원들이 진행하였고, 이로써 관련 문제들에 대한 의료적인 접근과 일반적인 접근 모두 가능하다는 장점을 가지게 되었다.

공동 조사의 결과는 다음 보고서에 담았다. 두 연구원들은 독립된 사고 체계를 가진 데다가, 각기 다른 가치관으로 소련의 문제를 보았을 것이므로, 소련이 구축해 온 의료 사회 정책, 특히 사회적인 측면에서 획기적이고 새로운 발전을 가능하게 한 지식이나 방법에 대해 서로 완전히 동의하는 경우는 드물었을 것이다. 하지만 조사결과는 연구원들의 개인 의견이 아니라 객관적인 관찰이라는 면이 더 중요하므로, 연구의 목적에 충실하게 기술했다.

우리는 1932년 8월과 9월에 걸쳐 러시아에 머물렀다. 비교적 짧은 기간이었음에도 불구하고, 북쪽 최대 도시 레닌그라드부터 남쪽 끝 캅카스Кавка́з, Caucasus까지 주요 도시에서의 보건 의료 사업에 대한 자료를 수집할 수 있었고, 어느 정도 직접 살펴 볼 수 있는 특별한 편의를 제공받기도 했다.

우리 중 한 명은 시드니 웹과 다른 영국인들에게서 받은 소개장을 가지고 있었고, 다른 한 사람은 당시 미국 상원 외교위원회 의장이었던 보라Borah 상원의원의 특별 서신을 가지고 있었기 때문에 외무부 우만스키Umansky 씨와 소련 정부[3] 보건 담당 당 정치위원인 블라디미르스키 박사에게 조사 허가를 받을 수 있었고, 남쪽 행 볼가 강 증기선을 탔을 때나 또 후에 조지아나 크림 반도에서도 환영받고 있다는 것을 알 수 있었다. 예를 들어, 볼가 강을 따라 내려가는 4일 동안 증기선이 머무는 마을마다, 지역 보건 담당 당 정치위원이나 직원들이 우리를 맞으러 와서 몇 시간 동안 그 지역의 주요 의료 시설에 데려가 시찰할 수 있도록 도와주었다. 덕분에 지역 의료 행정을 세세하게 파악할 수 있는 기회가 있었는데, 이 내용은 바로 다음 장에서 설명하도록 하겠다.

소련이 의료 행정에서 이루어낸 성취를 기술한 부분은 어쩌면 소련의 의료 사회학적 발전에 대해 왜곡된 혹은 지나치게 호의적인 시선으로 받아들여질 수도 있겠다. 우리 보고서는 이러한 비판을 환영한다. 외국인들이 소련을 방문한 후 개인적인 관찰을 담은 이전의 책에 대해서도 비슷하게 지적되었던 비판이다. 소련 정부가 우리에게 그들이 가진 최고를 보여 주었음에는 의심의 여지가 없다. 하지만 이는, 영국이나 미국에서 보건 의료 사업을 시찰한 외국인이 이를 다른 세상에 소개하는 경우에도 마찬가지일 것이다. 전체 방문 기간 동안 줄곧 우리가 보는 것이 소련이 달성한 최선이라는 사실을 잘 알고 있었다. 그러나 이 최선이 여러 도시에서 반복적으로 보

---

3. 러시아사회주의연방소비에트공화국The Russian Socialist Federated Soviet Republic, R.S.F.S.R. 또는 '주 러시아Russia Proper'는 소련을 구성하는 7개 공화국 중 하나로 소련 전체 인구의 약 70%를 포함한다.

이고, 한편 이런 모습이 완성 단계에 다다른 것이 아니며, 의사가 부족해서 몇 년 동안 서비스를 적절하게 공급하기 힘들었고, 도시의 의료 서비스를 광대한 소련의 시골 지역까지 확대하는 데 막대한 어려움을 겪고 있으며, 이 곤란을 지금까지는 부분적으로밖에 극복하지 못했다는 얘기를 어디에서나 터놓고 하는 모습을 보면서, 우리는 쇼 윈도우에 속은 것이 아니란 생각을, 그리고 사실은 광범위한 의료 개혁이 소련에서 훌륭하게 조직화되고 있으며, 그 방법과 절차를 세계 다른 곳에서도 연구하면 좋겠다는 결론을 내리게 되었다.

이 책에서는 주로 의료공급 관련 행정분야에 한정하여 설명하고, 교육 등의 다른 사회사업 분야에 대해서는 간단하게만 제시하려고 한다. 하지만 현재 소련의 의료를 실제 상황 속에서 볼 수 있도록, 책의 전반부 몇 장에서 소련의 사회경제적 상황을 조금 자세히 설명하는 것이 좋겠다고 생각했다. 같은 이유로 소련의 성립 단계에 대한 역사적 설명도 짧게 소개했다.

한 장소에서 2~3일 이상 머물렀던 적이 거의 없음에도 불구하고, 그 곳의 의료 책임자들을 바로 만날 수 있는 엄청난 특혜를 누렸고, 구체적인 행정 관련 질문에 대해서도 대개 충분한 답을 들을 수 있었는데, 때로는 지나쳐 문제일 정도였다. 하지만 미국이나 영국보다 '더 좋은 모습을 보이려는' 욕심 때문에 어떤 정보는 주고 어떤 정보는 주지 않았을 거라고 의심할 이유는 거의 없었다.

우리의 목표는 정확한 정보를 얻는 것이었고, 그래서 '과연 정보를 잘 얻고 있는가?'라는 질문이 자연스럽게 제기되었다. 통역에 의지할 수밖에 없었고, 우리의 미천한 러시아어 실력만으로는 우리가 어떤 정보를 얻을 수 있었는지 알 길이 없었다. 하지만 질문에 대한 밀접한 지식과 경험으로 확인해 나가면서 우리는 오해를 피할 수 있었다.

두 가지 힘든 점이 더 있었다. 하나는 우리가 간결하고 명확하게 질문을 해도, 종종 대답이 너무 길어진다는 점이었다. 통역 과정에서 너무 간략하게 전달되는 것 같았고, 그래서 중간 중간 끊어 통역을 부탁하는 방법으로 이 문제를 해결했다. 하지만 더 결정적인 어려움은 통역사들이 정부 관료, 때로는 공산당원이라는 점이었다. 통역할 때 사실대로 얘기했을까? 혹은 심각한 결점을 슬쩍 얼버무리면서 목표와 실제 성과를 섞어 말하지는 않았을까? 이렇게 은근 슬쩍 넘어가는 일이 종종 있었을지도 모르겠다. 다행히 잇따라 방문한 곳에서 들은 얘기들을 비교하고 우리가 직접 관찰한 것을 바탕으로 오류를 고칠 수 있었다.

첫 두 장에는 우리가 다닌 곳들에 대한 설명과 함께 우리가 본 것에 대한 간단한 묘사도 담겨 있다. 대체로 의료 문제는 간접적으로만 다뤘는데 이 문제와 해결책은 소련 사람들에 대해 충분한 지식이 있어야만 제대로 이해할 수 있기 때문이다. 또한 소련에 적절한 의료와 다른 사회 문제의 해결책을 영국이나 미국 인구 집단 상황에 적용하기 위해서는 대폭적인 수정이 필요하다는 것을 늘 기억해야 했다.

의료 사회 사업을 통제하고 관리하는 방법의 경우 특히 그러하다. 182개 민족으로 구성되어 있는 소련의 어마어마하게 큰 인구 규모에서 산업 노동자들과 농민들은 전반적으로 서구 국가들보다 좀 더 원시적이고 단순한 문명화 양상을 나타내고 있기 때문이다. 이런 사실을 생각하면, 소련이 그 짧은 시간에 이루어낸 것들에 대해 경이로움을 품게 된다. 그러나 오랜 기간 정교하게 조직된 중앙 및 지방 정부가 있는 국가들에서는, 설령 주요 원칙들이 정확하게 동일하더라도, 같은 방법으로 비슷한 결과를 얻을 수 있는 것은 아니다. 이 점은 마지막 장의 요약에서 다시 다루기로 한다.

마지막으로, 우리는 조사 과정에서, 과연 유라시아에서 서구 사회에 도움이 될 교훈을 얻을 수 있을 것인가 하는 회의를 제외하고는, 어떤 기존의 편견을 가지지 않았음을 말하고자 한다. 더불어 과거에는 물론 지금도, 우리는 『새 정치인과 국가*The New Statesman and Nation*』 최신호에 실린 시 「맥플렉노이*MacFlecknoe*」가 풍자한 특정 학파들에 소속된 적 없음을 밝힌다.

"X가 선택했던 장면들은
그가 예상했던 것들을 증명해 주네.
거대한 공장들이 세워지고,
열정은 놀랍구나
복지와 교육을 위해,
새 세상이 만들어지네
옛날보다 훨씬 나은.
그가 예언했던 것처럼."

비슷한 방식으로,

"Y씨는 그가 예상했던 것을 보았네.
교통은 두절되고,

분노는 자라는구나.

공산주의의 억압과 함께.

서서히 퇴행하네

혼란으로, 피로 물드는, 붉은-

그가 항상 얘기했던 것처럼."

그리고 그것을 우리 식으로 바꾼다면,

"누가 '소련에 대한 진실'을 믿지 않는가?

……

모든 사실을 속박하여

정확한 공식에 대치하는 곳.

결국, 증명될 것이니

그것은 작가가 보기 원했던 것."

1장

모스크바와 레닌그라드

현 소련 정권의 성립 배경을 설명하기 전에, 장장 14,500킬로미터에 걸쳐 여러 공화국과 여러 다른 기후대를 지나온 우리의 여정을 개략적으로 얘기해 볼까 한다. 그 곳 사람들의 특징과 그들이 건강을 유지하거나 회복하기 위해 이용하는 시설들을, 마치 우리가 보듯 독자들도 함께 경험할 수 있을지도 모르겠다. 의료계 지도급 인사들과의 만남도 언급될 것이며, 방문했던 보건 기관들도 마찬가지로 언급될 것이다. 하지만 이들이 설명한 의료 절차와 보건 기관에서 우리가 관찰한 구체적인 내용들은 뒷장에서 적절한 제목 아래 따로 제시될 것이다. 다른 곳에서 다루어지지 않았던 특정한 주제는, 종종 이런 서술적인 장에서 얘기될 것이다.

1932년 8월 2일 사우스햄톤 워터Southampton Water에서 뉴욕-브레머헤이븐Bremerhaven 간 브레멘S.S. Bremen 호에 오르며 여행은 시작되었다. 이 여행을 준비하느라 소련에 대한 자료를 많이 읽었고 최근 소련을 방문한 사람들과 만나기도 했다. 정보를 요약해 예상

질문과 함께 서면으로 작성해두기도 했다. 모스크바에 오래 있었던 미국인 신문 통신원[1]이 우리 중 한 사람과 뉴욕에서부터 같이 오게 되면서 자주 대화를 나누었고, 소련의 일상을 충분히 경험한 이의 눈에 비친 소련의 모습을 이제는 우리도 공유하게 되었다.

베를린에서는 아들론 호텔에 묵었다. 저녁 식사 후 모스크바에서 막 도착했다는 유명한 미국 홍보 담당자와 이야기를 나누었다. 그는 자본주의와 공산주의 정책 간에 궁극적으로 맞닿는 부분을 찾을 수 있을 거라는 입장이었다. 미래에 대해 희망적이었고, 영 얼토당토않은 예측은 아닌 듯 보였다. 그는 두 이념 간의 갈등이 길게 이어지겠지만, 그 과정에서 양측 모두 자신의 입장을 수정할 수 있을 것이라고 예측했다. 자본가들은 기업의 현재 이익을 차차 상당 부분 나눠 가지게 될 것이고, 노동자들이 기업 상황을 결정하는 과정에 참여하는 부분이 증가할 것이며, 현재 고용주와 자본가가 기업과 사업에 기여하는 부분이 유지되거나 확장되어야 한다는 것을 깨닫게 될 것이라는 의견이었다.

러시아에는 실업이 없다는 보고서를 읽은 탓에, 이틀 머물렀던 베를린의 거리를 걸으며 산업 불경기의 여파에 주목하게 되었다. 평범하게 일자리를 원하는 것처럼 보이는 비장애인들이 계속 구걸을 해왔다. 베를린은 세금이 과중했다. 한 식당에서는 전체 금액에 부과된 세금을 내고 추가로 우리가 마신 커피에 대한 10% 세금을 또 내야 했다.

베를린 체류 이틀째 저녁에 모스크바로 가는 기차에 탑승했으나,

1. 월터 듀란티Walter Duranty, 『뉴욕타임즈*New York Times*』 모스크바 통신원.

영국인 동료의 여권에 폴란드 비자가 없다는 이유로 우리는 한밤중에 기차에서 내려야만 했다. 런던 소재 소련 여행사인 '인투어리스트'가 이 사실을 놓쳤던 것이다. 설명도 하고 따져도 봤지만 관리는 우리를 도와 주지 않았다. 하는 수 없이 작은 역 대기실에서 4시간 동안 앉아 밤을 새고 나서 다시 베를린으로 돌아오는 기차를 타야 했다. 폴란드 관리가 비자 없는 여행자를 통과시켜 주지 않은 것은 당연했다. 하지만 더 이상한 것은, 베를린에 돌아왔더니, 우리가 없는데도, 우리 호텔 짐꾼이 폴란드 비자를 받아 놓았다는 사실이다. 후에 헝가리 국경에 도착했을 때에도 비슷한 경우가 있었는데, 이때는 현장에서 비자를 발급 받을 수 있었던 건 물론, 시간도 별로 걸리지 않았다. 모스크바 여정이 지체된 것은, 이 사건 말고도 추측할 만한 일들이 있기도 했지만, 폴란드와 소련 사이의 긴장된 관계를 반영하는 것이 아닌가 하는 생각도 했다. 소련, 폴란드, 체코슬로바키아, 유고슬라비아에서 뚜렷했던 전쟁에 대한 공포나 심리적인 긴장을 서유럽 사람들이 제대로 이해하기는 쉽지 않았다.

베를린으로 돌아와서도 24시간을 허비하고 나서야, 마침내 폴란드를 지나 소련 국경 역인 네고레로예Negoreloye에 도착할 수 있었다. 여기서 철도에 딱 붙어 있는 꽤 큰 학교를 보게 되었는데, 아이들이 축구 같은 걸 하고 노래를 부르는 풍경이 일상적인 듯 보였다. 후에 소련의 다른 곳에서도 사람들이 종종 일터에서 같이 노래 부르는 것이 눈에 띄었고, 어딜 가나 공원에서 여럿이 노래 부르는 소리를 들을 수 있었다.

세관 심사는 흥미로웠다. 우리가 가져간 어떤 품목에도 이의를 제기하지 않았지만, 쌍안경과 사진기는 신고해야 했다. 소유한 돈의 정확한 금액을 서류에 적어서 내고 나면, 두 세 명의 짐꾼이 관리자와 함께 열을 맞춰 들어왔다. 짐 청구서를 받은 다음 짐꾼들에게 많지 않은 수수료를 지불하면 그들은 짐을 기차에 옮겨다 주었다. 팁은 없었다.

관세청 벽에는 5개년 계획이나 소련의 새 산업들을 그린 벽화와 4개 국어로 적혀 있는 다음의 문구가 가득했다. '만국의 노동자여, 단결하라!'

새로운 슬로건이 아니다. 유진 데브스Eugene V. Debs도 미국에서 주장했고, 칼 마르크스가 쓴 『공산당 선언』의 한 구절이기도 한데 원문의 전체 문단은 다음과 같다.

> "지배 계급들이 공산주의 혁명 앞에서 벌벌 떨게 하라! 프롤레타리아가 혁명에서 잃을 것이라고는 쇠사슬뿐이요, 얻을 것은 세계 전체다. 만국의 노동자여 단결하라!"

기차에서는 모이지 고우레비치Moissey Gourevitch 박사 부부를 만났다. 박사는 우크라이나 보건 부문 당 정치위원을 역임했던 사람으로 공중 보건 분야 5개년 개발을 확립한 주축 중 한 명이었다. 그는 우리에게 소개장을 써 주고 연구에 대한 귀중한 조언도 아끼지 않았다.

모스크바 역에서는 '더 오픈 로드TheOpen Road' 지역 책임자와 인투어리스트에서 보내 준 통역인을 만났다. 더 오픈 로드는 유럽에 거주하거나 여행하는 미국인들 사이의 문화 교류를 증진시키기 위해 만들어진 미국 단체였다.

편의상 이쯤에서 여행 준비 과정에 대해 언급하는 것이 좋을 것 같다. 여행 준비는 뉴욕, 런던, 모스크바에 있는 인투어리스트 사무실에서 진행되었다. '1급first category'으로 여행하는지라 경비는 비교적 넉넉히 지불했다. 여행하는 내내 통역인이 항상 우리와 같이 했다. 모스크바와 레닌그라드에서는 3명의 통역인이 번갈아 있었고, 이후 남부를 여행할 때는 1명, 로스토본-돈Rostovon-Don 이후로는 운 좋게 영국 출신 여성 통역인이 우리를 위해 일해 주었다. 지나서 보니 여행 일정 동안 훌륭한 통역인 한 사람이 계속 곁에 있었다면 어려움을 덜 겪었을 것이라는 생각이 든다. 우리에게 지정된 5명의 통역인 중 3명은 교육받은 여성이었는데, 남성 통역인들 중 한 사람은 대학에서 영어를 가르치는 사람이었는데도, 남성 통역인들보다는 여성 통역인들이 더 도움이 되었다. 자동차는 언제나 사용 가능하였고, 기차를 탈 때에는 대개 별 탈 없이 침대칸이 예약되어 있었다.

모스크바에 대한 인상

모스크바에 도착하자, 거리와 전차를 가득 메우며 움직이는 군중이 인상적이었다. 교통량이 많았는데, 한 신문사 통신원이 쓴 것처럼, 요란하게 일터를 오가고 급하게 업무 교대하기 때문임이 분명했다. 남녀노소 모두 소지품을 가지고 도심으로 들어오거나 다른 어떤 곳으로 간다. 육체 노동자, 사무원, 지식 노동자 모두 대부분 흔한 셔츠를 입고 있었다. 많은 사람들이 별 개성 없는 옷을 입고 있었고, 어떤 남자들은 카키색 반바지를, 어떤 젊은 여자들은 어깨 끈이 달린 얇은 단색의 여름옷을 입고 있었고, 어린 아이들은 거의 아무 것도 입지 않고 뛰어다녔다. 몇몇 화려한 색깔들이 여기저기에서 보였지만 대부분은 어두운 계열의 옷을 안에 입고 있었다. 이상주의자들, 희망에 찬 노동자들의 밝고 열정에 찬 눈빛, 젊음의 힘이 깃든 힘찬 발걸음, 몇몇 노인들의 피곤하고 어리둥절한 모습, 장난치는 아이들의 웃는 얼굴, 우리 외국인들을 보는 호기심 넘치면서도 예의 바른 태도. 우리가 처음 본 이곳 사람들의 모습이었다.

질서와 선량함이 두드러져 보였다. 예를 들어 전차에는 아기를 안은 여자를 포함, 임산부나 노약자를 위한 자리가 지정되어 있었고, 다른 승객들은 뒷문으로 승차해야 하는 반면, 이들은 앞쪽 문으로도 승차할 수 있었다.

모스크바의 주택난은 심각했다. 약 350만 명의 인구는 전쟁 이전에 비해 약 50퍼센트 증가한 숫자였다. 시드니 웹의 말에 따르면 "인구당 건축 면적으로 본 1914년 모스크바의 노동 인구 주택 상황은 심지어 더 나빴다."[2] 10~12층 높이의 새 아파트들을 많이 짓고 있었지만 주거 시설은 여전히 너무 부족해, 숙소는 가족 수에 따라 배분되고 있었다. 의사 및 다른 전문직 노동자들은 육체 노동자나 사무직 노동자에 비해 조금 더 넓은 공간을 배정받았다. 임대료는 제공되는 주거 공간이 아니라 가족의 소득 수준에 따라 결정되었다. 나중에 다시 보겠지만, 이렇게 사람들이 빽빽하게 모여 있는 공간이 결핵의 원인이 되기도 했기 때문에, 회복 중인 노동자들과 잠복 결핵 또는 결핵이 의심되는 사람을 위한 야간 요양소night sanatorio가 많은 도시에서 만들어졌다. 새 아파트 외에도 신축 상가, 노동자 회

2. 『현재의 역사*Current History*』 1932년 12월.

관, 공장 등을 볼 수 있었다. 건축 현장의 부산스러움은 마치 19세기 후반 미국 서부의 신흥 도시들을 떠올리게 했다.

여행 중에 만난 사람들은 식량 부족에 대해 거침없이 얘기했다. 하지만 거의 15,000킬로미터를 여행하는 동안 부적절한 음식 때문에 심각하게 고생한 적은 없었다. 수박은 넘쳐 났고 멜론은 맛있었다. 주로 부족한 건 좋은 고기와 우유였다.

우유 없이 커피를 마셔야 하는 경우가 잦았다. 지주kulak가 집단 농장으로 흡수되면서 가축이 대량 살상된 상황에서 아직 회복하지 못한 것 같았다.[3] 전지분유dried milk에 대해서는 모르고 있는 것 같았다. 그렇지 않다면, 소련 정부 수립 초기 중점 정책으로 외국 통화로만 지불되는 외국 물자의 수입을 엄격히 제한하였기 때문에, 전지분유를 구할 수 없었던 것이 아닐까 싶다. 커피도 수입 품목이라 공식적으로 선호하지 않는 것이 분명했던 반면, 좋은 차는 어디에서나 구할 수 있는 국민 음료였다. 차는 캅카스 지방에서 재배되었다. 잘 꾸려진 주 농장을 방문하여 차가 수확되고 판매를 위해 가공되는 절차까지 볼 수 있었다. 다른 곳처럼 모스크바에서도 정육점이나 음식이 분배되는 배급소 앞에는 줄을 서 자기 차례를 기다리는 사람들이 있었다. 대규모 공동 부엌에서는 가진 것에 상관없이 모든 이들이 60 코펙kopeck[4]을 내면 저녁을 먹을 수 있었고, 비슷한 저녁 식사가 공장에서도 제공되었다.

---

3. 이들은 부유한 개인 농민들로 집단농장화 정책에 적극적으로 반대하는 성향을 가졌던 것 같다. kulak이라는 단어는 원래 '주먹'이라는 의미로 노동을 착취하며 군림하는 권력을 상징한다.

4. 1루블은 100 코펙kopeck으로 환산된다. 금 가치에 대비하면, 1 미국 달러는 1.94루블과 같고, 1 영국 파운드는 9.4576루블과 같다. 하지만 실제 소련에서 미국 달러나 영국 파운드로 지불하면, 공식적인 환율보다 몇 배 더 높은 가치로 환산되었다.

모스크바에 도착한 지 얼마 되지 않아, 나폴레옹이 도시가 불타는 걸 지켜봤다던 역사적인 장소, 지금은 '레닌 언덕'으로 이름이 바뀐 '제비 언덕Sparrow Hill'에서 모스크바를 내려다볼 수 있었다. 높은 곳에 보는 모스크바 강은 도시를 가로질러 굽이 흐르고 있었다. 후에 강가를 따라 위치한 옛 공장 터도 보았다. 그 공장들은 소비에트가 문화휴식공원Park of Culture and Rest을 짓기 위해 철거되었다고 한다.

이 공원이 소련 보건 체계에서 어떤 기능을 하는지는 뒷장에서 다시 얘기하겠다. 여기서 간략하게 소개한다면, 휴식과 여가 활동을 사회화한 활동의 가치를 보여 주는 예로 활용하는 소비에트 철학의 표현이라고 말할 수 있겠다. 공원을 방문한 동안, 여러 무리의 사람들이 민속춤을 추거나 합창을 하기도 했으며, 아니면 담소를 나누고 있었다. 아이들도 그들만의 '마을'에서 즐겁게 게임을 하거나 수업을 듣고 있었다. 사진을 찍느라 멈출 때마다 사람들이 호기심을 갖고 우리를 둘러싸곤 했다. 공원의 넓은 길을 따라 정치적 목표를 담은 교육 전시가 있었다. 철판이나 나무 판으로 괴이하게 만들어진 큰 글자들이, 예를 들어 군축 회담에 대한 풍자나 '1937년까지 지주 해체liquidation of the Kulaks!' 등의 다짐들을 담고 있었다. 모스크바 강가에는 사람들이 보트를 타거나 수영하는 걸 보는 관람석도 있었다.

모스크바는 우리가 방문한 신축 '디나모Dynamo 스포츠회관 스타디움' 외에도, 단체 스포츠를 할 수 있는 100여 개의 경기장을 갖추고 있었다. 경기장 입구 정문 위에 크게 새겨져 있던 '노동과 방위를 준비하라Be Ready for Labor and Defense'라는 격구는 소련 어디를 가든 보고 들을 수 있었기 때문에 나중에는 아주 친숙해졌다. 경기장은 5

만 석가량의 관중석을 갖추었고, 유럽의 다른 경기장들처럼 입석으로 약 2만 5천 명을 수용할 수 있었다. 단체 스포츠나 체육에 대한 폭넓은 관심은 혁명 이후 나타난 현상이다.

하루는 저녁에 영화를 관람했다. 「삶으로의 여정」이라는 제목의 영화는 방치된 집 없는 아이들이 범죄에 빠지지 않도록 적절한 교육과 훈련이 필요하다는 내용이었다.

몇 년 전만 해도 소련을 여행한 사람들이 '거친 아이들'에 얽힌 끔찍한 일을 겪곤 했는데, 그때만 하더라도 '지붕 없는 아이들'이 대규모로 거리를 떠돌면서 먹고 살기 위해 원시적인 본능에 기대던 시절이었다. 이 아이들에게 집을 찾아 주는 문제가 대부분 '해결되긴' 했지만, 청소년 비행이 완전히 사라진 건 아니었다. 하지만 우리가 거리에서 본 아이들은 행실에 문제가 없었다. 실제로 여행을 통틀어 오직 몇 명만 적선을 베풀어 달라 구걸했을 뿐이다. 거지는 유럽의 다른 나라들에서 훨씬 더 흔하게 볼 수 있었고, 이런 면에서 소련은 비교할 바가 아니었다.

영화뿐 아니라 연극 공연에도 참석했다. 우리는 대배우 메이어홀드Meyerhold가 주연하는 자본주의 세상에 대한 도전으로 가득 찬 연극을 관람할 기회에 무척 흥분했다. 모스크바 예술 극장에서는 「공포*Fear*」라는 제목의 연극을 보았는데, 여러 해 동안 우리가 본 연극 모두를 통틀어 최고의 연기였다. 모스크바 오페라하우스에서 본 러시아 발레 「백조의 호수」의 해석은 탁월하게 아름다웠다.

중공업에 종사하는 노동자들에게 오페라와 극장의 좌석 배정 우선권이 주어진다는 것이 흥미로웠다. 정장이나 이브닝드레스를 입은 청중은 없었지만, 음악이나 무용을 감상하는 자세에는 부족함이 없었다.

관광이 목적은 아니었으나, 크렘린 궁의 중세 건물들은 제국의 보석들이 다 사라지고 도둑맞고 팔려 갔다는 얘기가 무색할 만큼 인상적인 보물 전시였다는 얘기를 하지 않을 수가 없다.

그러나 유서 깊은 크렘린 궁보다 더 인상적인 것은 크렘린 궁벽 바로 바깥 붉은 광장에 있는 레닌의 묘였다. 거대한 붉은 화강암 덩이로 된 영묘는 웅장함 그 자체였고, 그 안에 위대한 혁명가가 환한 유리 피라미드 안에서 섬세한 손을 가슴에 편히 올리고 마치 잠든 것처럼 누워 있었다. 그의 모습은, 매일 그 앞에 모자를 벗고 경의를 표하는 수천 명의 방문객이 있는 그대로 볼 수 있게 되어 있었다.

의료 기관 방문 때는 보통 기관장이나 관리들이 동행했고, 완성도 높은 조사를 위해 필요한 기회는 모두 주어졌다. 조사의 폭은 예비 설명에서 다루어진 많은 인터뷰와 방문에 대한 언급으로 짐작될 수 있다. 이런 경험에서 알게 된 내용은 보건 서비스에 관한 상세한 참고 문헌과 함께 다른 장에서 적절한 제목 아래 자세히 설명할 것이다.

모스크바에서 첫째 날 VOKS, 즉 대외 문화 관계를 위한 '러시아총노조협회Russian All-Union Society for Cultural Relations with Foreign Countries' 본부를 방문했다. 우리가 가져온 편지와 신임장을 제시하였고 소련 외무부와의 일정이 정해졌다. 우만스키 씨가 외무부에서 주최한 연회에 우리를 정중하게 초대했다. 소련 정부의 보건 담당 당 정치위원인 블라디미르스키 박사, 부 정치위원인 짤류스키 박사와 함께 우만스키 씨에게도 많은 빚을 졌다. 그가 제공한 특별한 편의와 예외적인 기회들로 말미암아 중요한 인터뷰나 방문을 수행할 수 있었고, 이 책에 담긴 주요 내용의 바탕이 되었다.

농민들이 흔히 입는 윗도리 복장의 블라디미르스키 당 정치위원은 옛 러시아식 신사 같은 태도와 함께 능력 있는 관리의 자신감 넘치는 활기도 갖추고 있었다. 그는 독일과 파리의 파스퇴르 연구소에서 교육받은 후 프랑스에서 오랫동안 의사로 활동했다. 러시아가 혹독한 기아와 전염병으로 고통 받는 동안, 그와 연구실 전임자였던 세마쉬코 박사는 현재의 보건 체계를 구상하느라 밤늦게 일하는 날이 많았다. 덕분에 블라디미르스키 박사를 만나 소련의 현재 의료 상황에 대한 그의 연구 이야기를 듣는 것은 큰 도움이 되었다. 연구 내용에는 당시 의사가 부족하여 보건 의료 부문의 개선이 어쩔 수 없이 계획보다 늦어졌다는 회상도 포함되어 있다.

예방의학 기본 연구와 보건 교육 기법 연구는 모스크바의 '건강연구소Institute of Health'가 실행하였다. 여기서 보건행정 방법과 사회보험 및 상병 보험이 작동하는 틀을 마련한 연구소장 란디스Landis 교수를 만났다.

'모자보호연구소Institute for the Protection of Motherhood and Childhood' 부소장인 아브람 젠스Abram Genss 박사는 모성 사업과 영유아 돌봄에 대한 소련의 정책을 강조했다. 젠스 박사는 13년 전 자신이 시작한 소련에서의 임신 중절 사업 경험도 요약해 설명해 주었다.

며칠 후에는 모스크바의 결혼 담당 관청marriage bureaus 중 한 곳을 방문하여 결혼과 이혼 절차를 직접 보기도 했는데, 이 내용은 11장에서 기술할 것이다. 사무실은 개인 거주지역 내 건물에 있었던 것 같다. 밝은 분위기의 대기실 벽에는 아기를 어떻게 돌보고 일반 위생을 어떻게 개선할 수 있는가, 조언이 담긴 포스터와 현수막이 붙어 있었다.

모스크바피부성병연구소Moscow Institute for Skin and Venereal Diseases 소장인 카자로프Kazaroff 박사는 성병 관리 기관에 대한 중요한 정보를 우리와 공유했다. 400병상의 연구소는 모스크바에 있는 다섯 개 성병 진료소venereal disease dispensary, 성병 치료를 어느 정도 수행하고 있던 공장 진료소나 일반 진료소와도 연계되어 있었다.

성병 관리에 대한 조사를 계속하기 위해 매춘부 예방 진료소를 방문하기도 했다. 이곳에는 일을 하거나 직업 훈련을 받는 동안 의료적 관심을 전혀 받지 못한 여성 500명이 수용되어 있었다. 모스크바를 비롯하여 소련 곳곳에는 이런 형태의 예방 진료소가 많았다. 우리가 방문한 한 곳은 방 한 개를 통째로 성병 예방과 치료에 대한 역사적인 전시에 할애하고 있었다. 성매매와 자본주의의 관계, 이와 관련된 가난이 전시에서 특히 강조되고 있었다. 현수막 중 하나에는 '자선과 함께 지옥으로To hell with charity'라고 적혀 있었다.

무료 의료 지원 대상은 블라디미르스키 당 정치위원이 두 번째 인터뷰에서 설명해주었다.

그런 다음 우리는 모스크바에 있는 10개의 야간 요양소를 방문해서, 회복기 노

모스크바 소재 공무원 병원 @소비에트 사진자료원

동자들과 휴식 또는 특별 관리가 필요한 이들이 어떻게 낮 시간대의 업무를 계속하면서 지내는지를 견학했다.

모스크바에 있는 10개의 알코올 중독 관리소 중 한 곳을 방문했을 때에는 보드카를 과음하는 사람을 돌보는 방법, 알코올 중독을 해결하기 위한 정부 사업의 한 부분으로 이루어지는 공격적인 사람을 훈련시키는 방법 등을 관찰할 수 있었다.

소련 정부의 결핵 관리 실태를 파악하기 위해 설립된 모스크바의 소련중앙결핵연구소Central Tuberculosis Institute for the R.S.F.S.R 방문에서 우리는 처음으로 강한 인상을 받았다. 네스린Neslin 박사는 모스크바 연구소에서 체계적으로 시행하는 결핵의 발견, 치료, 예방을 요약하여 설명해 주었다. 연구소는 결핵 진료소 네트워크 및 전문가 자문 센터 역할을 하는 다수의 종합 진료소와 연계를 이루고 있었다.

문화휴식공원에서 진행된 인터뷰에서는 건강 부문 연구 책임자인 포포프Popoff 교수와 신경정신예방연구소 연구 책임자 로젠스타인L. Rosenstein 교수가 질병 예방과 긍정적인 건강 구축에 대한 소련 정책의 철학을 설명해 주었다. 보건 프로그램 실행에 실제로 활용되고 있는 '문화휴식공원'이라는 소련 특유의 기관 한 가운데에서 이루어진 인터뷰가 설명에 생생함을 더해 주었다.

어린이 마을Children's Village은 공원 내 전원 같은 느낌이 물씬 풍기는 지역에 위치하고 있었다. 3백여 명의 어린 아이들이 기술자, 의사 등의 직업을 가진 부모들과 함께 있었다. 25명으로 구성된 각각의 무리는 제복을 갖춰 입어 어린이 각각이 어느 무리에 속하는지 알 수 있었고, 아이들의 옷, 컵, 수건 등에는 같은 상징물이 그려져 있었다. 어린이 마을에 대해서는 나중에 좀 더 얘기할 기회가 있을 것이다. 6살짜리 딸과 함께 있던 한 미국 여성은 이 기관에 특히 감사한 마음을 표현했다. 그의 딸은 공원에 가는 매일의 일상을 뺏기는 걸 최악의 벌로 여길 만큼 이곳을 좋아한다고 말했다.

공원을 걷다가 노랫말이 적힌 큰 천을 펼친 한 남자 주위로 사람들이 몰려 있는 걸 발견했다. 우리 중 한 사람이 그 광경을 사진에 담았다. 우리 옆에 서 있던 한 소련 사람이 완벽한 영어로 "좋은 사진 찍으셨나요?" 하고 말을 걸어왔다. "그랬으면 좋겠어요." 하고 대답했다. "무슨 노래를 부르고 있는 건가요? 애국에 대한 노래인가요?" "아니오." 대답이 돌아왔다. "이건 세계 노동자들의 단결을 촉구하는 노래예요." 그러고 나서 그는 우리에게 가사를 들려줬다. 우리가 애국심에 대해 가벼운 농담을 던지자, 그는 "글쎄요. 국방에 대한 노래가 있긴 해요. 여러분 기준에서는 애국적이라고 할 수도 있겠네요." 라고 말했다.

그러더니 그는 말을 이었다. "저는 맨체스터에서 살았었어요. 미국에 있었던 적도 있었고요. 거기서는 제철 노동자였어요. 자본가들을 반대하는 건 아니에요. 다만 자본주의에 반대하는 거죠. 뉴욕의 '헨리 스트리트 인보관隣保館 Henry Street Settlement'에서 쉬프Schiff 씨를 만났는데 좋더라고요."

"여기에서도 노동자이신가요?" 하고 우리가 물었다.

"예. 저는 노동자에요. 오늘은 쉬는 날입니다. 저는 소련 고철산업 담당 당 정치위원입니다."

이 일을 여기 적는 이유는, 일상적으로 만난 다른 사람들도 이런 전형적인 친절함을 보여 주었기 때문이다.

우리 중 한 사람은, 소련이 진행하고 있는 주목할 만한 재소자 사회 복귀 혁신 사례를 듣고, 모스크바에서 50킬로쯤 떨어져 있는 볼쉬에보Bolshevo의 '노동 공동체'를 방문했다. 그 곳은 절도, 방화 등의 죄를 지은 자들이 가족과 함께 사는 거주지였다. 방문 당시 볼쉬에보Bolshevo 거주 지역에는 2,200명의 인구가 있었는데, 그 중 499명은 결혼한 부부였다. 그들은 공동 주택이나 두세 가족들을 위해 지어진 분리된 1층짜리 오두막집에서 살았다. 노동자들이 스포츠 용품 생산에 관련된 일을 하고 있던 공장은 그 계열로는 소련에서 가장 큰 규모인 듯했다. 그들은 공동체에서 필요한 물자를 조달하기 위해 농사를 짓고 가축을 기르는 일도 같이 하고 있었다. 공동체에는 병의원, 협동조합 상점, 학교도 있었다. 마침 학교 건물에서 훌륭한 지역 예술 전시회가 열리고 있었다.

이 공동체에서 눈에 띄는 점은 자치였다. 구성원들은 교도소 재소자로 구성된 분배위원회에 의해 선정되는데, 엄격하게는 형기를 채우는 중이었지만, 왕래가 자유롭고, 그래서 실제로 결심하기만 하면, 거주지를 영영 떠날 수도 있었다.

교육감Director of Education이자 주정치국총연합OGPU[5] 관할 공동체 관리자인 보구스라바스키Boguslavasky 씨는, 재소자들은 공동체에 남아 있는 것을 선호한다고 말하면서, 그래서 이 공동체가 계속 유지될 거라고 예상했다. 자연스럽게 추가 수용 인원이 최소 수준으로 감소할 것이라는 희망적인 예상이었다.

---

5. 이 러시아어 약자는 '주정치국총연합All-Union State Political Department'을 의미하며, 정치경찰의 명칭이다. 4장에서 더 설명할 것이다. 'GPU'는 '가이-파이-우'라고 발음하는데, 공식적으로는 지역의 주정치국State Political Department을 의미할 때 쓰이지만, 흔히 둘 다 의미하기도 한다.

모스크바의 의료 관련 관리들과의 인터뷰 외에도 오랜 경험으로 소련 문제에 대해 정통한 영국인이나 미국인들과도 자주 대화를 나누었다. 신문기자, 교사 등의 재 소련 외국인들도 소련의 사회 현상에 대한 개인적인 의견과 함께 긴요한 조언이나 정보를 나누어 주었다. 덕분에 모스크바를 떠나 소련의 다른 지역으로 긴 여정을 떠날 때, 우리 수첩은 두툼해졌고, 소련의 보건 사업이 이제 막 현실로 다가오는 듯했다.

레닌그라드 방문

우리는 레닌그라드 행 밤기차에 올랐다. 레닌그라드는 모스크바에서 북쪽으로 650킬로미터 정도 떨어져 있는 옛 제정 러시아 시대의 수도이다. 기차 여행의 마지막 몇 시간 동안 평평한 대지가 광활하게 펼쳐져 있는 광경을 보았다. 러시아를 대표하는 하얀 자작나무가 드문드문 숲을 이루고, 습지에서는 연료로 사용되는 토탄peat이 산출된다.

역에서 가냘픈 한 소녀를 만났는데 되돌려 생각해 보니 그가 여행 중에 만났던 안내자 중 가장 유능한 한 사람이었다. 레닌그라드는 과학, 문화 모두에서 역사적인 지위를 차지하는 소련 최대의 산업 중심지이다. 네바Neva 강둑에는 대저택이며 성당들이 제정 러시아 시대의 화려한 아름다움을 자랑하고 있었다. 근처에는 과거 정치범이었던, 하지만 이제는 그들 자체의 소비에트를 통해 자치를 실현하고 있는 이들이 가족과 함께 지낼 수 있는 공동 주택이 새로 지어지고 있었다. 헤르미티지Hermitage 박물관을 비롯한 여러 박물관에서는 값을 매길 수도 없이 귀중한 그림들과 진귀한 원석, 보석, 고고학적인 유물을 볼 수 있었다. 전시 자체도 그랬지만 통역 안내자가 지적하듯 외화가 긴요했던 소련의 사정에도 불구하고, 이 보물들이 훌륭하게 보존되고 있다는 사실이 인상 깊었다.

레닌그라드에는 8개의 종합 진료소가 있었다. 우리가 방문한 곳은 중요 산업 지구인 볼로다르스키 구역을 관할하는 외래 진료소로 알려진 곳이었다. 건물 자체는 3층짜리 긴 철근 콘크리트 구조물로 엄격하리만치 단순한 설계였다. 중앙 구역과 양쪽 날개로 연결된 건물 안 마당은 양식에 맞게 배치되어 있었고 정문 위에는 다음과 같은 글이 새겨져 있었다.

"예방 센터의 노동자들께 : 그대들은 사회주의 건설에 참여하는 돌격대여야 합니다."

이 병원은 지금껏 본 비슷한 시설 중 제일 큰 규모였다. 그 지역 전체 인구에 보건 의료 서비스를 제공하는 것이 목표이나 아직 적절한 수준에 다다르지 못했고, 그 결과 비슷한 규모의 두 번째 종합 진료소가 이 지역에 건설되는 중이었다.

보건 의료 사업은 모든 의료 분과와 간호 수련 학교를 포함한다. 의사 128명이 고용되어 일하고 있고, 이 지역 모든 노동자들은 무상으로 치료받는다.

다음으로 방문한 곳은 레닌그라드 모자보호연구소였다. 벽돌로 지어진 건물은 목적에 맞게 리모델링을 거쳤다. 이곳에는 어린이집과 학교가 통합된 개념인 듯한 '탁아소'가 있었고, 시내 8개 지역에 있는 다른 탁아소와 비슷했다. 우리는 모성부도 방문하여 임신이 예상될 때 예비 엄마들이 받는 서비스에 대해서도 살펴 볼 수 있었다.

이곳에서 가족계획부의 기능에 대한 설명도 들을 수 있었다. 이 기관은 이 지역 20만 인구를 관할하고 있으며, 어머니들 중 90%가 등록되어 있다고 했다.

레닌그라드 근교의 한 집에서 대저택이었던 곳이 야간 요양소로 전환된 예를 볼 수 있었다. 예전에는 독일인 설탕 부호의 소유였다는 130병상의 이 야간 요양소는 초기 결핵 환자를 위한 시설이었다. 대저택은 네바 강을 내려다보는 곳에 위치하고 있으며, 사치스러운 가구와 독일 풍 장식이 눈에 띄었다. 담당 의사가 기관의 시설과 업무 일상을 설명해 주었다.

네바 강변 다른 대저택은 전 소유주로부터 압류되어 '휴식의 집House of Rest'으로 바뀌었다. 우리가 방문했을 때, 응접실 등 크고 근사한 방들은 과거의 호화로움을 드러낸 채, 이제는 14일 휴가를 즐기는 노동자들로 가득했다.

'문화의 집House of Culture'이라고 불리는 일종의 노동자 회관도 있었다. 독서나 강연을 위한 공간 외에도 부모들이 강연이나 연극에 참석하는 동안 간호사와 교사들이 아이들을 돌봐주는 공간도 갖추고 있었다. 외국인 손님을 위한 특별한 공간도 있었는데, 도서관과 전시실이 결합된 형태로 소련이 거둔 성과를 강조하고 있었다. 문화

파블로프 박사의 연구실, 레닌그라드 소재 @존 킹스베리

의 집은 Y.M.C.A와 Y.W.C.A가 결합된 정도로 묘사될 수 있을 것이다. 다만 기독교인Christian을 의미하는 C가 아니라 동지Comrade를 의미하는 C라는 점만이 다르다.

우리가 만나길 고대하던 저명한 연구자 파블로프Pavlov 박사는 안타깝게도 부재중이었다. 하지만 박사의 변호사 아들이 아버지의 연구 출판 작업에 주도적으로 참여하고 있었던지라, 훌륭한 영어 실력으로 우리에게 중요한 정보를 많이 전해 주었고, 저명한 생리학자인 오르베리Orbeli 교수를 만날 수 있게 친절을 베풀어 주기도 했다. 오르베리 교수는 레닌그라드 육군사관학교 소속으로 역시 능숙한 영어를 구사하였다. 파블로프 교수와 오르베리 교수 모두 공산주의자가 아니었고, 정책적으로 정부와 자주 이견이 있었던 것으로 알려져 있었다. 그럼에도 불구하고 소련 중앙 정부는 그들이 이룬 과학 업적의 가치를 인정하였고, 그들을 통제하려 하기보다는 그들이 연구를 수행할 수 있게 도와 주기 위해 가능한 모든 편의를 제공하였다.

2장

모스크바에서 조지아,
크림으로

레닌그라드에서 모스크바로 돌아와 조사를 하면서 며칠을 더 보낸 후, 볼가 강을 따라 캅카스 산맥을 가로질러 흑해로 향하는 남쪽으로의 여행을 시작했다. 모스크바에서 본 것들은 소련 전체에서 일어나는 일들의 축소판이라고들 했다. 하지만 우리는, 다양한 조건의 여러 공화국에서 일어나고 있는, 축소판이 아닌 전체로서의 보건 활동을 보고 싶었다.

모스크바에서 니즈니-노보고로드Nizhni-Novgorod 행 밤기차를 타고 12시간을 이동하였다. 도시 이름이 고르키로 바뀌었지만 우리에겐 바뀌기 이전 이름이 더 편리했다. '러시아의 디트로이트'라는 이곳에서 대규모 신축 자동차 공장을 견학했다. 엄청나게 큰 규모였다. 수만 제곱미터에 달하는 큰 공동 주택 공사가 진행 중이었고, 완성되면 공장 노동자와 가족들이 살게 될 예정이었다. 주택 개발 지역을 운전해 지나가며, 대지의 규모로 봤을 때 마당이 딸린 오두막 형태의 집을 지어도 주택 공급이 충분하지 않을까 생각했으나, 아마 우리가 영국이나 미국의 관점에 익숙해서 그랬던 것 같다. 소련의 경우 지금 적용되고 있는 공동 주택 계획이 건물을 따로 짓는 것보다 당장 긴급한 주택 수요를 신속하게 적은 경비로 충당할 수 있는 방법이라는 것을 알게 되었다.

임시 구역에 있는 공장 병원과 종합 진료소를 둘러보았다. 새 건물들이 완공을 눈앞에 두고 있었다. 지역 보건 담당 당 정치위원은 공장뿐 아니라 도시 전체의 의료 서비스에 대해서도 설명해 주었다.

음악이나 문학으로 유명한 볼가 강을 따라 내려가는 여정은 독특한 경험으로 기억될 것이다. 자연 경관, 고풍스러운 마을들, 길을 따라 펼쳐지는 그림 같은 삶, 여행길에 연이어 만났던 여러 민족들, 강을 따라 다니는 이런저런 수상 교통 수단, 증기선 위에서 부르는 승객들의 즐거운 노랫소리, 방문했던 도시들과 시찰 갔던 기관들에서 받은 환대, 흥미로운 대화를 나눴던 관리들, 모두 지극히 즐거웠고, 우리가 소련 사람들과 소련 공중 보건의 이상과 성과를 이해하는 데 크게 도움이 되었다.

볼가 강은 니즈니Nizhni에서 카잔Kazan을 향해 동쪽으로 좁고 깊게 흐른다. 강 남쪽에는 모래와 진흙 때로는 언덕이 깎아지른 듯한 나무숲 절벽을 이루면서 숨었다 나왔다, 높았다 낮았다 하는 산악지대를 형성하고, 풍요로운 밭과 초가 마을들이 산골짜기 깊숙이 자리 잡고 있었다. 북쪽 강둑은 마치 바닷가 넓은 모래사장 같았고, 그 뒤로 멀리 느릿하게 경사진 고원으로 연결되는 활엽수림이 펼쳐져 있었다.

니즈니-노브고로드 행정 구역을 거쳐, 핀란드-우그리안 계열인 마리Mari족 자치 구역을 지나 마침내 타타르족의 고대 중심지이며,

타타르공화국의 수도이자 볼가 강 문화 중심지인 카잔에 도착했다.

카잔의 인구는 17만 9천 명이며 그 중 50%는 타타르족이었다. 소련 정부가 타타르공화국의 소련 수용을 선언했던 당시만 해도 이 지역에는 병원 시설이 거의 없었지만, 현재는 20개의 대형 병원과 요양소가 있고, 비타타르인을 위한 병원의 수도 늘어나고 있었다.

우리는 덩치가 크고 용모가 준수한 타타르인 보건 담당 당 정치위원을 만났다. 그가 우리를 데려간 곳은 모든 진료 과목을 갖춘 대규모 대학 병원으로 학생들이 전문 과목을 배우는 곳이었다. 70병상의 입원 병동이 갖춰져 있고, 매일 1,500명가량의 환자들이 이 병원에서 치료받았다. 도시 내 다른 보건 시설도 잠시 둘러봤는데, 변화 중인 동양풍 도시 같은 인상은 이미 사라지고, 현대화의 증거가 뚜렷했다.

소련의 대규모 예방 조치의 흥미로운 예로, 그 앞의 해 겨울 열다섯 사례의 천연두가 발생한 후 카잔 전체 인구에게 시행된 예방접종을 들 수 있다. 비슷한 대규모 사업을 통해 발진티푸스도 이 지역에서 사라졌다.

볼가 강 여행을 시작한 다음날 카잔에 도착했는데, 그쯤에는 이미 다른 승객들과 안면을 텄고, 배에서 보는 풍광에도 익숙해지고 있었다. 수백 명의 3~4등석 승객들은 대부분 가난한 농민 같아 보였다. 대다수는 자기 소지품 외에 과일이나 음식 짐을 작게 꾸리고, 공통적으로 침구, 큰 나무 상자 두 개, 작은 짐 꾸러미들, 병 한 개, 주전자 한 개를 가지고 있었다. 서둘러 움직이면서도 어떻게 짐끼리 부딪혀 부서지지 않게 하는지 놀라웠다. 그들은 갑판 위에 오밀조밀 모여 밤에는 밖에서 잠을 잤다. 2등석 승객들은 식당 칸에서 잤다.

알록달록한 머릿수건을 한 여자들이 사람들 사이에서 그림같이 돋보였다. 밤이면 남녀가 모여 구성지게 노래를 불렀다. 배 위에서 울려 퍼지는 슬픈 노래 자락 사이로 모래사장에 있던 한 무리의 농민들이 부르는 볼가 강 뱃꾼들에 관한 노래가 잔잔한 물을 스치고 부유하며 잦아지면서 섞여 들었다. 달빛 아래 앉아 노래를 듣고 있으니 유난히 낭만적이었다. 하지만 배 위의 슬픈 노래는 즐거운 웃음소리로 끊어지고, 몇몇 남녀들이 뛰어오르며 놀라운 에너지로 춤을 추었다.

카잔에서 남쪽으로 백 킬로미터쯤에 위치한 보고로드스크Bogorodsk에 배가 정박하자, 이미 비좁은 배에 천 여 명의 사람들이 자리를 잡고자 사투를 벌였다. 가난한 여자들, 특히 임신해서 배가 한참 부른 여자들이, 우는 아기와 함께 무거운 짐을 들고 떠나려는 배에 자리를 잡으려고 애쓰는 모습을 보자니, 마음이 괴로웠다. 선장과 항해사가 난간에 올라 사람들에게 질서를 지켜 달라고 부탁했다. 왜 모두 다 받아 줄 수 없는지 설명했고, 마침내 군중을 통제할 수 있었다.

그날 밤 그 무리와 함께 배를 탄 한 여자가 조산하여 아기를 낳았다. 다음날 아침 우랴노브스크Ulyanovsk의 부두에서 산모와 아기가 들것에 실려 육지로 나갔다. 배에 있던 여의사의 도움 덕분에 둘 다 무사했다.

이른 아침 모범이 될 만한 용감한 일이 있었다. 할머니 한 분이 가족의 물건이 담긴 큰 짐을 물에 빠트렸는데, 젊은 짐꾼 하나가 곧장 옷을 벗고 뛰어들어 찾아 주었다.

덕분에 전날 카잔 근처에서 있었던 재미난 일이 기억났다. 그쪽

강은 수심이 얕고 물길이 자주 바뀌는 통에 배가 좌초되고 말았다. 선장은 겨우 배가 가라앉지 않게 조치하고, 선원들이 다른 수로를 찾는 동안 정박하기로 결정했다. 이렇게 지체되는 동안, 꽤 많은 승객들이 근처 볼가 강변 모래사장에 수영을 하러 갔다. 우리 중 한 명도 같이 갔다가 소동의 주인공이 되었다. 그는 무슨 일인지 한참 알아채지 못하다가, 여기저기 물어, 소위 '여인들의 수영복'을 입은 남자를 현지인들이 처음 보는 것임을 알게 되었다. 이 수영복은 상체를 가리는 형태라 그렇게 부르는 것 같았다. 무리에 남녀가 같이 있지는 않지만, 옷을 안 입은 채 수영하는 것이 사실 소련에서는 아주 흔한 일이라서, 우리도 볼가 강, 흑해 등지에서 여러 번 목격했다.

강에는 종류가 다양한 탈 것이 다녔다. 우리가 탄 것 같은 호화스러운 증기선, 농민과 동물로 가득 찬 연락선, 노동자들이 머무는 강 위에 떠 있는 오두막집을 운반하는 거대한 뗏목, 농민들이 끼여 타 노래하던 통나무 배 등 그 종류가 매우 다양하였다.

카잔과 우랴노브스크 사이의 볼가 강 오른쪽 제방은 종종 높이가 150미터가 넘기도 해, 허드슨 강변의 깎아지른 듯한 절벽을 연상시켰다. 우랴노브스크에 다다라서는 멀리서 봤을 때 쑥 들어가 보이는 산악 지대에서 강이 갑자기 나타나는 듯한 지형으로 곡창 지대가 광활하게 펼쳐졌다. 산악 지대는 튀어나왔다 들어갔다를 반복하면서, 그 사이에 있던 마을의 초가지붕과 키 큰 포플러 나무, 하얀 교회며 성당이 같이 나타났다 사라졌다를 반복했다.

다른 쪽으로 펼쳐진 풍경은 거칠고 쓸쓸했다. 숲 사이로 사람들이 간혹 보이기도 했다. 소, 염소, 양, 말들이 때로는 목동도 없이 풀을 뜯고, 또 때로는 무리 지어 물을 마시기 위해 강으로 내려오는 모습이 목가적인 분위기를 더했다.

내전 때 전투가 벌어지기도 했던 우랴노브스크는 레닌의 출생지로, 그가 태어나 소년이 될 때까지 살았던 집은 지금 박물관이 되어 국가적인 성지로 받들어지고 있었다.

바위투성이의 높은 강둑은 사마라Samara에서 끝이 났다. 170킬로미터 가량 말발굽처럼 굽어져 흐르는 볼가 강은 지굴리Zhiguli 산맥 지대를 동그랗게 감싸고 있었다. 만곡부의 동쪽 끝에 볼가 중부 지방의 주요 도시인 사마라가 있다. 사마라는 인구 17만 2천의 도시로 역시 최근까지 전투가 벌어졌던 곳이다. 이곳에서 보건 담당 당 부정치위원인 안과 의사 바트라츠쉔카Batrastshenca 교수와 의료 연구 책임자인 카트제넬렌바움Katzenellenbaum 박사를 만났다. 그들은 사마라 지역에 흔했던 트라코마trachoma 관리 활동을 설명해 주었고, 그 외의 의료 활동과 시설 전반에 대한 훌륭한 자료도 제공하였다. 유명한 문화휴식공원을 더 볼 수 있는 기회도 있었다.

사마라 서부 지방에는 이 지역에 풍부한 백악chalk, 석고gypsum, 가연성 셰일shale, 인회석phospjorites을 가공하는 공장이 여럿 분포하고 있었다. 바트라키Batraki 마을에는 1.6킬로미터에 달하는 철교가 있었는데, 우리가 탄 증기선이 이 지점에 다가가자 안전한 곳으로 대피하라는 지시가 내려졌다. 이상하다 싶었는데, 철교의 상판 2개가 적의 공격으로 날아가 버린 상태이고 반혁명 세력의 위협이 종종 있는 상황이라는 걸 곧 알게 되었다. '전쟁 심리'를 보여 주는 이 일은 아직도 소련의 여러 곳에서 계속되고 있었다.

볼가 강에서 사흘째 날 오후 볼가독일인자치공화국에 진입했다. 이곳에는 50만 명의 독일인들이 그들 고유의 언어와 특징적인 문화를 지키며 살고 있었다. 이런 특징은 21만 5천 명이 거주하는 도시 사라토프Saratov의 일반적인 모습에서 뚜렷이 나타났다.

보건 담당 당 정치위원과 대부분의 담당 직원들이 우리를 만나러 배에까지 와 주었다. 여의사 한 명이 의장 및 대변인 역할을 했다. 배가 몇 시간이나 지연되는 바람에 하선해서 살펴 볼 사정이 못 되었지만, 다행히 대표단과 2시간 동안 얘기를 나눌 수 있었다. 사라토프에는 발진티푸스는 전혀 발생하지 않고 있으며, 장티푸스는 아주 적게 발생하고, 결핵은 감소 추세라는 정보를 접했다. 사라토프에 있는 병원, 요양소, 야간 요양소, 알코올 중독, 외래 진료소, 자문 센터, 간호사를 양성하는 의료 기술 학교, 알코올 중독 진료소 등에 대해 간단하고 분명하게 설명해 주었다. 모성 돌봄, 가족계획, 성매매 관리 사업에 대해서도 자세히 설명해 주었다.

배가 볼가 강을 따라 내려가는 동안, 종종 다른 승객들과 흥미로운 토론을 나누기도 했다. 영어를 구사하는 한 화학 기술자는 세금 제도, 노동 시간, 공장 내 보건 시설, 산업에서의 예방 의학과 치료 의학의 조화에 대해 얘기했다. 그는 노동자 계급에서 시작해 승진했으며, 노동자 대학에서 기술자 자격을 취득했다고 했다. 매년 한 달의 유급 휴가를 받고 있다는 말은 그가 그의 분야에서 중요한 존재라는 걸 알려 주는 듯했다.

우리의 주의를 끈 다른 대화는 월가Wall Street에서 온 미국인 금융가였다. 그는 우랄 산맥 동쪽에 위치한 마그니토고르스크 Magnitogorsk의 제철, 철강 사업과 다른 대규모 신축 공장들을 면밀히 조사하는 중이었다. '자석 산맥'이라는 뜻의 마그니토고르스크는, 나중에 다시 언급될지도 모르지만, 제철 공장 근처에 신축 중인 새로운 공업 단지로, 한 해 400만 톤의 선철pig iron 생산을 목표로 하고 있다. 월가에서 온 이 남자는, 우리가 공중 보건 분야의 발전을 보고 놀란 만큼, 이곳의 공업 발전을 보고 놀란 눈치였다. 무엇보다도 노동자들이 동료 노동자들과 함께 공장의 일반 행정을 자유롭게 비판할 수 있는 상황이 인상적이었다고 한다. '대자보'에 대한 얘기를 구체적으로 해 주었는데, 이 얘기는 나중에 다시 나올 것이다. 이 미국인은 소비에트주의Sovietism의 미래가 개인에게 주어진 비판의 자유를 유지하는 데 달려 있다고 믿었다. 방문한 공장에서 상당한 비효율을 발견했음에도 불구하고, 그는 그런 종류의 문제는 고쳐질 수 있을 것이라고 생각했다.

배에서 만난 한 법률가는 소련의 결혼과 이혼을 이해할 수 있는 반짝이는 정보를 일러 주었다. 이 내용도 다른 장에서 다룰 것이다.

사라토프에서 스탈린그라드로 가는 동안의 볼가 강은 광활한 사막 같은 스텝 지대를 가로질러 느리게 구비 구비 흘렀다. 비옥한 땅에서는 특히 멜론이 잘 자랐다. 비코비-쿠토르Bykovy-Khutor에서는 농민들이 맛있는 수박과 머스크멜론을 산처럼 쌓아 놓고 팔았다.

남쪽으로 가면 갈수록 아열대 동식물들이 뚜렷하게 증가했다. 콜라kola 열매처럼 생긴 마차를 끄는 낙타 상단을 보기도 했다. 낙타들이 강 쪽으로 내려와 물을 마시기라도 하면, 정말 강물이 줄어드는 것처럼 보일 정도였다. 철갑상어 낚시는 볼가 강 하류 직선 유역에서 행해진다. 낚시를 직접 보지는 못했지만, 매일같이 철갑상어 알 파티를 즐길 수 있었다. 세상에 이렇게 철갑상어 알이 많나 하고 놀랄 지경이었다.

나흘 밤낮을 볼가 강 위에서 많은 공화국들을 지나고, 자연스러운 분위기에 있는 많은 민족들을 본 후, 스탈린그라드에 도착하여 배에서 내렸다. 관청을 방문하기에는 너무 늦은 시간이었지만, 보건 담당 당 부정치위원인 소코로바Sokolova 박사가 우리를 환대해 주었다. 그는 훌륭하고 매력적인 여의사로 스탈린그라드 전체의 모자보호연구소를 이끌고 있었다. 함께 저녁 식사를 한 문화휴식공원은 사람들로 붐비고 있어, 그 유명한 트랙터 중심지의 '밤 문화'를 볼 수 있는 좋은 기회가 되었다.

인구 25만의 스탈린그라드에는 신축 공장이 다수 분포하는데, 연간 5만 대의 트랙터를 생산하는 트랙터 공장이 그 중에서도 제일 유명했다. 문화휴식공원에서 목격한 '밤 문화'는 민속 무용, 풀밭에서 치는 볼링, 합창 대회, 그리고 대로를 거니는 많은 사람들로 이루어져 있었다. 이날 저녁 소콜코로바 박사는 스탈린그라드 전역에서 진행 중인 모자 보건 관련 사업을 명료하게 설명해 주었다. 의료 시설의 일반적인 업무와 결핵, 성병 관리에 대해서도 얘기해 주었다. 이곳이 의료 절차상 다른 곳과도 비슷하다는 일반론을 확인시켜 주었음으로, 우리는 모스크바가 국가 전체 사업 계획의 주체라는 확신을 갖기 시작했다.

북캅카스 지방을 지나면서

자정이 거의 다 되어서야 스탈린그라드를 떠나 로스토본-본으로 가는 기차를 탔다. 다음날은 하루 종일 '연성soft'이라고 불리는 2급 기차로 이동했다. 이 기차에는 침대 칸도 1등 칸도 없었다. 기차는 작은 마을마다 서고 짐을 내리고 싣는 동안 정차했다. 역마다 사람이 어찌나 많은지 마치 볼가 강 뜬 선창과 흡사했다. 여정은 다시 초원 지대로 이어졌다. 미국 다코타 주의 평원과 다소 닮은 모습. 분명히 아주 비옥한 땅일 것이다. 여기에서 '국영 농장sovkhozes'과 '집단 농장kovkhozes'을 볼 수 있었다. 한 국영 농장에서는 큰 트럭 20대가 길게 한 줄로 이어 가고, 그 맨 앞을 지휘관이 탄 포드 여행용 차가 이끄는 멋진 사진을 건졌다. 가는 곳마다 진행 중이던 공사 현장도 인상적이었다. 대규모 경작지에서도 공동 주택과 크고 작은 곡물 저장 창고가 세워지고 있었고, 그 중에는 탁아소crèche, 유치원, 주거용 건물, 학교, 문화휴식공원, 병원도 분명히 있었다. 특히 눈에 띄는 도시는 소카야Sokhaya, 술린Sulin, 노보체르카스크Novocherkask였다.

저녁이 되어서야, 인구 42만 5천 명의 북캅카스 정치, 산업, 문화 중심지인 로스토본-돈에 도착했다. 우리는 엥겔스대로에 위치한 아주 근사한 호텔로 갔다. 엥겔스대로는 파리의 상들리제Champs-Elysees 같은 도로였다. 넓은 보도 위로 튀어 나와 있는 발코니의 호텔 식당에 앉아, 아조브Azov 해 근처의 이 작은 남쪽 마을에서 8월 하순의 시원한 바람을 맞으며 산책 중인 수천 명의 사람들을 내려다보았다.

모스크바에서부터 동행했던 인투어리스트 통역 가이드 청년은 로스토프에서 그만 떠나야 했다. 그의 후임인 니콜리히N. Nicolich 씨는 로스토프 '러시아연방국제문화교류협회VOKS' 부책임자로 교양 있는 여성이어서 여간 다행이 아니었다. 그가 많이 도와 준 데다가, 러시아연방국제문화교류협회 총책임자인 살린 씨도 친절하게 관심을 쏟아 주어 이곳에서의 체류는 특히 성과가 컸다.

처음 방문한 곳은 거대한 맥-코믹Mc-Cormick 농산물 공장을 떠올리게 하는 셀마쉬스트로이Selmashstroy였다. 베르브루드Verblud나 자이언트Gigant처럼 4천 제곱킬로미터가 넘는 대규모 국가 농장에서 사용할 수확 기계를 생산하는 곳이었다. 이 거대한 공장에서 보건 의료 서비스를 총괄하는 사람은 여의사였는데, 이 점도 신흥국 소련의 특징으로 우리가 놀란 점 중 하나였다. 마르쿠스Marcus 박사는 노동자 건강 관리의 절차를 설명해 주었다. 이때 들었던 셀마쉬트로이Selmashstory에 대한 내용은 7장에서 요약하여 제시될 것이다.

로스토프에 있는 대형 의료 센터 방문은 특히 인상적이었다. 현대적인 건물과 시설은 뉴욕의 새 의료 센터들과 견주어도 손색이 없었다. 규모가 더 크지는 않았지만, 우리가 판단하기로는 비슷한 수준의 완성도를 보였다. 유아 병원, 골결핵 병원의 경우 우리 둘이 본 어떤 시설보다 훌륭했다. 병원 단지의 각 병원들은 각각 독립적이고 분리된 건물로 설계된 점이 건축학상의 특징이라고 할 수 있다.

유아 병원은 열이 나는 아이들을 유리로 된 칸막이가 있는 작은 병실glass cubicle에 격리하고 아이들에게 아이를 돌보는 엄마가 언제나 함께 있도록 하는 것이 특징이었다. 우리가 본 경우 대부분은 엄마들이 아기들과 함께 있었다. 이 원칙의 장점에 대해서 꽤 길게 얘기를 나누었는데, 의사들은 엄마가 아기와 함께 지내게 하는 것이 아기들이 빨리 회복하고, 많은 경우 생명을 잃지 않도록 도와 준다고 주장했다.

로스토프의 또 다른 훌륭한 시설은 통합 진료소라고 불리는 종합 진료소였다. 이 명칭은 일반 종합 진료소에서 흔히 보던 수준의 통합보다 더 높은 수준을 의미했다. 모든 의학 분과가 훌륭히 갖춰져 있었고, 의과대학 교수가 각 과를 책임지고 있었다. 하루 1,800명가량의 환자를 담당하는 진료소의 책임자인 루빈스타인Rubinstein 박사가 종합 진료소의 조직과 절차에 대해 설명해 주었다. 루빈스타인 박사는 로스토프의 성병 감소를 보여 주는 통계 자료도 제공했는데, 이 내용은 11장에서 기술하겠다.

로스토프에서는 임신 중절의 위험을 다룬 교육 전시를 볼 수 있었다. 내용의 솔직함, 내포된 관점, 제한 없이 대중들에게 전시하는 등 많은 방문객에게 충격적일 것 같았다.

로스토프에서의 체류는 특히 고무적이었으며, 다양한 주제에 대해 방대한 정보를 얻을 수 있었다.

다음 목적지는 브라디카브카즈Vladikavkaz였다. 원래는 비행기로 이동할 계획이었지만 여의치 않았다. 밤기차로 로스토프를 떠나 다음날 종일 캅카스 북쪽 시골을 지나는 길고 멋들어진 여행 후, 자정 즈음에 기차에서 내렸다. 별빛 아래 신비롭게 아름다운 산쑥 지대를 차로 이동하여 브라디카브카즈에 도착했다. 볼쇼이 캅카스Большой Кавказ 산맥이 시작하는 곳이다.

다음날 산 너머 217킬로미터 떨어진 티프리스Tiflis로 가기 위해 차를 탔다. 흑해에서 카스피해로 길게 이어지며 우뚝 솟은 절경은 더 이상 유럽과 아시아를 잇는 육로의 장애물이 아니었다. 그 화려함은 묘사하려고 시도할 수조차 없을 정도였다. 조지아 군사 고속도로를 지나는 경로는, 웅장한 협곡 옆으로 흐르는 거친 급류와 함께였다. 나르잔Narzan 광천수가 나는 유명한 온천을 지나, 카즈벡Kazbek 역에서 잠시 쉬었다. 이곳에서 카즈벡 산의 훌륭한 전경을 볼 수 있었다. 카즈벡 산은 몽블랑보다 높은 사화산이다. 해발 2,400미터가 넘는 구다우르Gudaur 협로는 눈으로 뒤덮인 산봉우리들로 둘러싸여 마치 알프스와 비슷했고, 웅장함도 그에 비할 만했다. 여기서부터는 조지아를 내려다보는 수풀이 울창한 작은 언덕들 사이로 내리막이 펼쳐지고 옆으로는 비옥한 농장들과 포도밭이 함께했다. 쿠라Kura 강을 따라 이동하며 일요일 오후를 보낸 후, 저녁 즈음 티프리스에 도착했다.

아열대 조지아

티프리스는 트랜스캅카스공화국의 수도인 동시에 조지아공화국의 수도로 고대 건물과 현대 건물이 흥미롭게 공존하고, 조지아인, 아르메니아인, 페르시아인, 유라시아 국경 지대의 대표적인 민족들로 매력적인 인구 구성을 이루고 있었다. 티프리스는 예전에는 유럽과 아시아를 오가는 무역로에 위치했었고, 지난 세대에는 혁명 과업을 이루어 낸 곳으로 두드러진다. 스탈린이 여기서 멀지 않은 고리Gori 마을에서 태어나, 이곳에서 성장기를 보냈다. 현재는 인구 35만 명의 도시로, 산업 문화 중심지로서 비약적으로 성장하고 있다.

티프리스에서의 보건 의료 서비스 연구는 조지아 보건 담당 당 정치위원인 쿠차이드제G.L. Kuchaidze 박사와의 대화로 시작했다. 우리는 이 도시의 특징, 비약적인 산업 기계화, 현재 학생 1만 6천 명 규모로 성장한 대학, 예방과 치료 시설에 대한 설명을 들었다. 당 정치위원은 지역 환경에 맞게 변화시킨 부분 이외의 보건 사업 계획은 중앙 정부와 동일하다고 말했다. 다른 곳에서와 마찬가지로 조지아에도 외래 진료소, 종합 진료소 , 일반 병원과 특수 병원이 모두 연계된 체계로 존재했다. 그는 대학과 연계된 의료 연구소에서 의사를 교육하고 수련하는 과정, 모국어뿐만 아니라 러시아어로 진행되는 조산사 교육, 모성과 어린이 돌봄, 복지 사업, 일반적인 예방과 치료 과정에 대해서도 상세히 얘기해 주었다.

우리가 방문한 결핵 연구소는 르네상스 스타일의 아름다운 새 건물로 훌륭한 시설을 갖추었고, 조지아의 다른 결핵 관련 기관들과 긴밀히 연계되어 있었다. 성인 환자를 위한 주간 요양소는 이 연구소와 연결된 부지에서 건축 중이었다.

그 다음으로 방문한 곳은 비단 공장에 있는 탁아소였다. 공장 한 켠에 위치한 이 탁아 시설은 원래 탁아소 목적으로 지어진 것은 아니었으나, 성공적으로 기능하고 있는 것처럼 보였다. 공장의 노동자들이 2교대로 일하기 때문에, 탁아소는 아침부터 밤 10시까지 운영되고, 매일 160명가량의 아이들이 이용했다.

티프리스의 결핵연구소 @마가렛 버크화이트

철도노동자병원은 특정 직업군을 위한 병원의 흥미로운 예였다. 500병상으로 공화국 전체의 철도 노동자가 직급에 상관없이 이용할 수 있다. 산부인과가 특히 체계적으로 잘 갖춰져 있었다.

철도 노동자를 위한 특수 병원은, 보다 넓은 의미의 노동자 공동체, 특히 특수 산업 노동자 공동체를 위한 특수 병원의 예 중 하나일 뿐이다. 철도 노동자 회관은 꽃과 분수로 꾸며진 아름다운 정원을 갖춘 본관과 아이들 놀이터로 이루어져 있었다. 음악과 야외 영화 상영을 위한 시설도 있었다. 6살에서 10살가량 되는 '10월당 당원Octobrist' 어린이들 200명 남짓이 아침 6시부터 모여 들더니 8시 30분이 되자 노래를 부르며 행진을 했다. 열댓 살쯤 되어 보이는 '선도대' 소녀들 몇 명이 이 아이들을 인솔했다.

철도 노동자들의 작업능률 개선을 위해 어떤 방법이 이용되고 있는지 이 정원에서 분명히 볼 수 있었다. 붉은 게시판에는 이례적으로 우수한 성과를 낸 노동자들의 이름이, 검은 게시판에는 유독 나쁜 결과를 낸 노동자들의 이름이 적혀 있고, 공공장소에 이름을 게시하는 것 이외에 공장이나 사무실 내에도 명단이 게시되어 있었다.

티프리스에서 보건 의료 서비스 조사를 마친 후 대표적인 국영 농장과 집단 농장에서의 보건 사업을 관찰하기 위해 시골로 향했다. 긴 자동차 여행 후 도착한 곳은, 현 조지아 공산당 서기장의 관리 하에서 대규모 관개 사업을 통해 개간되고 있는 산쑥 사막 지대였다. 보건담당 당 정치위원이 2명의 의사를 지정해 주었다. 2시간이 좀 넘게 험한 시골 흙길을 달려 그림같이 펼쳐진 콜라 나무와 짐을 잔뜩 실은 낙타들을 지나, 마침내 수십 제곱킬로미터의 국영 목장에 도착했다. 수천만 두의 가축은 대부분 여성들이 분대를 이루어 관리하면서 더 많은 우유를 생산하기 위해 경쟁하는 체계였다. 곡물 생산을 포함한 농장 운영과 관개 사업 개발은 대체로 남자들이 담당하는 것처럼 보였다. 이 국영 농장은 최근에 시작된지라, 대부분 새 건물이고, 소 외양간과 곡물 저장소는 대부분 공사 중이었다.

최근에 갖춰진 시설임에도, 농장은 탁아소를 갖추고 있었다. 우리에게 프랑스어로 말을 건넨 담당 교사는 전문 간호사의 도움을 받고 있었다. 농장에는 노동자 계급 출신의 시골 의사 한 명이 체계가 잘 잡힌 진료소와 작은 약국을 운영하고 있었다. 이곳의 많은 부분은 그가 직접 만든 기발한 시설들로 채워져 있었다. 그는 노동자와 어린이의 의료 수요는 모두 적절하게 만족되고 있다고 확신했다. 우리가 치과나 이비인후과 같은 다른 전문 과목에 대해 묻자 응급 상황의 경우 그가 직접 처리하고, 그가 다룰 수 없는 어려운 응급 상황인 경우 신속하게 티프리스로 전원시킨다고 알려 주었다. 또한 일군의 전문의들이 정기적으로 농장을 방문한다고도 했다. 그가 알려 준 바에 따르면, 이런 경우, 전문의의 의견이 필요한 사례의 대부분을 그 자신이 예약한다고 했다.

조지아 소재 국영 목장의 곡물 저장고 @존 킹스베리

시설은 다소 조악했지만, 백여 명으로 구성된 이 공동체에서 필요한 보건 서비스를 제공하기 위해 성실한 노력을 다하고 있다는 것은 충분히 믿을 수 있었다. 우리가 발견한 단 하나의 심각한 문제점이라면 방충망이 부족해 탁아소와 진료소에 파리가 있었다는 점인데, 이조차도 목장이라는 환경에서 해결하기 어려운 문제라는 것을 곧 알게 되었다. 이에 대해 우리가 따로 표현하지 않았지만, 공산당 서기장은 단호한 어조로, 그가 바라는 대로 우리가 그 다음 해에 다

조지아 소재 국영 목장의 주택과 마굿간 @존 킹스베리

시 방문하기 전까지 파리 문제를 해결하라고 책임자에게 직접 지시를 내렸다.

우리는 트랙터 및 다른 현대적인 농업 기계들을 관찰하고 싶었다. 담당 농학자는 독일 출신의 공산주의자로 독일에서 수련 받은 사람이었다.

돌아오는 길에는 티프리스 외곽의 한 집단 농장을 방문했다. 여러 제곱킬로미터에 달하는 면적에 153개의 예전 개별 소농장이 있었던 곳이었다. 일반 농장이지만 주로 달콤한 포도를 생산하는 훌륭한 포도밭이 대부분을 차지했다. 이 농장의 관개 시설과 완벽하게 능률적인 경영은 훌륭한 외모에 훌륭한 지식을 갖춘, 티프리스 농업 전문 학교를 막 졸업한 젊은 조지아 여성이 책임지고 있었다. 그는 미국 관개 농장에 대한 정보에 큰 관심을 보였고, 미국에 가서 그 방법을 배우고 싶다는 희망을 표현하기도 했다.

방문 목적이 보건 서비스 조사이긴 했지만, 이곳에서는 여유롭게 긴 산책을 하기도 했다. 도랑을 뛰어 건너기도 하고, 산책의 끝자락에 있던 광활한 포도밭 한 구석의 안락한 정자 아래에서 작열하는 햇빛을 피하기도 했다.

주 건물로 돌아오는 길은 집단 농장 의사가 동행했다. 탁아소와 진료소를 들르고 다양한 회관 공간도 들여다보았다. 흔히 볼 수 있는 건강에 대한 포스터와 레닌, 스탈린의 대형 사진들로 꾸며져 있었다. 이곳에서 다시 보건 시설의 질서와 청결, 교사, 간호사, 의사들의 성품, 또 보기 좋고 건강해 보이는 아이들에게서 좋은 인상을 받았다. 아이들은 외국인 손님들보다는 공산당 간부에게 더 관심이 가는 모양이었다. 그에게는 분명히 아이들의 관심을 끌게 하는 특별한 무언가가 있었다. 전형적인 조지아 미남형으로 매력적인 성격을 가진 이 사람은 아이들에게 "노동과 국방에 임할 준비가 되었는가?" 하고 물었고, 그가 들어와서 경례를 하면 아이들은 일어나 합창으로 "언제나 준비되어 있습니다!"라고 대답했다.

티프리스에서 흑해 연안의 바툼Batum까지 기차로 이동하면서 놀랄 만큼 아름다운 '리비에라Riviera 해안' 같은 경치를 만났다. 아열대 나무들, 야자수, 목련, 유칼립투스, 월계수들이 이국적인 매력을 더하고 있었다. 북서쪽으로 크림 반도까지 쭉 연결된 해안을 따라 휴양지와 요양소들이 줄지어 있었다. 눈부시게 아름다운 저택들은 북쪽 부자들과 귀족들이 내려와 휴식을 취하던 곳이었으나 지금은 정부에 압류되어 노동자를 위한 요양소나 별장으로 붐볐다.

바툼의 보건 사업 탐방은 특별한 절차를 필요로 하지 않았기 때문에 이 기회를 이용해 또 다른 국영농장인 차 농장을 방문했다. 이 농장은 수만 제곱미터의 대지로, 흑해 위쪽으로 야자수에 둘러싸여 솟아 있는 비옥한 작은 언덕까지 연결되어 있었다. 여기에서 차를 경작하고 수확하는 걸 처음 보았다. 대규모 신축 공장에서 현대적인 공정을 통해 차가 만들어지는 것도 볼 수 있었다. 이 공장은 열대 농장들 사이에 위치했는데, 그 주변이 흔히 그러하듯 옛날 모습의 주거지들과 현대적인 공동 주택이 섞여 있었고, 그 중앙에는 늘

그런 것처럼 탁아소, 보건 센터, 회관, 문화 시설 등이 있었다. 시설들을 둘러볼 시간 여유는 없었으나, 다른 곳처럼 여기에도 그런 시설이 존재한다는 것을 알 수 있었다. 한 의사에게 국영 또는 집단 농장에서 이런 보건 복지 시설들이 얼마나 일반적인지 질문을 했는데, 군대의 보건 시설이 우선적으로 지어지듯이, 어디든 이러한 시설들이 제일 먼저 지어진다는 대답을 들었다.

흑해에서

바툼으로 돌아오는 길에 넓고 멋진 아열대 식물원을 지나 유명한 해수욕장을 들렀다. 우리 중 한 명과 안내인이 흑해에서 수영을 했다. 호텔에서 저녁 식사를 하고, 도시를 산책하고, 여기저기서 사람들에 섞여 얘기를 나눈 다음, 해가 지자마자 소치Sochi를 거쳐 크림 반도의 얄타Yalta로 가는 증기선을 탔다. 이틀 동안 흑해 연안을 따라 해안가의 사랑스러운 아열대 식물들과 멀리 눈 덮힌 거대한 캅카스 산맥의 장관을 계속 볼 수 있었다.

배 위에서 휴가를 즐기는 중이던 몇몇 유명한 소련 사람들과 흥미로운 대화를 나누었다. 『라디오노동신문*Radio Labor Newspaper*』 편집인인 민크노우Minknow 씨는 출판의 자유에 대해서 얘기하면서, 실제로 '반혁명적'이지만 않다면 어떤 것이든 출판할 수 있다고 했다. 그는 공장에서의 비판의 자유를 강조했는데, 이 부분은 '대자보'라는 방법을 통해 이루어지는 것을 이미 본 적이 있었다. 비효율적인 노동자들의 이름을 '검은 게시판'에 게시하는 것에 대해서는, 그 명단이 공개회의에서 작성되므로, 건강 문제로 불공정하게 블랙리스트에 오를 위험은 없다고 말했다.

과학 노동자scientific workers의 지위에 대한 귀중한 의견을 제시한 다른 승객은 레닌그라드 대학에서 역사를 가르치는 교수인 아브라함 프리고진Abraham Prigozhine 씨였다. 모스크바 소재 '공산주의자 아카데미'의 조직학 교수 올가 보리소우나 레페쉰스카야Olga Borisowna Lepeschinskaya 박사와도 폭넓은 대화를 나누었다. 세포 성분 연구에 전력을 다하고 있던 그는, 당시 세포 미세 구조에 대한 책 출판을 앞두고 있었다. 현 프롤레타리아 정부는 교수들의 과학 연구를 방해하지 않는다고 그는 말했다. 교수 자녀들은 노동자 자녀와 같은 우선권을 갖고, 대부분의 교수들은 2~3개의 직급을 가지며 그에 합당한 월급을 받는다고 말했다.

정부는 서서히 월급을 인상하면서 개인이 2개 이상 직급을 갖지 않도록 권장하고 있었다. 다른 분야 노동자들의 노동 속도를 규정하는 '특별작업분대' 원칙은 과학 사업에도 적용된다고 했다. 예를 들어 과학 노동자는 실험실에서 능률을 향상시키면 개인적으로 장려금을 받을 수 있다. 장려금의 수혜자는 모든 노동자들이 참석하는 '생산 회의'에서 결정된다. 후보자는 교수 회의에서 논의된 후 노동자들이 참석하는 대규모 회의에서 최종적으로 장려금을 받게 된다.

위에서 기술된 내용 외에도 레페쉰스카야Lepeschinskaya 박사는 결혼과 이혼, 가족 계획과 임신 중절 등의 문제에 대해 신중하게 비판하기도 했다. 덕분에 다른 장에서 기술된 관련 주제에 대한 정보를 해석하는 데 도움이 되었다.

흑해에서 이틀을 여행한 후 우리는 노동자의 천국, 크림 반도의 얄타Yalta에 도착했다. 얄타는 저택, 정원, 숲은 물론 흑해 연안에서

불쑥 시작해 높이 솟은 야일라Yaila 산맥을 볼 수 있는 아름다운 곳에 위치하고 있었다. 기후는 언제나 온화하며 지중해 리비에라보다 더 햇볕이 좋다고들 했다. 얄타를 중심으로 한 크림 반도 지역에는 휴가 중인 수만 명의 노동자들이, 한 때는 황제부터 낮은 계급의 귀족 같은 소수의 부자들만 누릴 수 있었던 휴양지 대저택에 머물고 있었다. 이곳에도 결핵 요양소와 회복 중인 환자를 위한 휴양소를 대개 갖추고 있었다.

우리는 이 지역 사회보험공단장인 야콥슨S. J. Jacobson 박사와 첫 인터뷰를 했다. 그는 여름이면 이곳에서 근무하고 겨울에는 레닌그라드의 한 병원에서 외과 의사로 근무한다. 그는 사회보험의 목표와 방법으로 의료의 예방적인 측면을 강조하고, 요양소 및 휴양소의 추가 개원을 자세히 설명하였는데 이 내용은 다른 장에서 다시 이야기하겠다. 중공업 산업 분야 노동자들과 기술자들에 대한 약제 지원dispensing aid이 단연 우선시되고 있다는 것도 우연히 알게 되었다.

과거 얄타나 그 근방의 대저택들 옆에는 제정 러시아 때와 마찬가지로 귀족과 부유층을 위한 요양소가 있었다. 현재는 노동자들이 사용하고 있는 이 오래된 요양소들은 대개 해수면과 비슷한 높이에 지어진 반면, 새 요양소들은 이 지역의 다른 장점들과 함께 고도의 이점을 이용하기 위해 해발 520미터 높이에 지어졌다.

우리는 도로시Dolossy라는 대규모 요양소를 방문하였다. 얄타 위쪽에 위치한 산 속 해발 490미터 고도에 위치하고 있었다. 이 요양소는 사회보험 기금으로 건축되었고 훌륭한 시설과 조직을 갖추고 있었다. 겨울에는 300명가량, 여름에는 500명에 가까운 환자들이 찾는다. 이곳에는 다른 공장들에서 흔히 볼 수 있는 일반적인 '대자보'는 허용되지 않는데, 환자들에게 심리적으로 나쁜 영향을 주지 않을까 하는 우려 때문이며 경영에 대한 비판은 의사에게만 전해지게 되어 있다.

크림 지방 국영 요양소 소장인 카르펜코Karpenko 박사는 옛 러시아 황제들의 크림 거처였던 리바디아를 방문하는 우리와 동행하여, 크림 지방 휴식 치료의 관리와 운영에 대한 설명을 해 주었다. 확실히 리바디아는 더할 나위 없이 아름다운 궁전이었다.

흑해를 내려다보는 벼랑 높은 곳에 자리 잡은 아름다운 정원 한가운데 위치한 리바디아는 이제 노동자들의 천국이다. 소련 전 지역에서 온 노동자들은 2주 또는 더 길게 이곳에서 휴식을 취했다. 우리가 방문했을 때는 1,500명의 남녀가 정원을 거닐고, 게임을 하며, 만돌린이나 기타 또는 발랄라이카balalaika에 맞춰 노래를 하고, 때로는 뭔가를 읽기도 하며, 영화를 보기도 하고, 어떤 사람들은 여왕의 침실 소파에 앉아 휴식을 취하기도 했다. 여왕의 침실에는 판유리 창이 커다랗게 아치를 그리고 있었고 산, 바다, 레바논 삼나무 같은 온갖 상상할 수 있는 제일 아름다운 그림들이 액자에 걸려 있었다.

여름에는 대개 공장의 '특별작업분대' 노동자들이 이용하고, 겨울에는 집단 농장에서 온 사람들의 수가 많아져 리바디아는 바야흐로 '농민들의 궁전'이 된다고 했다.

리바디아는 휴양소 역할 외에 특별한 보살핌이 필요한 환자들을 위한 시설이 추가되어 병에서 회복 중인 사람들을 위한 장소로도 사용되었다. 소련 사회보험 당국이나 보건인민위원회가 관련 결정을 한다. 마침 우리와 동행한 카르펜코 박사는 새 정권 아래 성장하고 있는 의사 계급의 흥미로운 본보기였다. 그는 이전에 선원이었으나 24살에 의과대학에 입학했고 마침내 중요한 의료 관리가 되었다.

리바디아 직원들 특히 의료 시설 관리 책임자와 대화는 큰 도움이 되었다. 그는 민간 의료보다 국가 의료를 확실히 선호하였는데 이유는 그 동안 우리가 다른 의사에게 들었던 얘기와 비슷했다.

얄타를 떠나 크림 산맥을 지나 세바스토폴Sevastopol로 이동했다. 산맥은 캐츠킬Catskills보다 조금 높고 록키 산맥만큼 바위산이 거칠었다. 거대한 벼랑 측면을 따라 운전하며, 구석구석 자리 잡은 사이프러스며 소나무, 무화과나무, 올리브나무, 포도밭이며 담배 밭 그리고 이 모든 것들 뒤로 어슴푸레 빛나는 흑해가 수평선 저 끝까지 펼쳐지고 있었다.

자동차 여행의 끝 무렵 우리는 역사적으로 유명한 '죽음의 계곡'에 들어섰다. 크림 전쟁 때 수천 명의 영국, 프랑스, 러시아 군인들이 죽음을 당한 전쟁터를 기리는 곳으로, 영미 독자들에게는 테니슨Tennyson의 시 '경기병대의 돌격'으로 영원히 기억된다. 바라크라바를 먼발치에서 스쳐 세바스토폴에 도착했다. 그 곳에서 우크라이나의 새 수도 카르코프로 가는 밤기차를 탔다.

우크라이나의 수도

우크라이나공화국Ukrainian Socialist Soviet Republic은 7개 공화국 중 하나로 '소련의 연료, 금속 가공, 곡물의 기반'일 뿐만 아니라 문화적으로도 발달한 곳이라는 점에서 중요하다. 옛 수도는 키예프Kiev였다. 소비에트 정부가 새 수도로 건설한 카르코프에는 44만 명의 인구가 살고 있었고, 그 중 3/4은 우크라이나인이었다. 나머지는 주로 대러시아인Great Russians, 유태인, 그리고 적은 수의 폴란드인, 독일인 등이었다. 러시아어와 비슷한 우크라이나어가 공용어이다.

먼저 어린이를 위한 예방 시설을 방문하였다. 의료연구소 교수인 리프쉬츠Lifschitz 박사와 우크라이나 보건인민위원회 보건 감독관이 동행하였다. 카르코프 근교의 크고 아름다운 정원에 위치한 보호 시설은 700명의 어린이를 수용하고 있었으며, 이들은 6살에서 14살까지의 어린이들로 공립 초등학교에서 보내졌다. 이 아이들은 허약하고 결핵 초기 등의 증상이 있거나 또는 집에서 다른 병에 노출되었다는 이유 등으로 여기 오게 되었다. 입원은 학교 주치의가 판단한다. 학교 주치의는 학부모 대표와 함께 위원회를 구성하고, 입원을 위한 최종 결정은 종합 진료소 의사가 내린다. 아이들은 아침에 특정 전차 역에서 담당 직원을 만나고, 저녁에 전차 역으로 돌아갈 때도 비슷한 인솔을 받는다.

우크라이나에 다수 존재하는 이런 형태의 주간 요양소는 1923년경 처음 도입되었다고 한다. 기관의 아이들은 의료 전문가에게 정기적인 검사를 받았고 치과 및 다른 치료도 받았다. 신체 스포츠 기관도 있고, 또 어느 정도의 '정치 교육'을 위한 기관도 있다고 한다.

리프쉬츠 박사는 자문 의사로는 약간 예외적인 경우로, 민간과 공공 부문 양쪽에서 거의 비슷한 액수의 급여를 받는다고 했다. 대부분의 의사들의 경우 민간 영역 진료는 아주 일부라고 했다.

나중에 우크라이나 보건인민위원회에서 얻은 자료에 따르면, 공화국 내 모든 의료 사업에서 민간 부문이 차지하는 비율은 단지 10% 정도에 불과했다. 리프쉬츠 박사와 그의 동료들에게서 카르코프 의료 기관에 대한 자세한 조사 결과를 제공받았다. 당시 우크라

투르크메니스탄 소재 집단농장에서 시행되고 있는 필수 예방접종 @소비에트 사진자료원.

이나 전체에는 3천 명의 의사가 있었다. 천연두 예방접종은 1920년부터 공화국 전체에서 의무적으로 시행되었다. 1930년 이후에는 디프테리아 예방접종이 의무화되었고, 이런 예방접종을 받지 않은 아이들은 학교나 요양소에 들어갈 수 없었다. 치과 진료는 항상 완벽하게는 아니지만 모든 학교에서 의무적으로 시행되고 있었다.

뢴트겐연구소를 방문했을 때에는 그곳 부책임자인 바르쇼브스키B. Warshawsky 박사의 안내를 받았다. 이 연구소에 방이 500개나 있었고 환자를 위한 병상은 150개 규모로 연구와 임상 모두 감탄스러울 만큼 잘 갖춰져 있었다. 엑스선 진단과 치료, 생물학적 연구, 물리치료와 의학적 치료를 위한 특별 분과가 잘 마련되어 있었다. 연구소는 암 치료에 쓰이는 라듐 580밀리그램을 보유하고 있었다. 연구소에는 100명의 직원이 있었고 외래 진료소에는 매년 8만여 명이 방문했다. 우크라이나 다른 지역에도 비슷한 뢴트겐연구소가 있지만 카르코프 연구소보다 덜 체계적이라고 했다.

카르코프에서 시행되고 있는 효율적인 과학 사업의 증거는 위생노동병리연구소에서 더 잘 확인할 수 있었다. 이 연구소는 1925년부터 1926년에 걸쳐 지어졌으며 연구와 교육을 담당했다. 훌륭하게 꾸며진 교육용 전시관을 갖추고 주요 직업 위험 요소들과 예방법에 대해 전시 중이었다. 소음 감소에 대한 전시회도 열리고 있었다. 이

전시관은 다수의 소규모 이동용 전시물도 준비하고 있었다.

그 다음에 방문한 곳은 소위 카르코프 제3 노동 종합 진료소라고 불리는 곳으로 근사한 4층 높이 신축 건물이었다. 여기에 대해서는 19장에서 설명하겠다. 이 종합 진료소 근처에는 1만 6천여 명의 거대한 신축 트랙터 사업장이 있었고, 여기에는 별개의 종합 진료소 한 개와 400병상 병원이 있었다.

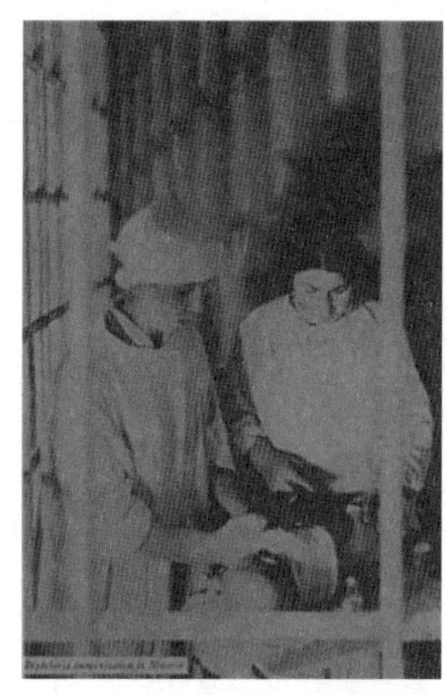

모스크바에서의 디프테리아 예방접종 @마가렛 버크화이트

카르코프에서 중요한 보건 의료 시설을 살펴 본 후 어느 정도 배경 정보를 가지고 우크라이나 보건인민위원회를 찾아가 행정 조직에 대한 질문을 하고 3시간 가까이 대화를 나누었다. 당 정치위원인 칸토로비치Kantorovitch 박사는 자기 아래 부문 책임자들과 동행한지라 보다 직접적이고 구체적인 답변을 들을 수 있었다. 우크라이나의 보건 사업 조직, 조직의 책임 분담, 중앙 정부와 지역 정부 예산 관계, 자금 주체와 분배, 환자와 의사의 개인적 관계, 임상 직원 교육과 다른 부수적인 내용에 대한 명확하고 종합적인 분석도 들을 수 있었다. 이 때 들었던 내용은 이 책 다른 곳에서 소련의 의료 보건 사업 조직에 대한 일반론을 설명할 때 요약하기로 한다.

밤기차로 카르코프를 떠나 다음날 정오에 모스크바에 도착했다. 곧바로 전화 통화와 회의를 진행해 모자란 부분을 보충하고, 유럽 지역 소련을 종단한 길고 대단히 흥미로웠던 여행에서 얻은 연구들을 보완하였다. 앞서 언급한 모스크바 예술 극장의 연극 「공포」와 발레 「백조의 호수」를 본 것도 이 세 번째 모스크바 체류 때였다. 모스크바에서의 마지막 저녁, 우리는 외국 신문사 통신원들과 소련의 일상을 보아 온 다른 외국 관계자들을 만나 밤늦게 대화를 나누었다.

9월 7일 새벽 우리는 베를린 행 비행기에 올랐다. 우리의 수첩에는 수많은 자료가 담겼고, 기억은 수많은 인상으로 가득했다. 각지의 소련 사람들은, 풍부한 여가 활동과 스포츠를 공중 보건과 의학에 통합시킨 독특한 체계를 통해 건강과 행복을 유지할 수 있도록 도움을 받고 있었다. 이곳의 보건 의료는 정책 계획 단계는 물론이거니와, 특히 성과 면에서도 우리가 연구를 진행하느라 살펴 본 다른 어떤 나라보다 포괄적이고 통합적이었다. 지금까지 우리가 경험한 것들에 대한 이야기였지만, 지금부터는 제기된 다양한 문제점은 물론 다양한 성격의 정보 출처도 살펴 볼 수 있을 것이다. 다음 장들에서는 주제별로 조사 결과와 그에 대한 해석을 제시할 생각이다.

3장

소련식 생활의 배경

소련 여행의 감상을 적고 보니, 여행 전에 러시아 국민 문학은 물론 자유를 향한 과감한 행보, 이어진 혁명의 역사 그리고 이 드넓은 국가의 인종과 지리적인 특징 등에 익숙해지려는 우리의 노력이 아주 가치 있는 일이었다는 것을 알게 된 듯하다. 소련식 생활 배경을 계속 기억한다면, 소련의 의료와 사회 상황에 대한 우리 연구도 이해하기 쉬워질 것이다. 독자를 위해 이 장과 다음 두 장에서 배경과 관련한 주요 요소들을 짧게 요약할 예정이다. 요약이 반드시 완전하다 할 수는 없겠지만, 현재 소련에서 두드러진 특징인 의료 보호medical aid와 의료 위생medicohygienic에서의 행정 혁명을 보다 더 잘 이해하는 데 도움이 되리라 생각한다.

소련은 잉글랜드와 웨일즈를 합한 면적의 150배에 해당한다. 미국과 캐나다를 합친 것보다 더 큰 면적을 포함하고, 지구 육지 면적의 1/6을 차지하며, 인구는 1억 6천5백만 명에 달한다.

소련은 겨울 동안은 육지로만 둘러싸인 제국으로, 여름이 되어도 러시아의 유럽 지역은 북극쪽 북쪽 국경 외에는 다른 큰 바다와 통하는 직접적인 통로가 없다. 흑해로의 출구는 다르단넬레스 Dardanelles 즈음에서 언제든지 막힐 수 있고 발트 해도 처지가 비슷하다. 이런 이유로 소련은 국제 통상에서 적에게 거의 포위된 도시의 입장일 수밖에 없다. 즉 인접 국가가 원하지 않는다면 무역은 이루어지기 힘들다. 그래서 소련인들에게 심리적인 영향력을 행사하고 싶다면 이런 지리적 고립을 기억할 필요가 있다. 이에 덧붙여 소련이 자본주의를 폐기했기 때문에 자본주의 권력은 소련의 공산주의 체계를 공격하고 파괴할 적절한 기회를 기다릴 뿐이라는 생각이 소련 국민들의 심리에 조심스럽지만 지속적으로 주입되고 있다는 얘기도 해야 할 것 같다.

북극해, 태평양, 카스피해, 흑해가 자연적인 경계를 이루는 이 국가는 지적 문화뿐 아니라 자연 경작에서도 필연적으로 다양할 수밖에 없다. 소련의 서부 '흑토black earth'라 불리는 지역이 세계 최대 곡창 지대 중 하나라면, 북부의 광대한 숲 지대는 상대적으로 덜 비옥하여 목재 외에는 가치를 별로 인정받지 못하고 있다. 크림 반도나 캅카스 산맥, 투르키스탄의 아열대성 기후에서는 담배, 포도, 차, 면화 등이 자란다. 나머지 광활한 영토는 대개 개발되지 않은 광물 매장층으로 여기에는 유전도 포함된다. '하얀 석탄'이라 불리는 수력 발전의 잠재력 또한 엄청난 지역이다.

증기선을 타고 나흘 동안 볼가 강을 따라 남쪽으로 이동한 후, 기차를 타고 로스토본-돈을 거쳐, 최근 오르트조니키드즈Ordzhonikidze로 이름이 바뀐 브라디카브카즈Vladikavkaz까지, 그런 다음 차를 타고 캅카스 산맥에서 티프리스로, 이후 흑해에서 크림 반도로 해안을 따라 이틀 동안 다시 증기선을 타고 여행하면서, 소련의 많은 지역을 조금 더 제대로 알 수 있게 되었다. 지도에서 보이는 우리의 여정은 이 광활한 제국의 작은 부분일 뿐이다. 그럼에도 불구하고 이번 여행에서 소련이 포함하는 넓은 범위의 민족과 언어를 보며, 이 나라의 규모에 큰 인상을 받았다.

소련 전체 인구의 반 이상을 '대러시아인Great Russians'(52.9%)과 '백러시아인White Russians'(3.2%), 그리고 다른 언어를 사용하지만 민족적으로 러시아인과 밀접한 관련이 있는 우크라이나인(21.2%)이 차지하고 있다. 이 외에도 타타르인, 아르메니아인, 투르크멘인 등 긴 역사를 지닌 민족부터 산악 지역, 사막 지역의 소수 부족처럼 잘 알려지지 않은 민족들까지, 소련은 약 180개의 민족으로 구성되어 있다.

볼가 강 계곡에는 타타르인과 다른 민족들이 러시아인과 섞여 살아가고 있었다. 1926년 1억 4천7백만 명의 소련 인구 중 78%가 폴란드인, 소수의 체코인, 세르비아인 등의 슬라브계였고, 백만 명이 넘는 독일계가 주로 볼가 강 근처에서 밀집하여 살고 있었다. 공식적으로 간행되는 『소련 안내서*Guide-Book to the Soviet Union*』에 의하면, 1926년[1]의 소련 인구는 유태인 270만 명, 조지아인 160만 명, 아르메니아인 130만 명, 캅카스 고산족 150만 명을 포함한다. 슬라브계 다음으로 큰 민족 집단은 투르크-타타르 계로, 약 11%를 차지했다.

소련을 종단하는 경험으로, 우리는 민족마다 확연하게 다른 특징이 있다는 것도 알게 되었다. 소련 정부 수립 이후 제정 러시아와 대조적으로, 언어의 다양성은 존중되거나 장려되었다. 조지아나 우

1. 마지막 센서스 조사가 시행된 해이다.

크라이나 등지에서는 지역 언어가 공식 언어로 사용되고 있는 것을 직접 볼 수 있었다. 하지만 이렇게 다양한 언어와 인종 구성에도 불구하고, 핵심 영역의 정부 조직은 소련 모든 곳에서 동일 선상에 있는 것으로 보였다.

소련 정부의 이론에 따르면 연합union은 국제적이며, 구성 국가는 공통의 목적으로만 통합된다. 또한 이론적으로 '모든 국가는 연합에 참여할 수 있다.' 비슷한 식으로 현재 이론적인 연합을 구성하고 있는 7개 연합 공화국들도 연합에서 분리 독립할 수 있다.

1926년 12월 취합된 인구 조사에 따르면, 소비에트 사회주의 공화국 연방을 구성하는 7개 공화국들과 그 구성원은 다음과 같다.

- 러시아 사회주의 연방 소비에트 공화국(R.S.F.S.R.) 100,593,800명
- 우크라이나 사회주의 소비에트 공화국 28,887,000명
- 백러시아 사회주의 소비에트 공화국 4,924,600명
- 트랜스 캅카스 사회주의 연방 소비에트 공화국 5,810,300명
- 우즈베크 사회주의 소비에트 공화국 5,058,200명
- 투르크멘 사회주의 소비에트 공화국 1,030,500명
- 타지키스탄 사회주의 소비에트 공화국 663,000명

이례적인 지리 조건과 복잡한 인종 구성 외에 낮은 수준의 초등교육과 그에 따른 혁명 전 인구의 전반적인 문맹도 더불어 언급될 필요가 있다. 또한 종교의 경우 기독교의 정신적 교리보다는 미신, 마술, 혹은 의례술 등으로 대표되는 양상이었다. 물론 이 표현에는 분명히 많은 예외가 있을 수 있다고 생각한다.

소련의 최근 상황을 연구할 때 위에서 기술한 일반 사실들에 대한 호의적인 해석을 고려할 필요가 있다. 배경을 제대로 이해하고 설명하지 않으면 상황이 왜곡되기 쉽기 때문이다.

비판을 하려면 먼저 러시아의 과거에 대해 아는 것이 특히 중요하고, 그런 후에야 소련이 발전시킨 의료 체계와 향후 다른 나라의 발전에 미칠 영향에 대해 의심의 여지없이 높은 가치를 부여할 수 있는 것이다.

우리는 몇 번 고립된 공동체를 방문했다. 이들은 최근까지 촛불이나 석유 램프 외의 다른 어떤 인공 조명 기구도 없었으나, 석탄 가스로 불을 밝히는 단계는 아예 건너뛰고 이제 전기 조명을 갖추었다. 의료 사회 개혁에서도 사정은 비슷해서, 다른 유럽 국가들보다 뒤처진 채 반쯤은 아시아 혹은 유라시아인 듯 남겨졌었지만, 이제는 빠른 속도로 거의 전 인구에게 공급되는 의료 서비스 체계를 갖추고 있는 제일 조직적인 곳 중 하나가 되었다. 소련의 의료 서비스는 우리가 알고 있는 다른 어떤 국가보다 더 완전하고 의료 서비스에 대한 접근에도 장애가 별로 없었다.

덴마크의 경우 위에서 언급한 조건의 일부에 부합하고 있지만, 실제 현장에서는 아주 부분적으로만 실현되고 있다는 주장을 반박하기 어렵다. 하지만 소련에는 이런 목표를 목적으로 하는 기관들이 존재하며 방문한 도시마다 대부분 잘 기능하고 있었고, 현재까지 지속되는 성장세를 볼 때, 몇 년 안에 모든 사람을 위한 완전한 의료 서비스가 도시는 물론 시골 지역에도 공급될 것이라는 전망은 근거가 충분해 보인다.

4장

공산주의로의 여정

의료 위생의 조건에 관한 연구에서는 관심 대상 국가의 일반적인 사회상, 특히 결혼과 가족 생활, 주거 환경, 산업과 농업의 관련성을 꼭 염두에 두어야 한다. 문맹은 건강을 해치는 주요 장애물이고, 조사 과정에서 교육과 종교적 관점도 빠져서는 안 되며 윤리적인 기준도 건강에 다각적인 영향을 끼치므로 마찬가지로 간과해서는 안 된다. 이어지는 장들에서는 국민 생활의 이러한 면모를 언급하고 자세히 설명하겠다.

이 장과 다음 장에서는 현재 소련의 경제 사회적 위치를 있게 한 점진적, 혁명적 절차가 주된 관심사가 될 것이다. 현재 소련에서는 사적 자본주의private capitalism와 개인 간 거래는 거의 폐기되었다.

공산주의 사회가 성립하기 위한 전제 조건으로는 인간에 의한 인간의 착취 철폐, 사회 계급 구분 폐기, 생산 수단의 사유화 폐지처럼 계급 구분이 야기하는 조건의 소멸, 그리고 계급이 사라진 사회주의 사회 수립을 들 수 있다. 이에 따라 소련에서는 생산과 분배 수단의

사적 소유가 폐지되었고 그 실제적인 결과는 국민 생활 계획에서 드러난다.

어떻게 이런 일들이 일어나게 되었을까?

러시아는 몽상가와 달변가가 많기로 유명하다. 같은 특징이 서구 국가에서도 자주 나타나긴 하지만, 러시아 사람들은 유난히 '행동을 향한 의지를 잘 받아들이고', 개혁 원칙을 천명하는 것을 마치 그것을 통해 얻은 성과와 동일한 것처럼 여기는 습관이 있는 것 같았다. 이를 통해 소수의 몽상가들이 국가 체계의 근본적인 재건을 공산주의 노선에 따라 수행할 수 있었던 것이나 대규모 산업과 대형 기계를 일으키는 데 성공할 수 있었던 것은 실로 놀랍다. 덕분에 소련은 적극적인 기계화, 대량 생산, 생산된 제품의 표준화에서 놀라운 성장을 하여 미국을 앞지르겠다는 목표에 다가가고 있었다. 반면 작업 효율성 개선은 그다지 빠르지 않았다. 실제로 현대 산업에 필요한 기술 숙련의 어려움은 소련이 자본주의 국가를 따라잡고 추월하는 데 가장 큰 걸림돌이 되고 있는 듯했다.

이 거대한 변혁에 이르게 되는 흥미로운 사건들은 18세기 혹은 더 이전으로 거슬러 올라간다.

러시아의 '유럽화Eurpeanization'는 표트르 대제Peter the Great, 1682~1725 재위 기간에 시작되었다. 스웨덴과의 전쟁에서 승리한 후, 표트르 대제는 스웨덴의 발트 해 지방을 러시아 영토에 복속시키고 서구권 국가들에 지리적으로 가까운 상트페테르부르크를 수도로 삼고 산업을 진흥시켰다. 러시아 최초의 신문을 발행하고, '러시아과학아카데미'를 포함, 기술 학교도 여럿 설립했다. 17장에서 설명하겠지만 그는 '러시아 의학의 창시자'가 되었다. 하지만 놀라운 기력과 열정으로 러시아 사회를 효율화하는 데 성공했음에도 불구하고, 부패로부터 자유롭게 하는 데는 실패하고 말았다.

러시아는 부분적으로는 아시아였고 부분적으로는 유럽이었다. 러시아는 다양한 단계의 문명화를 대표하는 많은 민족들이 불완전하게 섞인 혼합체였다. 13세기 초반 타타르족 무리들이 러시아에 쏟아져 들어오기 시작했다. 몽골의 지배는 1480년까지 지속되다가 모스크바의 왕자들이 정권을 전복시키면서 마침내 러시아인과 타타르인의 역할이 역전되었다.

자유가 축소되는 기나긴 과정을 거쳐, 17세기 중반이 되자, 러시아의 소작농들은 땅과 지주에게 전적으로 매이게 된다. 농노라고 불렸지만 실상 노예나 다름없었다. 지주의 권위는 사실상 농노의 생사를 결정할 정도였고, 제한 없는 권력은 자주 남용되었다. 지주들은 잔인했다. 개인 농노들은 국경 지대로 탈출하고, 소작농들의 조직적인 봉기도 반복적으로 일어났다. 보로트니코프Bolotnikov, 푸카체프Pugatchev, 라진Razin에서 일어난 대규모 소작농 봉기는 진압되었지만 곧 다른 봉기들이 잇따랐다. 1861년 마침내 소작농들은 농노제로부터 자유를 얻었다. 하지만 새로 제정된 법률에도 소작농에게 무상으로 토지를 제공한다는 내용은 포함되지 않았다.

많은 소작농들이 공업화로 노동력이 필요한 도시로 이주했다. 하지만 산업 노동자든 소작농이든 그들이 처한 처지는 별반 다르지 않아 여전히 굶주림에 허덕였다. 불만은 점차 커져갔다. 혁명 이념이 대중의 마음에 가닿기 시작했다. 하지만 파업은 금지되었고 금지된 파업을 일으키면 폭동으로 몰려 군대에 의해 진압당했다. 제정 러시아 경찰은 정치 활동가들을 무자비하게 감금하고 처벌했으며, 이 과정에서 재판이 생략되는 것도 흔했다. 이 땅에서 소작농의 처지는 여전히 농노와 비슷했다. 소작농들은 불하된 작은 땅을 일구는 동안 터무니없이 높은 세금을 지주에게 내야 했고 그래서 측은할 정도로 가난했다.

지배 계급과 피지배 계급의 극명한 대조는 혁명 직전 더욱 뚜렷해진다. 소수의 러시아 지식 계급은 고등 교육을 바탕으로 광범위한 지적 흥미를 갖고 있었고, 예술과 과학에서 두각을 나타내는 대가들이 나타나기도 했으나, 지배 계급은 부패로 악명이 높았다.

19세기 초 제정 러시아를 무너뜨리게 되는 두 가지 흐름이 있었다. 한 편에서는 지배 구조 밖에 있던 대다수 지식 계급이 러시아 정부의 부패에 깊이 분노했고 이 강력한 분노는 혁명 정당으로 성장하였다. 또 다른 한편에서는 산업 노동자 계급이 성장했다. 이들은 당시 노동자에게 주어진 삶의 조건에 만족하지 않는 사람들로 선진적인 사회 이념을 주입받은, 그래서 러시아 하층으로부터의 혁명적 자산을 쌓는 데 기여한 사람들이었다. 더욱 더 많은 소작농들이 도시의 공장으로 유입되고 공장 노동자들의 진보적인 사상에 서서히 젖어들었다. 일부는 다른 나라를 경험함으로써 선진국 노동자들이 어떻게 살아가고 있는지 알게 되었다. 비밀 경찰의 서슬이 퍼랬지만 더 나은 삶의 조건을 부르짖는 시위는 커져만 갔다.

19세기 초 나폴레옹 전쟁에서 다른 유럽 국가들을 경험했던 육군 장교들이 주축을 이룬 이른바 '12월 당원들Decemberbrists'이 개혁을 시도했다. 하지만 준비는 부족했고, 동료에게 배신당하면서 그들의 시도는 처참하게 실패하고 말았다. 대다수는 처형당했고 많은 사람들이 황제 니콜라이 1세Tsar Nicholas I에 의해 시베리아 유형에 처해졌다. 그럼에도 불구하고 이후 정당들이 하나씩 나타나기 시작했는데, 대부분 지식인 계급이 주축이 되었다. 일부는 외국에서 '허무주의자'로 알려진 사람들이었지만, 실제로 그 표현을 스스로 쓰는 사람은 아무도 없었다. '나로드니키Narodniki', '민중의 의지Will of the People당', '젬리아 이 볼리아Semlia i Volia당' 등이 이에 해당한다. 모두의 공통된 목표는 대중 특히 농민들의 생활 조건 개선이었다.

1898년 등장한 가장 최근의 정당이자 가장 조직적인 급진 정당 중 하나는 '사회혁명당Party of Social Revolutionaries'이었다. 다수의 당원들은 1917년 혁명 초기 정국에서 눈에 띄는 인물이 되었다. '투쟁조직Fighting Organization'으로 알려진 한 무리의 사회 혁명가들은 압제자와 싸우는 도구로써 정치적 테러를 지지했다. 그러나 이 단체가 테러를 지지한 최초의 단체는 아니었으며, 이미 한참 전부터 정치적 암살이 혁명주의자들에 의해 자행되고 있었다. 1881년 황제 알렉산드르 2세Tsar Alexander II가 암살되었고 그 후에도 여럿이 더 암살되었다.

마르크스주의의 대두

19세기 중반 마르크스와 엥겔스에 의해 발전된 사회주의 이념은 아주 일찍부터 러시아 사람들에게 인기를 끌었으나, 1897년이 되어서야 플레하노프Plekhanov 등이 처음으로 '러시아 사회민주당Russian Social Democratic Party'을 조직하였다.

1903년 런던에서 열린 제2차 의회Second Congress에서 러시아 사회민주당이 둘로 갈라졌다. 보다 열렬한 혁명 활동을 선호했던, 근소한 차이의 다수당은 이후 '볼셰비키Bolshevik'로 알려졌고, 보다 온건한 행보를 선호했던 소수당은 이후 '멘셰비키Menshevik'로 알려졌다. 열렬한 혁명 정책은 레닌과 외국에 망명해 있던 공산주의 단체들의 적극적인 지지를 받았는데, 이는 혁명을 지향하고 '프롤레타리아 독재'를 지지한다는 점에서 '점진적 사회주의evolutionary socialism'와 구별되었다. 반면 멘셰비키는 러시아가 여전히 사회주의 혁명을 실행하기에는 산업화 정도가 부족하다고 주장했다.

1905년 1월 22일(구력 1월 9일), 황제에게 탄원하기 위해 겨울 궁전 앞 광장에 평화롭게 모여 있던 노동자들과 그 아내들 1,500명이 군대에 의해 살해당하거나 부상 입으면서, '피의 일요일'로 알려진 사건이 시작되었다. 이로 인해 이미 러일 전쟁의 끔찍한 패배로 드러나기 시작한 불만과 혁명적 동요가 삽시간에 번져 나갔다. 노동자들은 극심한 분노를 행동으로 옮기기 위해 단체를 조직하기 시작하였다. 최초의 '소비에트Soviet'들이 만들어졌다. 운동의 정점은 그 해 가을 총파업이었는데 역사상 최초의 파업이었다. 이것이 실제적인 '제1차 러시아혁명'이다. 농촌 사람들이 운동에 가담하여 지주로부터 토지를 빼앗고 시위와 약탈을 조직하고 불을 질렀다. 이런 압박 아래 황제는 비테Witte 등의 조언을 받아들여, 두마Duma를 인정하고 헌법을 승인했다. 하지만 제1 두마는 '급진적'이라는 이유로 해산되었고, 제2 두마도 1907년 같은 운명을 맞았다. 그 결과 노동자들은 선거권을 거의 완전히 박탈당하게 된다.

지하로 숨은 혁명주의자들은 활동을 계속했으나, 러시아 내부 사정은 더욱 나빠져만 갔다. 그러나 1914년 혁명을 향한 움직임은 다시 뚜렷해지기 시작했고 7월 총궐기가 가능할 것 같은 분위기가 조성되었으나 전쟁 발발로 무산되었다. 1917년 사람들의 인내가 한계에 다다랐다. 전쟁의 공포는 끝이 없고, 공산품과 식품마저 부족한 비참한 삶은 대중의 분노로 터져 나오기 시작했다. 결국 '2월 혁명'이 일어났다.

리보프 공Prince Lvov을 수상으로 하는 첫 임시 정부와 케렌스키Kerensky의 지도력 아래 임시 정부를 따르는 사람들이 러시아의 보수주의, 자유주의, 온건 급진주의 세력을 대표했지만, 이 구조를 견고히 하지 못했고, 결국 레닌이 이끄는 볼셰비키가 권력을 장악했다.

마르크스 철학의 발전 과정에서 '비혁명 행동'에서 '혁명 행동'으로의 이행은 하나의 역사적 전환점이었다. 러시아의 성공이 영구적인 것으로 판명될 경우 다른 나라 국민들도 자신의 정부로 하여금 불공평한 경제 상황을 서둘러 종식시키게끔 할 것이므로 다른 국가의 미래에도 지대한 영향을 미칠 것이 틀림없었다.

볼셰비키 사회주의를 지지하는 측은 자본가들이 향유하는 지대한 특권 때문에, 평화적이고 점진적인 사회주의 이행은 결코 성공할 수 없을 것이라는 주장에 근거한다. 실제로 이 혁명은 과거의 혁명가들이 실패했던 질서 확립에 성공하였다.

레닌의 유명한 구호 "약탈을 약탈하라Loot the loot"는 볼셰비키주의 목표를 확실히 하기 위한 볼셰비키 방법론의 도덕 원리를 어느 정도 보여 준다. 레닌이 목표로 했던 '역사의 전진'은 '약탈하던 자'를 약탈함으로써 가능했다. 그 목표는 민주주의가 아니라, 프롤레타리아 독재라는 도구로 확보된 공산주의였다.

프롤레타리아 독재가 민주주의에 합치되는가 하는 질문에 매달릴 필요는 없다. 다만 다음에 제시된 한 뛰어난 관찰이 이 질문에 대한 답을 제시할지도 모르겠다.

1933년 발표된 『현재의 역사』에서 시드니 웹 경은 아래와 같이 말했다.

> "소련 헌법이 우리가 민주적이라고 간주하고 설계한 것인가 아닌가를 논의하는 것은 쓸모없는 일이다. … 이 판단에 대해 다른 나라에 사는 사람들은 그들 자신의 편견과 정보에 따라 후에도 계속 다르게 생각할 것이다. 그보다 여기서 이야기되어야 할 점은 민주주의의 정의가 사회 평등에 중점을 두는 것이든, 대중 욕구를 충족시키는 것에 중점을 두는 것이든, 심지어 정부의 행동에 대한 동의의 일반적 인식에 중점을 두는 것이든, 소련 국민에게 그가 공산당원이냐 아니냐에 상관없이 미국, 영국, 프랑스 혹은 독일의 헌법이 소련의 헌법보다 우리가 통상 민주주의라고 여기는 것에 더 가깝다는 것을 설득하는 것은 매우 어려울 것이라는 점이다."

실제로 소련의 헌법 제정 이전에는 갈등이 컸다. 소련이 건국된 1922년 12월 이전까지 오랜 내전, 감염병, 기아 속에서 지속되던 갈등을 단계별로 간단히 설명할 필요가 있겠다.

전시 공산주의

세계 대전은 레닌과 그의 동지들에게 기회가 되었다. 혁명에 유리한 영향력들이 강화되었다. 아시다시피 러시아는 주로 농업 국가로서 대량의 농작물을 유럽에 수출하고, 유럽 그 중에서도 독일에서 주로 공산품을 수입했다. 전쟁이 나자 이런 교환이 거의 중단되었다. 전쟁 초기 3년 동안 러시아가 입은 인적, 물적 피해는 막심하여 모든 참전국 중 제일 큰 규모의 손실이었던 것 같다. 러시아가 이미 패전국 입장이었던 1917년 2월, 혁명(신력 3월)이 발생했고, 비교적 온건한 혁명주의자들에 의해 차르는 무너졌다. 역사상 가장 큰 규모의 폭동이었던 러시아 군대의 해산과 민간 정부에 반대하는 동시다발적인 저항이 이 혁명을 가능하게 했다.

1915년 레닌은 추종자들에게, 노동자 소비에트(평의회)와 대표단들은 저항과 혁명을 지도하는 조직이어야 한다는 내용의 편지를 썼다. 1917년 혁명이 발발하자 노동자들은 당장 소비에트를 구성하기 시작했고, 3월 12일(구력 2월 27일), '노동자 대표단 소비에트 임시집행위원회Provisional Executive Committee of the Soviet of Workers' Deputies'를 구성했다. 같은 날 첫 회의를 개최하고 국가 사업에 대한 배타적인 권위를 획득하겠다는 결정을 밝혔다. 같은 날 '두마임시집행위원회'도 구성되었는데 이 두 조직은 후에 최고 권력을 다투는 라이벌 관계가 된다.

3월 15일(구력 3월 2일) 두 조직은 총괄 계획과 정책 문제에 대한 합의에 도달했다. 완전하고 즉각적인 사면, 정치적 자유, 모든 종교적, 사회적, 인종적 차별 철폐, 자치 정부를 구성하기 위한 민주적 선거, 그리고 제헌의회 소집 이전에 정부의 미래를 결정하는 어떤 행위도 하지 않겠다는 약속 등이 이에 포함되었다. 러시아 영토에 살고 있는 모든 민족은 자기 결정권을 갖는다는 조항은 소비에트 대표단에 의해 제출되었으나 기각되었다.

달리 말하면 차르를 퇴위시키고 수립된 정권은 시작부터 권력이 '임시 정부'와 '소비에트' 둘로 나뉘었고, 두 세력 간의 갈등이 잇따랐다. 불협화음을 일으켰던 주요 쟁점 세 가지는, 농업 문제, 전쟁, 경제 위기의 해소였다.

임시 정부는 이 쟁점들에 대해 모호한 태도를 보이면서 적극적으로 개입하지 않기 위해 조심스러운 입장을 취했다. 하지만 4월 다르다넬스Dardanelles와 보스포루스Bosphorus가 소련의 영토로 병합되어야 한다는 당시 외무부 장관이었던 밀리우코프Miliukoff의 선언으로 영역 간 위기 상황이 발생했다.

최고 권력이 둘로 나뉜 상황은 설득이나 강압으로도 해소할 수 없었기 때문에 임시 정부는 연립 정부 쪽에 희망을 걸었다. 이즈음 온건파가 장악하고 있던 소비에트는 내각에 참여해 달라는 요청을 받아들였고 마침내 케렌스키Kerensky 국방부 장관 외 몇 명의 사회주의자까지 포함하는 새 정부가 성립되었다. 여전히 사회주의 혁명을 저지하겠다는 희망을 가진 채 새 임시 정부는 특정 개혁을 시도하겠다는 결정을 내렸고, 제헌의회 소집을 서두르는 의지를 보이기도 했다. 이즈음 '전쟁 배상금과 영토 합병 없는 평화Peace with no indemnity, no annexations'라는 구호가 심심찮게 들려왔고 전쟁의 목적을 수정하기 위한 연합국 간 회의가 준비되고 있었다.

연합국들을 만족시키기 위해 케렌스키가 시작한 공격은 결과적으로 무익했고, 오히려 엄청난 인명 손실을 가져왔다. 식량 부족과 수송 체계의 참담한 붕괴 등 삶은 더욱 더 처참해져 갔고, 불만은 가중되었으며, 급진적인 세력으로 하여금 더욱 더 혁명적인 행동을 취하게 하는 계기가 되었다.

임시 정부와 소비에트 사이의 균열은 7월이 되자 더욱 커졌다. 7월 21일(구력 7월 8일), 체르노프Chernov 등의 사회주의자들이 지지한 '즉각적인 농업 개혁 계획'이 발표되자 반대 시위가 일어나 리보프Lvov 공은 사임하고 케렌스키가 수상이 되었다.

케렌스키 내각은 다양한 정치적 견해와 계급 이익을 대변하는 반대자들 사이에서 교묘히 잘 처신하면서, 9월 4일(구력 9월 1일) 러시아를 공화국으로 선포하기에 이른다. 10월 초 내각이 연립 원칙에 따라 재구성되었고, '공화국 임시의회Provisional Council of the Republic'에 호소하기로 결정했다. 의제 중에는 '제헌 의회의 조기 소집'도 포함되어 있었으나, 이미 때는 너무 늦었었다. 온건 사회주의 세력은 이전에 보여준 타협적인 태도로 이미 상당한 지지층을 잃은 상태였고, 항상 케렌스키를 반대했던 '우익'은 '코르닐로프Korniloff 반란' 이후 더욱 더 과격해지는 경향을 보였지만 구질서를 되찾고 혁명을 분쇄하려는 그들의 시도는 대중으로부터 어떤 지지도 얻지 못했다.

볼셰비키가 이끌던 급진 세력이 일선에 나섰다. 임시 정부의 저항이 있었지만 이즈음 군대 대부분이 이탈하고, 대규모 조직적인 단체의 지지는 전무했던 터라 저항은 효과적이지 못했다. 볼셰비키는 권력을 장악했고 11월 7일(구력 10 25일) 케렌스키 내각을 종결시켰다.

1918년 3월 볼셰비키의 등장과 함께 독일과의 평화 협상이 브레스트-리토브스Brest-Litovsk에서 체결되었다. 하지만 이 '평화'가 러시아에 더 이상 전쟁이 없다는 것을 의미하는 것은 아니었다. 국가 안팎으로 전쟁이 시작되었다. 볼셰비키는 그들의 정책에 반대하는 러시아 내 세력들과 대치하게 되었는데, 이 세력들은 러시아가 독일과 싸우는 동안 동맹이었던 프랑스, 미국, 영국 군대들의 원조를 받고 있었다.

이 불행한 전쟁을 자세히 들여다볼 필요는 없을 것 같다. 볼셰비키가 표현했듯 서로를 향한 공공연한 전투 속에서, 러시아는 공산주의를 지지하는 세력과 반대하는 세력으로 갈라졌다. 내부의 분열이 수그러들자 티푸스, 천연두, 콜레라가 러시아 전역을 휩쓸어 전 인구의 1/5에 가까운 수가 고통을 겪었다. 그 3년 동안 있었던 일은 간트W.H. Gantt 박사가 잘 요약하고 있다.[1] 그 중에는 3년에 걸친 기아도 포함된다. 인구의 반가량이 극심한 식량 부족에 시달렸고, 천백만 명가량의 러시아인들이 미국, 영국 등에서 보내온 구호 식량의 혜택을 받았다고 기록하고 있다.

1918년부터 1921년까지 3년 동안 엄격한 형태의 공산주의 적용이 시도되었다. 공산주의자들은 전례가 없는 강도와 혹독함으로 국가 정책을 밀어 붙였다. 당시의 어려움과 실패는 후에 산업 및 농업에서 일어난 변화를 설명하면서 추가로 언급할 것이다.

어느 정도는 동양적이고 많은 부분 여전히 봉건적인, 또한 한 세기 동안 혁명 원칙에 의해 불태워졌던 한 나라에서, 극단적인 분파가 다른 분파에 의해 대체되었을 때 쉽게 예측할 수 있는 망명, 감금, 사형이 잦아졌다. 간트 박사는 다음과 같이 쓰고 있다.

> "오랜 동안 벌어진 전쟁, 혁명, 기아, 질병은 그 전 정권에서 존재했던 거의 모든 관습, 사회 구성, 제도 등을 완전히 지우는 결과를 가져왔다. 하지만 삶은 계속되었고 이 모든 절망적

---

1. 『소비에트 러시아의 의학 교육 리뷰*British Medical Journal*』, June 14, 1924.

인 상황에서도 재건은 천천히 시작되었으며, 어떤 방향에서는 놀라울 정도로 빠르게 또 다른 방향에서는 고통스러울 정도로 서서히 진행되었다."

이처럼 과감하고 빠른 속도로 적용된 공산주의는 광범위한 난관에 봉착했다. 농업 부분이 특히 더 그랬다. 상황이 심각해지자 1921년 레닌은 순혈 공산주의를 잠시 유보하고 어느 정도의 민간 거래를 허용하는 일시적인 정책 후퇴, 즉 '신경제 정책'을 감행하였다.

하지만 전반적으로 공산주의의 입지는 더욱 견고해지고 있었고, 1922년 12월 소련이 공식적으로 수립되고 연합이 구성되었다.

5장

공산주의 도입 단계

레닌은 초기부터 완전한 공산주의는 한 번에 이루어질 수 없으며 그래서 최종적인 성공을 위해 볼셰비키는 지도자들이 결정을 내린 후에는 자신의 지적 자유를 위임하고 사적 판단의 권리를 버려야 한다고 강조했다. 과거에는 물론 지금도 결정이 내려지기 전 토론의 자유는 충분하다. 소수이긴 하지만 비슷한 규율 통제가 영국의 한 정당 의회 규율에서도 시도된 적 있고, 정통 기독교 일부에서도 이슬람교처럼 종교 교리로서 비슷하게 요구된 적이 있다. 그러나 어디에서도 소련처럼 완전하게 시행된 적은 없었다.

이 완전성도 한 번에 이루어진 것은 아니다. 레닌이 통치하던 동안 행정부에 대한 비판이 장려되었으며 행정부도 실수가 있었다면 수긍했다. 레닌 사망 이후 중앙 정부에 대한 비판이 종종 반역으로 여겨지기도 했지만, 여전히 행정부나 특히 공장 조직에서의 비판은 원칙적으로 공산주의를 반대하는 경우가 아니라면 환영 받는 분위기였다.

규율은 계속 엄격해졌다. 자주 반복되는 레닌의 첫 번째 교시에서는 심지어 "국가는 다수에 대한 소수의 독재이다."라고 말하고 있으며, 이는 마르크스의 "힘은 역사를 낳게 하는 조산사다."라는 유명한 말을 지지한다. 강제를 동반한 다수에 대한 독재는 건국뿐 아니라 이후 초기 소련에서 필수적인 것이라고 주장되었다. 이런 가정에 따라 프롤레타리아 독재는 잘 조직되었고 따라서 소수에 의한 과두 정치가 정부 주요 요소를 통제할 수 있었다. 공산주의 이론에 따르면 이러한 통제는 궁극적으로는 감소하다가 마침내 사라지고, 소비에트 '민주주의'를 이루게 된다. 하지만 공산주의 발달의 현 단계에서는 고도로 중앙 집중적인 정부 조직이 여전히 필수적인 듯했다. '당 조직 구조의 지휘 원칙은 민주주의적 중앙 집권이다'라고 표현하고 있다.

공산당과 일반 프롤레타리아 계층이 가진 대표 선출권의 범위는 다음 장에서 논의한다. 극도로 관료적인 중앙 집권적 통제에도 불구하고, 노동자와 농민은 민주적인 토론과 조직에 광범위하게 참여하고 있었다. 공장, 병원 그리고 다른 기관에서도 구체적인 경영 사항을 결정하는 데 노동자들이 실질적인 역할을 나눠 수행한다. 하지만 농민의 투표권은 산업 노동자에 비해 훨씬 낮은 수준이다.

소련 헌법 69조는 투표권과 피선거권이 없는 경우를 다음과 같이 열거하고 있다.

> 첫째 이익을 창출하려는 목적으로 노동을 고용한 자, 둘째 불로 소득으로 생계를 꾸리는 자, 셋째 상업 거래와 무역에서 민간 거래를 하거나 중간 상인인 자, 넷째 종교 교파나 분파의

성직자로 이를 직업으로 가진 자나 수도사, 다섯째 옛 경찰 권력과 특수 헌병 부대, 제정 러시아 비밀경찰 구성원 또는 고용인이었던 자, 전 러시아 왕조의 구성원 또는 경찰, 헌병, 법 집행 등의 행위를 지휘했던 자, 여섯째 적법하게 심신 미약이 결정된 자, 일곱째 범죄로 인하여 법원이 특정 기간 동안 정치적 권리 박탈을 선고한 자.

다양한 계급이 이에 속하긴 하지만, 선거권을 박탈당한 이들의 전체 숫자는 그리 많지 않다.

소련이라는 국가의 실질적 발달은, 지금까지 보았듯, 단계적으로 진행되었다. 2월 혁명 이후 처음 몇 달 동안 '주요' 지위들을 사회화하였고 소비에트가 물자의 사회적 생산과 분배를 철저히 관리하였다. 다수의 대규모 토지가 농민들에게 분배되었는데, 그 결과 농업은 전보다 더 원시적인 상태로 되돌아갔다. 무능력한 소비에트가 공장을 장악하고, 관리자나 기술자는 계급을 중요시하는 프롤레타리아에 의해 축출되었다. 모든 것이 끔찍할 만큼 엉망이 되어 버렸다.

이후 안팎의 적에 대항하여 군사적 방어를 하는 것이 주요 과제가 되는 '전시 공산주의' 시기가 이어졌다. 체카Chekha라고 알려진 잔혹한 경찰 권력이 조직되었다. 이들은 제정 러시아 시절 경찰인 오흐란카Okhranka에 비견될 만큼 비밀스럽고 혐오스러운 작전을 조직했다. 재판 없이 사람들을 총살하는 등 초기 만행은 프랑스 혁명 때보다 더 섬뜩할 정도였다. 이후 체카는 '가이-파이-우Gay-Pay-Oo' 라고 널리 알려진 연방국가정치부OGPU로 대체되었다.

1918년에서 1922년에 이르는 시기 동안 대규모의 사유지 토지 수용이 진행되었다. 소도시에서는 시가 주택지를 합병한 후 이를 노동자들에게 나누어 주었고, 농촌 지역에서는 농산물이 강제로 징발되었다. 사실상의 군법이 시행되었으며, 공산주의에 적대감을 가진 것으로 의심되는 사람들 다수가 총살당했다. 국가는 임금을 포함 비용 지불 이후의 모든 이윤을 취한 다음, 각각의 산업 부문에는 원자재와 연료를, 시민들에게는 생활 필수품을 공급하였다. 이 기간 동안 화폐제는 폐지되었으며 공급되는 모든 것은 무료였다.

소련 전역에 혼란이 벌어졌다. 예전 토지를 소유했던 계급은 축출되었고, 산업의 8할을 사회화하였지만 제대로 관리되지 않아 생산량은 거의 없는 정도로 감소했다. 농업 또한 붕괴 직전이었다. 부유한 대지주가 주도하는 농민 계급은 자신들의 곡물이 징발당하자 토지 경작을 거부했다.

이러한 어려움을 타개하기 위해 1921년 신경제 정책NEP이 도입되었다. 단번에 제대로 발전된 사회주의에 도달할 수 없음을 레닌이 현실적으로 인정한 결과였다. 신경제 정책의 일반 원칙은 농민들에게 잉여 곡물을 징발하던 예전 방식을 조세 제도로 대체한 것이었다. 농민들에게 곡물 판매가 허용되었고 결과적으로 다시 민간 상업 거래가 허용되었다. 마르크스주의 정부와 개인주의적인 농민들 사이의 휴전이었던 셈이다. 하지만 동시에 국가 신용조합trust과 노동조합syndicate이 조직되어 국가 산업을 관리하기 시작했다. 레닌의 '위대한 전략적 후퇴'라고 알려진 일시적 후퇴였다.

전면적인 정책 대신 분할 계획이 시작되었다. 선진 산업 체계 개발에 관심이 집중되었고 이 목표를 위해 전국 단위의 전력 공급이 이 정책의 요점이 되었다. 레닌이 "전력 보급과 소련의 힘이 합쳐지면 사회주의가 된다."라는 5개년 계획의 기본이 된 슬로건을 내세운 것이 이때였다. 그러나 대규모 철도 연장과 도로 시설의 개선에 있어, 확장은 똑같이 중요했지만 동시에 시행될 수는 없었다. 이후 소련이 겪은 어려움 중 대부분은 이 결핍에서 기인한다. 일반 정책은 최단 시간 내에 이루어진 대규모의 산업화 중 하나였지만, 이와 관련해 당장 필요한 기계 외에 다른 공산품을 수입하는 것은 전면적으로 금지되다시피 했다. 그 결과 생활 필수품과 편의를 위한 물건이 곧바로 심각한 품귀 현상을 일으키게 되었다.

이어 5개년 계획이 공식화되었다. 대규모 산업 확장이 방대하게 구상되고 시행되었으며 그 중 일부는 효율이 떨어지기는 했지만 미국의 거대한 연합체보다도 규모가 컸다.

농업 관리 계획은 산업 부문보다 더 야심찼으나 결과적으로 성공적이라고 볼 수는 없다. 노동을 고용하는 농민 계층은 소련의 완전한 사회화의 주요 장애가 되고 있었고, 관료적 사회주의와 개인주의적 본능, 땅에 대한 노동자의 열망 사이 갈등은 여전히 끝나지 않고 있었다.

농업의 사회화

신경제 정책이 시행되면서 농민 개인이 다시 농산물을 거래할 수 있게 되었다. 하지만 전통적 농업 방식이 지속되고 있던지라, 정부는 소도시나 수출에 필요한 식량을 충분히 조달할 수 없었다. 정부가 지정한 가격이 낮아 농민들이 농산물을 팔기 꺼린 것도 원인 중 하나였다. 이후 5개년 계획이 시작되면서, 1933년 10월 기준, 전체 토지의 15퍼센트를 집단화하고, 3퍼센트를 국영 농장으로 귀속하였으며, 레닌과 스탈린이 개인주의의 거점으로 인식했던 개인 소유 소규모 토지와 농장도 최종적으로 모두 국영 농장이나 집단 농장이 되었다. 실제로 1933년 6월 기준, 80퍼센트 가량의 소작농이 이미 집단 농장에 참여하고 있었다. 이는 전체 경작지의 60퍼센트 이상에 해당한다.

노동을 고용하는 농민 계층인 지주 계급을 '제거'하려는 시도가 집요하고 가혹하게 지속되었다. 이들은 다른 소작농들과 같이 집단 농장에 억지로 동원되기도 했지만, 때로는 이런 기회마저도 주어지지 않고 총살당한 경우도 많았고, 그렇지 않으면 산업 수용소에 보내지거나 시베리아 유형에 처해지면서 재산이 압수되기도 했다. 결과적으로 집단 농장을 성공적으로 경영하기 위해 필요한 지주들의 경험적 지식도 대부분 같이 사라졌다.

집단 농장에 징발된 농민들은 아는 것이 별로 없었다. 2~3년 전에 있었던 대규모 도축으로 가축의 수는 30~40퍼센트 감소했고,[1] 그 결과 우유 및 육류 부족 상황이 벌어지고 있었다. 정치 선전과 강제적 조치가 너무 급하고 과격하여 재앙은 이미 드리워지고 있는 셈이었다. 1930년 3월 스탈린은 '성공에서 오는 경솔함'이라는 제목의 편지에서, 강제적 조치의 부분적 중단을 요구하면서, 지역의 정부 사절들은 강제보다는 설득을 선택해야 한다고 주장했다.

혁명 초기 소작농들은 지주의 토지를 차지할 수 있도록 허용되었으므로 덕분에 그들은 혁명 정부 편이 될 수 있었다. 하지만 소련

1. 『뉴욕타임즈*New York Times*』, 1933년 2월 28일

의 모든 토지를 국유화하였으므로 소작농들은 국가를 대신하여 경작하는 것일 뿐이었다. 그럼에도 불구하고 소작농들은 땅을 실제로 소유하는 걸로 인식하고 있었다. 비교해 보면 프랑스의 경우 프랑스 대혁명 이후 소작농들이 토지 영구 소유권을 갖게 되어 그 결과 프랑스는 유럽에서 가장 개인주의적인 국가가 되었다. 사회주의와 소작농의 소유권은 양립할 수 없기 때문이다.

소련의 경우 소작농들은 토지를 소유하게 된 후 경작한 농산물을 먼저 국가에 양도해야 하는 의무를 지게 되었고, 신경제 계획 시행과 함께 잉여 농산물을 팔 수 있는 권리를 인정받았다. 하지만 레닌이 말했듯 정부는 이 정책을 지속하면 '농민들이 부르주아 계급과 결합하게 될' 것임을 알고 있었다. 이어 생산과 생활 양식의 집단화를 위해 대지주를 억압하게 되었고 이후 소규모 토지 소유도 강제로 폐지되었다. 아주 무자비하게.

산업과 농업 부문에 관련된 최근 공산주의 정책 발달 현황은 소련의 산업 생활 양식을 살펴 보는 다음 장들에서 더 다루기로 한다.

6장 소비에트 사회주의 공화국 연방 정부

어느 공동체에서든 의료 위생이 얼마나 효율적으로 공급되는가는 일반 행정 통제의 질에 좌우되는 경우가 많다. 그러므로 이 즈음에서 소련의 행정에 대해 간단하게 설명하려고 한다. 소련의 체계는 여러 면에서 서구 민주주의와 다르기 때문에 소련 정부가 과연 민주주의 성격을 가지는가에 대한 의문이 제기될 수 있다. 그럼에도 불구하고 유난히 높은 비율의 소련 인구가 남녀 불문, 토론이나 행정 문제에 대한 세부 사항 결정에까지 적극적으로 참여한다는 것을 생각해 보면, 소련이 민주적이라는 주장은 받아들여지는 것이 옳을 것 같다.

소련에서 공기업과 사기업 구분이 더 이상 존재하지 않고, 고용주와 고용인의 구분 또한 대부분 사라졌다는 것을 명심할 필요가 있다. 정부가 경제 생활을 전적으로 통제하기 때문에 소련의 국가 예산은 자본주의 국가들과 비교하기 어렵다.

한 가지 확실한 것은 소련에서 실시되고 있는 농업과 산업에 대한 정부 통제 조치들이 일반적인 형태의 대의 민주제 아래에서는 시행되기 힘들었을 것이고, 더군다나 인구 대부분이 후진적이고 문맹인 러시아에서는 가능하지 않았을 것이다. 이 조치들은 정부에 의해 시행되는데 일반적인 서구의 개념으로 보면 소련 정부는 완전한 대표성을 갖추지 못하고 있다. 실제로 정부 제안은 모두 공개적으로 활발히 토의되고 지방 정부 사안에서는 특히 적극적으로 토의된다. 하지만 일단 정부에서 결정이 내려지면 전체 공동체의 결정에 대한 거부로 비쳐지는 더 이상의 소요는 어리석거나 심지어 위험한 일이 되기도 한다. 소련의 경찰은 이런 시도를 성공적으로 제압해 왔고 이런 '반혁명적인' 활동에 대한 처벌로 수감, 실종, 사망이 드물지 않다.

정부기구 The Machinery of Government

소련은 7개의 연방 공화국으로 구성되며 각각 15개의 자치 소비에트 사회주의 공화국autonomous Soviet Socialist Republics, 특별 조약에 의해 새워진 사회주의자 소비에트 공화국Socialist Soviet Republic, 17개의 자치 지역autonomous region, 13개의 국가 지구national districts를 포함한다.

각각의 공화국은 독자적인 정부를 구성하고 적어도 원칙적으로는 연방과의 관계를 자유롭게 단절할 수 있다. 그럼에도 불구하고 공화국들의 일반 정책에는 주목할 만한 일관성이 보인다. 우리가 방문한 러시아, 백러시아, 트랜스캅카스, 우크라이나 사이의 주요한 차이점은 지리적인 것이었을 뿐 다른 언어를 사용함에도 불구하고 사회와 의료 체계는 유사했다.

『소련 안내서』에서 정의하는 소련의 입장을 이해의 시작점으로 삼으면 될 듯하다.

> "소련은 사적 소유권이라는 부르주아 원칙이 아니라 사회주의적 공동선이라는 원칙에 근거한 유일한 국가로 다른 국가들과 구분된다."

소비에트 헌법에 따르면 최고 권위는 전연방소비에트의회All-Union Soviet Congress, AUSC에 귀속된다. 소비에트 헌법[1] 9항 2절에는 아래와 같이 적혀 있다.

> "소련의 소비에트 의회는 유권자 25,000명당 1명이 대표하는 시 소비에트와 도시 주거 지역 소비에트 대표들 그리고 주민 125,000명당 1명이 대표하는 지역과 지구 소비에트 회의 대표들로 구성된다.(소비에트사회주의공화국연방헌법, 워싱턴DC. 소련정보국Soviet Union Information Bureau, 1929)"

의회의 정기 회의는 2년마다 열리고 대표단의 경비는 정부가 부담한다. 대표단은 '치크TsIK' 또는 '전연방중앙집행위원회AUCEC'를 구성하는데, 이 조직만 해도 규모가 크다. 치크는 매년 세 차례 회의를 개최하며 집행위원회의 구성원들은 첫째로 치크의 상임 간

1. The Constitution of the Union of Soviet Socialist Republics. Washington, D.C., Soviet Union Information Bureau, 1929.

부회the Presidium of the TsIK, 둘째로 인민위원회the Council of People's Commissars 또는 소비에트 내각Soviet Cabinet, 셋째로 노동국방위원회 the Council of Labour and Defense 또는 스토Sto를 선출한다.

세 조직은 행정부, 법령 반포, 법령 및 조례 제정과 관련 있는데 때로는 기능이 겹치거나 대립하는 경우도 있다. 세 조직에서 야기되는 혼란은 공산당의 조정으로 통합되는 반면 법, 법령, 조례는 '전연방소비에트의회'에 의해 충분한 시간을 두고 통과된다. 일상적인 업무의 경우 대부분 '인민위원회의'가 중앙 정부를 이끈다. 이들은 국가 장관으로 '소브나르콤Sovnarkom' 또는 내각에 자리 잡는다. 각 위원회는 부서와 위원회의 행정 지원 업무를 돕는 전담 인력을 가지고 있다.

민중의 대표 선출 방법은 1933년 시드니 웹의 글에 잘 나타나 있다.(시드니 웹, 『현재의 역사』, 1933년 2월)

> "하나의 대표 조직이 모든 권력을 행사하는 체계 대신, 여러 병렬적인 위계 조직을 갖추는 것이 일반적인 소련의 조직 형태이다. 대규모의 지역 선거구에서 최고 입법부와 집행부를 선출하는 경우 수만 명의 시민들이 익명의 대중 투표를 하고, 시민들이 속한 작업장이나 마을 등의 작은 단위에서는 개인적으로 잘 아는 사람들 중 한 사람을 선출하고, 간접 선거를 통해 권력의 나머지를 위임한다."

서유럽이나 미국의 민주주의가 언론의 자유, 보통 선거권 등으로 간략히 요약된다면, 소련의 민주주의는 끊임없는 토론 속에서 이루어지는 광범위한 공공사업 참여로 요약될 수 있을 것이다.

지방 정부의 경우 대부분 유권자들은 직장에서 동료와 함께 투표를 하거나, 농촌의 경우 마을 사람들과 함께 투표를 한다. 18세 이상의 성인은 성별, 종교, 인종, 국적에 상관없이 모두 선거에 참여한다. 유권자의 수는 전국적으로 7천만 명이 넘고, 당선을 취소하거나 당선인을 바꿀 수 있는 권리를 가지고 있다는 점이 중요하다.

영국과는 달리 미국에서는 대통령이나 주의 요직 등 주요 관료들이 국민 직접 투표에 의해 선출된다. 소련의 지방 통치 조직은 그것이 지역이든 국가든, 집행위원회를 통해 행정 관료를 임명한다. 이 방법은 일반 투표에 의한 직접 선거보다 남용 또는 부패가 개입될 여지가 적을 수 있다.

하지만 흔히 오해되는 것처럼 소련 정부가 전적으로 위계에 따라 움직이는 것은 아니다. 실질적인 정부의 운용에는 첫째로 생산 측면에서는 생산자 협동조합과 집단 농장, 둘째로 노동 조건을 감시하는 노동조합, 셋째로 소비자가 필요로 하는 물건의 구매 조건을 결정하는 소비자 협동조합 조직의 참여가 중요한 역할을 한다.

위에 언급된 첫 번째 기관들이 생산의 체계화를 가속화하는 동안 소비자 협동조합은 분배를 조직한다.

소련의 소비자 협동조합은 아주 강력하다. 시드니 웹의 설명에 따르면 1931년 7천2백만 명의 조합원이 45,764개의 독립된 협동조합 협회에 가입되어 있고, 노동자의 요구는 대개 이를 통해서만 받아들여질 수 있다.

노동조합

자본주의 국가에서 노동조합은 고용주가 노동에 대해 과도하게 통제하려는 경우 이에 반대하며 방어하거나 저항하기 위한 기구로, 자본과 노동 사이의 적대감을 특징으로 한다. 따라서 자본주의를 영속시키고 싶다면 이 적대감을 반드시 줄이거나 없애야 한다.

자본주의 국가에서 노동조합은 주로 기능에 따라 조직되는 반면 소련은 각각의 노동조합이 특정 기관에 고용된 모든 이를 대표하므로, 한 노동조합이 예술가, 사무원, 식당 종업원, 청소부, 관리인, 의사 등을 모두 포함할 수 있다. 따라서 의사의 경우 소련에 있는 46개 노조에 포함되어 있다. 16세가 되면 조합원 자격이 주어진다.

노동조합은 지역 행정과 기업 행정 모두에서 중요한 위치를 차지한다. 조합원은 모두 1,200만 명이 넘는데, 이는 다른 국가의 조합원 수 총합의 두 배에 달하는 수치이다. 반면 조직화한 소련인의 생활에 엄청난 통제력을 행사하는 공산당의 경우 3백만 명이 채 안 된다. 노동조합은 활동에서는 내부 자치를 실행하고 있으나 결정은 공산당의 영향을 크게 받는다. 파업은 없는 것이나 마찬가지이다. 임금 갈등은 공장에서 종종 일어나는데 상점 위원회나 공장 위원회에서 다루어진다. 위원회는 25명 이상의 피고용인으로 구성되고, 생산 증가를 장려하는 것이 주요 역할이지만 노동자 숙소 임대료나 보험 등의 문제도 여기에서 처리된다.

체임벌린Chamberlin에 따르면,[2] 레닌은 노동조합이 "공산주의의

---

2. Chamberlin, William Henry. *Soviet Russia: A Living Record and a History*. Boston, Little, Brwon & Compant, Revised Edition, 1931.

학교처럼 기능해야" 한다고 주장했는데 현재 실제로 그렇게 기능하고 있다. 노동조합은 소련 전역에 있는 4천여 개의 노동자 회관을 현재 운영하고 있으며, 이 회관들은 공장의 문화 센터로 교육과 여가 활동에 중요한 역할을 하고 있다.

덧붙이자면 규모가 큰 공장에는 '붉은 모퉁이Red Corner'라는 곳이 있어 공지 사항이 게시되고, 휴식 시간에는 토론이 벌어지기도 했다. 세계 대전 이전에는 노동조합이 핍박당한 적도 있지만 전쟁 직후에는 많은 공장이 노조의 통제권 아래 놓이게 되었다. 하지만 노조가 제대로 관리하지 못하면서 전문 관리 체계가 도입되었다. 하지만 이후의 발전 과정에서 노동조합은 여전히 노동 조직의 중심으로 남았고, 노동자로 구성된 단체임에도 불구하고, 국가의 관리 확대와 함께 국가 공식 사업의 한 부분으로 중요한 위치를 차지하게 되었다. 노동조합 카드를 갖고 있다는 것은 큰 혜택을 의미했다. 무상 보험이나 빈 집 입주를 주장할 수 있는 등의 특권을 가질 수 있고, 육체 노동자들의 대학 입학이 우선적으로 이루어지기도 하며, 국가 사업에서 승진 기회가 주어지고 여가를 즐길 수 있는 입장권 등이 특별히 할인된 가격으로 제공되기도 한다.

지역 및 중앙 정부의 소비에트 조직, 생산자와 소비자 조직, 노동조합은 소련 정부와 밀접한 연관을 가진다. 이 모든 단체들의 뒤에는 공산당이 있다.

공산당

시드니 웹은 소련 공산당을 마치 종교 집단을 상기시키는 '특수

한 동료 조직', '국가 양심의 수호자' 등으로 기술하기도 했고, '한 세기 전 오귀스트 콩트Auguste Comte가 지적한 국가에서의 영적 권력과 거의 같은 것'처럼 표현하기도 했다.[3]

웹은 공산당을 서구의 개념에 입각하여 정당으로 표현하는 것은 오해를 불러일으킬 수 있다고 생각했다. '당'의 서기장은 스탈린이고 그는 자신의 측근에서 기능하는 중앙위원회를 통해 영향력을 행사한다.

공산당이 지니는 최고의 지위는 모스크바에서 쉽게 들을 수 있는 다음과 같은 농담에서 잘 드러난다.

> "소련과 유럽 정당 제도의 가장 큰 차이점은 소련에서는 오직 한 가지만 가능하다는 사실이다. 오직 한 정당이 권력을 가지고 나머지는 모두 감옥에 있다."

공산당은 중앙 독재의 도구가 되었고 소수의 제한된 사람들만이 당원이 될 수 있었다. 체임벌린에 따르면, 1931년 4월 소련 공산당의 당원과 당 후보의 수가 이백삼십만 명에 이르렀다고 한다. 이 수는 소련 전체 성인 인구의 2퍼센트에 해당한다. 성직자, 상인, 무역상 등은 이 숫자에서 확실히 제외되었고 이 당원들 중 매년 2퍼센트 가량은, 중앙 정부의 통제 하에서 치러지는 지역 선거를 통해 선출된 당원들로 대치된다.

1932년 12월 11일 공산당의 3차 대 '숙청'이 발표되었다. 1차 숙

---

3. 『현재의 역사』, 1933년 2월.

청은 1921년 신경제 정책이 시작되면서 일어났고(93쪽 참조), 당원의 1/3이 축출되었다. 정부 기관지인 프라브다Pravda는 이 새로운 숙청은 반드시 철저하고 무자비해야 하며, 당의 이익을 모든 것 위에 두는 충성스러운 공산주의자만이 당적을 유지할 수 있을 것이라고 분명하게 밝혔다.

공산당은 공산주의청년동맹(콤소몰Comsomol)과 밀접하게 연계되어 있었으며, 여전히 많은 수의 젊은 '10월당Octobrists' 당원이나 '선도대Pioneer'(183쪽 참조)와도 그러했다. 그러므로 콤소몰에서 당원을 선출하는 일은 흔하게 일어났다.

시드니 웹에 따르면 공산당은 '까다롭게 선정되어 엄격하게 훈련받은 매우 배타적인 동료 조직'으로 보이게 될 것이다. 당원은 법적인 권력을 행사하지는 않지만, 선출 방식을 보건대 그들이 '행정과 산업 부분의 요직을 거의 모두 차지하고' 거의 모든 곳에서 국가 산업 및 일반 정부를 통제하는 역할을 하는 것이 놀랍지 않다.

연방국가정치부OGPU와 정부

소련 정부는 고도로 효율적이고 매우 공포스러운 경찰 권력인 OGPU 또는 '가이-파이-우'라고 불리는 '연방국가정치부the All-Union State Political Department'의 도움을 받는다. 이 조직이 가지는 힘은 '적어도 차르의 비밀 경찰만큼 감시에 철저하고 적극적'이라고 묘사된다. 누구도 이 단체를 비판해서는 안 된다.

연방국가정치부는 광범위한 '반혁명적 공격'과 관련한 문제를 다루며, 체포와 처벌에 대한 전적인 권한을 행사한다. 정치적 공격이

라는 이유로 교도소에 가거나 추방된 사람의 수가 매우 많다고 체임벌린이 전했다.[4]

'연방국가정치부'의 한 부서는 종종 사적으로 행해지는 유사 재판 후의 경찰, 판사, 사형 집행인처럼 행동하기도 한다.

스탈린은 이렇게 쓰고 있다.

> "소비에트 권력의 처벌 조직은 … 군사 정치 재판소 같은 단체에 해당하며, 반혁명적 부르주아와 그 대리인들의 공격으로부터 혁명을 지키기 위해 구성되었다."

경찰이 휘두르던 전제 권력은 지난 10년 동안 큰 변화를 가져왔다. 어떤 정치적 반대도 용납하지 않기 위해 '정치적이라 여겨질 수 있는 모든 경우에서 약식 재판이라는 권력을 경찰에게 부여했다.' 이런 변화는 오히려 차르 시대의 특징을 유지하고 있는 것처럼 보일 수 있다. 시드니 웹은 『현재의 역사』에서 다른 면에 대해서는 소련 방식을 크게 칭찬하면서도, 소련 지배 아래의 자유에 대해서는 다음과 같이 언급했다.

> "하지만 앞서 말한 어떤 것도, 심각하게 비난 받고 있는 소련 정부의 억압을 보여 주지는 않는다. 소련 정부는 이념적인 부분에 관한 한 관용 없는 독재자이다. 분야를 막론하고 경쟁이 허용되지 않는다. … 저명 인사는 물론 평범한 대중에게도

4. 1933년 6월에 발행된 신문 기사에 따르면, 약 십만 명의 정치범이 풀려날 예정이었다.

무자비한 억압이 행사되고, 광범위한 감시 활동과 밀고도 함께 이루어진다. 오늘까지도 공개 재판 없이 … 혹독하게 긴 수감 생활을 하거나, 존재가 고통의 연장일 뿐인 곳으로 징벌적 좌천을 당하거나 또는 아무도 모르게 처형을 당한다 … 소련 정부의 현 관행에 대해서는 아무도 진실을 얘기할 수 없을 것이다. 그러한 일이 지난 여러 해 동안 지속되고 있다는 것도."

군대와 정부

러시아 정부 체제의 바탕에는 현대 장비와 높은 사기로 무장된 잘 훈련된 군대가 있다. 방문하는 곳마다 심지어는 유치원에서 조차, "준비됐나요?" 하는 질문에 마치 국가적 구호인 듯 "우리는 노동과 국방을 위해 언제든지 준비되어 있습니다."라는 대답이 바로 튀어 나왔다.

제1차 세계 대전과 외국의 침략 그리고 이어지는 수 년 간의 내전을 겪고 난 뒤라, '전쟁 심리war mentality'가 과장되어 지속되고 있는 것도 놀라운 일은 아니었다. 이런 심리는 모든 자본주의 국가들이 기필코 최대한 빨리 소련의 공산주의 정권을 파괴시키고 싶어 한다고 믿는 소련 자신에 의해 더욱 증폭되고 있었다. 이러한 자극이 어떤 식으로 영향을 미치는가 하는 예는 2장에서 기술한 볼가 강을 따라 내려가는 여행 부분에 언급한 바 있다. 긴 다리 아래를 지나는 동안 덮개 아래에 숨어야 했고, 비슷한 일이 두어 번 더 있었는데 그것이 폭발에 대한 공포 때문이라는 것을 후에 알게 되었다. 전쟁 심리는 계속되고 있었다. 소련 국민들은 우리가 느낀 것처럼 다른 국가가 공격할지도 모른다는 공포 속에서 살아가고 있다. 이런 상황은 사람들로 하여금 병적인 흥분 상태에 지속적으로 열광하게 하는 동시에 궁핍을 견디고 산업화와 기술화라는 방대한 계획이 실행될 수 있게 몰두하도록 하는 두 가지 효과를 가진다.

'안전'을 위한 노력으로 막강하고 우수한 장비를 갖춘 거대한 규모의 군대가 창설되었고, 5개년 계획이 진행되는 동안 정부는 군사적 준비에 대한 압박을 강화하였다.

공포는 실제적이고 지속적이었다. 우리는 청년 운동의 일상적인 활동에서 드러나는 군사적인 특징들에 충격받았다.

군대는 그 자체가 '박탈 계급deprived classes'이 배제되는 계급 조직이다. 시드니 웹에 따르면 반이 넘는 장교들과 1/8 가량의 일반 사병들이 공산당원이다. 군인은 군사 훈련 동안 일반 교육도 받는데 공산주의 철학이 중요한 위치를 차지한다. 정부 강령 교육은 모든 국가에서 당연한 것처럼 중요하게 여기는지라 이 내용이 딱히 비판적인 언급은 아니다.

외국에 대한 소련 체제 선전 중단

여기에서는 외국을 향한 소련의 체제 선전이라는 주제를 보다 심도 있게 다룬다. 1917년 11월 볼셰비키가 권력을 잡았을 때, 볼셰비키 지도자들은 이 혁명을 세계 혁명의 한 부분이라고 여겼다. 레닌은 물론 어느 누구도 자본주의 세계의 한 가운데 고립된 사회주의 국가가 존재할 수 있을 것이라고 생각하지 않았다. 그러므로 소련의 정책은 한편으로는 침략군을 대비하면서 다른 한편으로는 다른 정부들을 약화시켜 세계 공산주의를 시작하는 데 목적이 있었다. 대외 선전을 위해 코민테른(혹은 공산주의 인터내셔널)이 구성되었고, 외국에서 일어나는 시위를 지원하기 위해 다른 나라의 공산당이나 파업에 보조금을 지급하였다. 이후 소련 정부의 태도는 실질적으로 변화했는데 1931년 체결된 독일-소련 불가침 조약의 공식 문건에서 소련 정부의 태도 변화를 확인할 수 있다. 일부를 소개하면 다음과 같다.

1. 조약을 체결한 국가들은 사회·정치·경제 체제와 상관없이 1927년 맺어진 국제경제회의에 의거 평화적인 공존 원칙을 다시 한 번 확실히 한다.
2. 조약 1절에 따라 조약을 체결한 국가들은 서로 어떠한 차별도 행하지 않으며, 1개 이상의 국가에 직접적으로 적대하는 정권을 인정하는 것도 그 원칙에 어긋나는 것으로 간주한다.

소련 정책의 뚜렷한 변화는 루이스 피셔Louis Fischer의 다음 언급에서도 잘 나타난다.[5]

"현대적이고 산업화한 소련 건설과 모두를 위한 나은 삶의 기준이라는 거대한 과업에 대해 볼셰비키는 과거 어느 때보다도 더 충실히 스스로 살피면서 집중하고 있다.

1927년 이후 스탈린은 다른 경제 체제와의 공존이라는 원칙을 바탕으로 외교 정책을 발전시켜 왔다. 만약 공산주의에

5. 피셔, 루이스, '왜 소련을 인정하는가?' 1933년 2월 25일 뉴욕 국립 공화당 회관Republican Club 앞에서의 연설.

두려운 마음이 든다면 우리는 스스로를 정돈하고 고통에서 벗어나야 하는 것이다."

논의를 요약하자면 소련의 행정부 조직에는 훌륭한 점이 있다고 말할 수 있겠다. 소련의 독재는 공산주의로 가는 핵심적인 전환 과정에서 꼭 필요한 긴급 조치였다고 여겨진다. 동시에 강력한 중앙 집권 정부는 영리하게 지역의 산업 안건을 세세하면서도 충분한 토론으로 연결시켰다. 노동자가 지역의 정책에 대해 토론한다는 사실을 보면, 통상 세계 다른 어느 나라보다도 더 구체적으로 정치에 참여하고 있다고 할 수 있다.

이 점은 '반혁명적'이라고 여겨질 수 있는 비판이 엄격하게 규제될 수 있다는 사실과 대치될 수 있다. 이 한계를 보완하기 위해 국가의 모든 활동은 소수로 구성된 당이 꼼꼼히 감독하고, 자본주의적 제국주의에서 필연적으로 발생하는 자본주의로의 회귀와 전쟁의 반복을 막기 위해 마르크스-레닌주의자들이 고안한 장치인 '프롤레타리아 독재'를 보호하고 있다.

레닌은 프롤레타리아 독재 기간이나 현재 러시아가 처한 상황에서는 극단적으로 엄격한 원칙이 필수불가결하다는 가르침을 고수했다. 이런 목표는 강력한 중앙 집권 정부를 필요로 한다. 레닌의 표현대로(체임벌린의 『소비에트 러시아』에서 인용) "엄격함은 거의 군대와 같고 … 중앙 정부의 동지들이 지도하며, 일반 당원들이 자신감을 갖고, 권위를 부여받으며, 광범위한 행정 권력을 갖고 있는 중앙 정부"를 필요로 한다.

7장

산업 환경과 건강

필수품 및 여러 생활 편의 시설을 제공하는 산업은 국가의 복지 수준을 결정하는 주요 조건이다. 개인과 가족의 유지 역시 노동에 의존하므로 산업은 대단히 중요하다. 소련의 산업 체계는 백여 개의 국영 사업체와 위탁 사업체trust가 모여 구성하는 거대한 국가 집단으로 묘사될 수 있으므로, 소련의 노동 조건을 기술할 때 가장 필수적인 부분은 소련 정부가 담당하는 역할에 대한 설명이다. 이러한 체계는 전례가 없는 규모로, 수직적으로 모든 단계의 산업을, 수평적으로 소련 전역에 분포하는 산업을 아우르는 방식으로 조직된다.

각 산업은 주요 조직의 한 부분을 구성한다. 생산뿐 아니라 운송, 판매, 소비 등도 조직을 구성하는 부분이 되며 각 단계마다 수반되는 재정 문제도 마찬가지이다.

이론적으로는 그렇지만 현실에서 만족스러운 노동을 보장하는 데에는 당연히 어려움이 따른다. 이런 어려움을 통해 다양하고 복잡한 활동들 사이에서 적절한 조정이 이루어진다. 한 단계의 실패는 다른 단계의 재조정을 필요로 하고 엄청난 수의 노동자를 해고하기도 한다. '5개년 계획'을 통해 이런 상황에서 끊임없는 산업 간 재조정에 대한 사례가 충분히 축적되었다.

한편 소련의 경우 산업적 무정부 상태를 야기하는 중대한 요인 즉 생산 또는 판매에서 벌어지는 무분별한 경쟁에서 자유롭다. 게다가 현재까지 자본주의 국가에서는 만장일치로 통일된 결정을 얻어내는 것이 대개 불가능하므로, 산업에 대한 국가 계획은 확실히 자본주의 국가보다는 공산주의 국가에서 더 용이한 것으로 보인다.

전적으로 우리가 관찰하고 조사한 것만으로 판단하면, 의료 감독medical supervision이나 공장 생활 돌봄에 대한 묘사는 너무 장밋빛처럼 보일지 모른다. 소련이 새로 도입한 공장 생활 방식의 최선의 예는 로스토보-돈 소재 거대한 농업 기계 공장인 셀마쉬스토리Selmashstory에서 찾아 볼 수 있었다. 이 내용은 2장에서 다뤘다.

이 거대한 공장은 광대한 공간을 차지하고 있다. 1928년 공터였던 곳이 이제 체계화한 거대한 산업 중심지로 변모하였고, 사람들은 이곳에서 첨단 기술이 포함된 많은 작업을 수행하고 있다. 공장에는 18개의 '작업장'이 있고, 각 작업장은 완전한 체계를 갖추고 공장 전체의 다른 작업장과 밀접하게 연계되어 있다. 각각의 작업장은 천 명 정도의 노동자로 구성된다.

이 공장의 의료 책임자인 마르쿠스Marcus 박사는 미국에서라면 '열정적인 일꾼'이라 불릴 만한 사람으로 조직을 훌륭하게 관리하고 있었다. 의료 시술은 거의 이루어지지 않지만 작업장마다 한 명씩 배치된 의사들은 정보 교환소clearing house처럼 기능하면서, 필요한 사람들에게 적절한 서비스를 제공하고 있다. 즉 환자는 필요한 경우 다음과 같은 시설로 전원이 이루어진다.

- 거주 구역의 일반 외래 진료소
- 종합 진료소
- 결핵 및 성병 진료소
- 특수 치료 센터 혹은 일반/특수 병원
- 대학병원, 결핵 요양소
- 성병 병원
- 야간 요양소

야간 요양소는 일반적으로 결핵 환자를 위해 분리된 시설이지만, 우리가 본 시설 중에는 소화 불량이나 신경 쇠약 등 휴식이 특별히 필요한 경우 공장과 연결되어 설치된 경우도 있었다.

결핵 야간 요양소는 어느 정도 노동을 할 수 있는 환자들이 이용한다. 50~60병상을 갖추고 있으며 환자들은 위생적인 환경에서 숙식을 한다. 이곳 환자들에게는 6~7시간의 가벼운 작업이 배정되지만 신체적 능력에 따른 작업 시간 경감은 아직 충분히 이루어지지 못하고 있었다.

환자들은 공장에서 업무를 시작하기 전에 위생국sanitary bureau을 거친다. 이곳에서 목욕을 하고 천연두, 장티푸스 예방접종을 받는다. 이 단계에서 다른 의학적 검진을 받지는 않는다. 이후 노동자가 '작업장'으로 배정될 때 특정 작업 연대brigades에 참여하게 되는데, 이때 각 작업 연대 구성원들은 다른 의학적 도움이 필요하지 않은지 종합 검사를 받게 된다. 의사들로 구성된 위원회가 검사를 같이 시행하고 신체 전반에 대한 종합적인 결과를 기록하며, 3~4개월 후 추가 검사를 받아야 한다.

치료는 대개 마을에 있는 적절한 기관에서 이루어지고 틀니 제공을 포함하는 치과 치료는 공장 안에서 시행된다.

공장 노동이 거부되는 경우는 없다고 한다. 누구든 적합한 노동에 배정되며 로스토프에는 실업이 존재하지 않았다.

작업장의 의사는 대개 여성이다. 그들은 응급 상황에서 응급처치를 하고 일반적인 보건 감독을 한다. 공장의 환자를 치료하는 진료소 의사dispensary doctors로부터 일일 보고를 받으며, 결근한 노동자 명단을 작성하여 노동 감독관director of labor에게 전달하고, 자주 아픈 이들의 경우 특별한 주의를 기울인다. 작업장 소속 의사가 아픈 노동자들의 가정을 방문해야 할 의무는 없으며 방문은 대개 작업장 위원회의 동료 노동자에 의해 이루어진다. 꾀병은 거의 없는 것으로 보인다. 진료소 소속 의사들이 소견서 작성을 거짓으로 할 유혹은 확실히 없다. 오히려 노동자들은 의사들이 너무 까다롭다고 자주 불평하는 편인데, 이 경우 '의료조정위원회Medical Control Committee'에 불만을 접수할 수 있다. 위원회는 의장인 노동자 1명과 보건인민위원회가 지정한 2~3명의 의사로 구성된다. 유사한 위원회가 환자를 크림 반도 등지의 요양소로 전원할 것인가의 여부도 결정한다.

노동자들은 작업 성과에 신경을 쓰기 때문에 꾀병을 선호하지 않는다. 각 작업장에는 주간 작업 성과 비교표와 일일 질병을 나타내는 도표가 항상 게시된다.

그 외에도 꾀병을 줄이고 전반적인 효율을 증가시키는 다른 방법이 있다. 작업장마다 '대자보'가 있어 누구든지 작업 방식에 대한 의견이나 제도 남용에 대한 불평을 표현할 수 있다. 대중에게 표현하는 방식은 자유롭고, 작업장에서 솔직한 비판, 때로는 지나치게 솔직한 비판으로 인해 불이익을 당하지 않는다는 것도 확실해 보인다. 이 건전한 제도는 어느 정도 수정을 거쳐 전반적으로 도입해도 좋을 듯하지만, 비판하는 '내부 고발자'가 불이익을 당해 비판이 이루어지지 못하는 것을 어떻게 막을 수 있을까 하는 것이 관건이다.

우리가 본 대자보에는 '왜 아라노바Aranova 동지는 다른 동지들과 달리 병가를 자주 쓰는가?'라는 질문이 적혀 있었다. 이 대자보에는 한 여성의 캐리커처가 그려져 있고 그 옆에 고발장을 제출한 노동자의 서명이 있었다.

비판의 대상이 된 개인이 자신의 의견을 제시할 권리가 있음도 덧붙여야겠다. 명예 훼손에 대한 법은 없는 듯했다. 이 고발이 행정적인 것이라면 관리자나 작업장 위원회는 오류를 인정하고 제안을 받아들이는 답문을 게시한다. 그리고 중요한 비판이나 제안은 작업장 위원회에서 공식적으로 논의된다.

'대자보'에서 볼 수 있는 다른 공지 사항 중에는 작업의 질 또는 결과를 두고 작업장에서 이루어지는 '노동 돌격대shock brigades' 간의 대결도 있다. 이런 경쟁은 많은 관심을 받는다.

공장에는 '대자보'를 보충하는 기능을 하는 신문도 있다. 휴식 시간에 한 노동자가 동료들에게 이 신문을 읽어 주는 것을 본 적이 있었는데 다른 시설처럼 공장에서도 관행이라고 한다.

노동자 식당도 있어 노동자들에게 저렴한 식사를 제공한다. 부가 시설 중에는 '특별 식이special diet 식당'도 있는데, 특별 식이가 필요한 노동자들에게 의사가 처방한 식사가 제공되고 있었다. 특별 식이 식당의 한 끼 가격은 70코펙이다. 식사 준비에 소요되는 평균 비용은 1루블 70코펙으로, 비용 차이는 보험공단에서 지불한다. 결핵 환자들은 특별 식이 식당에 입장할 수 없다.

임금은 작업에 따라 다양한 수준으로 지불되고, 가족의 규모에 따라 차등적으로 지불되는 체계는 없었다. 당시 최고 기술자는 한 달에 800루블, 기술자 및 의사의 평균 임금은 한 달에 175~250루블 수준이었고, 의사는 2차 병원에서 추가 근무를 할 수 있었다.

공장 부속의 어린이집이나 탁아소는 독립된 하나의 건물로 잘 조직되어 있었다. 당시 수용 가능 인원은 공장 전체 노동자 아이들 중 40% 수준으로, 3개월부터 3~4세까지의 아이들이 입소 가능했다. 영아의 경우 아기 엄마가 3시간마다 한 번씩 아기를 돌보러 올 수 있으며, 어린이들에게는 식사가 제공되고, 야간 근무조 노동자들은 아이들을 밤새 맡길 수도 있다.

'동료 재판comrade court'은 공장에서 일어나는 분쟁을 해결하거나, 빈둥거림, 게으름, 알코올 중독 등에 대처하기 위해 만들어졌다. 모든 공장의 작업장에는 위원회가 열리는 '붉은 모퉁이Red Corner'가 있고, 큰 규모의 공장에는 토론을 위한 특별 위원회 회의실이, 더 큰 규모의 공장에는 노조 회관이 있기도 했다. 따라서 각 산업마다 일반 의회가 있을 수 있다. 광범위한 토론과 책임은 '태업'을 방지하고 작업 기준을 신속히 정하고 개선하는 데 중요한 역할을 하며, 여가 문화를 제공하거나 노동자의 건강을 지켜 주는 데에도 중요한 역할을 한다. 하루 작업은 7시간으로 제한하며, 노동자의 빈번한 모임은 모든 이에게 이익이 되는 공장 생활에 흥미를 더하며, 부분적으로 '여가 문제'를 해결하는 방법이 되기도 한다.

공장이나 작업장의 지불 제도는 동일하지 않고 특정 직업군 안에서도 많게는 8등급의 임금 수준이 존재하기도 했다. 셀마쉬스토리Selmashstroy의 모든 작업은 현재 도급piecework 방식으로 작업 능률을 크게 향상시키는 것으로 알려져 있다.

앞서 설명했듯 소련의 공장 체계는, 최선으로 운영된다고 가정할 때, 훌륭하다. 대규모 운영 체계와 대량 생산의 장점이 잘 나타나고 있고, 업무 배분에서도 전문성이 고려된다. 각 작업장의 의료 및 일반 조직은 전체 공장과 조화롭게 운영된다. 모든 노동자들은 해당 작업장의 작업 결과가 다른 작업장과 비교해 어떠한지 잘 알고 있으며, 최선의 결과를 유지하려는 치열한 경쟁으로 게으름을 피우는 것이 허용되지 않는 듯 보인다.

작업장 신문은 노동자들이 동료나 공장 업무의 세부 사항에 관련하여 제안이나 불만을 제기하는 공간으로 쓰이기 때문에 가치가 높다. 특정 개인에 대한 불만을 표현한다는 것이 서구 노동자들에게는 낯설게 느껴질 수 있지만, 공립학교에서 '스포츠를 하는 것'과 비슷하게 이해하면 될 듯하다. 하지만 '스포츠'가 정의를 굴복시키고 낮은 생산성을 야기하여 국가 전체 삶의 수준까지 낮아진다면 대단히 잘못된 이상ideals이 되지는 않을까? 만약 불만을 제기할 권리와 오류를 공개하려는 의도를 미리 알릴 수 있다면, 동료나 감독관 또는 관리자를 밀고하는 불쾌함이 적어도 조금은 감소하지 않을까? 물론 개인적인 지적이 받아들여지지 않았을 때만 일어나는 일이라고 가정하는 게 좋겠다.

이런 사정은 공장마다 큰 차이가 있다. 소규모 공장이나 옛날에 지어진 공장에서 비위생적이고 불만족스러운 상황이 발견되기도 하지만, 소련 성립 이후 지어진 공장들의 복지와 건강 관련 제도는 대체로 훌륭하다. 안전사고 예방 조치는 부분적으로 이 언급에 해당되지 않는다. 공장 감독을 담당하는 직원은 모두 노조 자체적으로 임명한다.

1927년 1일 7시간 노동제의 점진적인 도입이 지시되었으나 많은 공장에서는 여전히 8시간 노동제가 시행되고 있었다. 물론 혁명 전의 노동 시간은 이보다 훨씬 길었다.

'동일 시간 노동에 대한 동일 임금 지불'은 공산주의 소련의 정책이 아니다. 임금은 공장마다 다르게 책정되고 책정 과정은 꽤 복잡하다. 숙련된 작업이나 특별히 필수적인 작업의 경우 높은 임금이 책정되고, 적절한 수준의 기술에 도달한 노동자의 경우 다른 등급의 업무로 승급되는 것이 장려된다. 업무의 일반적인 수준은 다른 나라에 비해 낮은 듯한데, 대부분의 공장 노동자들이 최근까지 농민이었다는 사실을 감안하면 놀라운 일은 아니다. 예를 들어 5개년 계획 동안 기계의 오작동이나 생산 결함을 통한 낭비가 극심했는데 특히 농장 작업에서 사용된 트랙터가 그러했다.

도급제를 기반으로 한 지불 방식이 일반적인지라 자연스럽게 몸이 약한 노동자들의 과로 위험에 대해 질문하게 되었는데, 그들은 우리가 제기하는 문제점 모두를 단호히 부정하였다. 아시다시피 노동에서 이어지는 과로는 잠복 결핵을 활동성으로 진행하게 하는 결정적 원인이 될 수도 있다. 몇몇 장소에서는 작업 역량을 판단하는 심리 검사를 시작하는 단계이기도 했다. 모든 사람들이 자기 역량을 최대한 적극적으로 발휘하면서도 공장 내 작업장 간 양적-질적 성과를 경쟁하는 '노동 돌격대'에서도 과로의 위험 요소가 나타나지 않게 하도록 권고하고 있었다. 공장위원회에서 작업 성취 속도를 결정한다는 사실이 균형을 잡아 준다. 스트레스를 완화시키는 방법으로 제안되는 근무 시간 축소나 휴가 지급 등이 관심을 끌었다.

물론 도급제는 동일하지 않은 임금을 의미한다. 이 변화는 스탈린이 주창한 여섯 가지 주요 원칙 중 하나이다. 임금 수준의 폭이 크긴 하지만 다른 나라와 비교될 만큼 크지는 않다. 임금 책정에는 노동자들이 필요로 하거나 희망하는 물품의 가격이 고려되는데 이 또한 차이가 크다.

노동자 평균을 본다면 1914년보다 지금 더 잘 지내고 있는 듯하다. 고용이 지속되면 형편은 더 좋다. 하지만 생활 수준은 여전히 '정규 고용을 유지할 수 있을 만큼 운 좋은 같은 계층의 미국이나 영국 노동자들에 비하면 상당히 낮다.'[1]

파업은 거의 없지만 주로 두 가지 상황 때문에 종종 불만이 발생하기도 한다. 첫 번째 상황은 도시와 농촌 간의 조율이 부족하거나, 농촌 노동자들의 어려운 사정 또는 불완전한 수송 등으로 식량 사정이 여의치 않은 경우이며, 두 번째 상황은 임금을 사용할 수 있는 적당한 상점이 없는 경우이다. 사치재는 물론 심지어 장화도 적절한 수량만큼 생산되지 못하는 사정이다.[2]

협동조합 상점들도 만족스러운 수준은 아니며 빈약한 상품 종류에 비해 말도 안 되게 비싸다. 비싼 금액을 지불하고 주요 공공 식당

---

1. 시드니 웹, 『현재의 역사 *Current History*』, 1932년 12월

2. 이는 대부분 눈 장화에 대한 수요가 급격하게 증가한 사실에서도 알 수 있다. 모스크바 대학의 알렉산더 루바킨 Alexandre Roubakine 박사는 작년 한 해 생산된 눈 장화의 수가 혁명 전에 비해 20배에 달한다고 말하면서, 다른 국가들은 진열장에 남는 눈 장화가 없는 이 나라를 부러워해야 한다고 덧붙였다.

에서 식사를 하는 노동자를 만난 적도 있지만, 대다수의 노동자들은 저렴한 공공 식당을 이용하거나 치료 중인 경우에는 공장 내에서 제공되는 특별 식이를 이용한다. 그러나 먹을 거리, 마실 거리, 이동에 지출이 많은데, 이 중 일부는 '공급 부족 상태인' 가족 편의 자원에 쓰는 것이 더 나을 수도 있다는 노동자의 의견도 맞다.

소비재 공산품 부족은 소련 생활에서 제일 힘든 점 중 하나이다. 5개년 계획 동안 공장 기계 등 국가 산업화를 위해 필요하다고 여겨지는 주요 물품 생산에 우선적으로 집중하여 일어난 현상인데, 정부가 우선 시급하게 필요한 기계를 구입하는 데 돈을 쓰는 반면, 소비재 수입에 쓰는 지출을 꺼리기 때문에 어려움은 더 심해지고 있다. 그러는 동안 도시 인구는 급격하게 증가하여 소비재 품귀 현상도 더욱 심각해졌다. 시골에서는 더 두드러져서 못, 장화, 섬유 등의 물품이 무척 귀했다. 소작농들은 더 이상 지대를 내지 않고 국가 농장에서 임금을 받기도 했지만, 실제 살 수 있는 물건이 거의 없었다. 체임벌린에 따르면 "공산품에 대한 국내 수요는 엄청났지만 채워지지 못하고" 있었다. 혁명 전보다 공급이 적어서가 아니라 높아진 생활 수준에 따라 급격하게 증가된 수요를 만족시킬 만큼 공급이 따라 주지 못하기 때문이다.

수송 문제는 상황을 더욱 어렵게 만들고 있다. 도시는 겨울이 되면 연료가 부족해진다. 간단히 말해 일상 생활에 필요한 물품 생산을 증가시키려는 노력에도 불구하고 소련은 여전히 줄을 서서 배급을 받아야 하는 나라인 것이다.

특히 식료품 가게 앞에서 줄 서는 모습은 외국 방문자들을 놀라게 하는데 너무 흔해 슬플 지경이었다. 이 현상은 필수품 부족을 의미하기도 하지만 우리가 본 바로는 판매원이나 계산원이 부족해서 일어나는 현상이기도 하다. 그럴 때면 흔히 표를 구입하는 창구에서 그러듯 자연스러운 일상처럼 그냥 줄을 서는 것이다.

'특별 작업대'에서 일을 하는 경우 과로하게 될 확률이 높다는 사실은 '특별 작업대' 노동자들이 더 긴 휴가를 받고 요양소나 휴양소에 가는 특권을 누린다는 사실에서 확인할 수 있다.

흑해 증기선에서 만난 모스크바의 한 교수가 흥미로운 대답을 해주었다. 그는 '특별 작업대' 원칙이 과학 분야에까지 확장되었다고 말했다. 함께 일하는 보조 연구원은 몇 개의 기관에서 일하면서도 총명함을 유지하고 지나친 업무에 시달리지도 않는 듯했다. 업무에서 추가 보상을 받을 수도 있는데 금전적 보상인 경우도 있고, 다른 특혜가 주어지기도 한다. 이런 특혜는 다른 노동자들에게도 마찬가지로 노동자들 자신이 투표로 결정한다.

과로의 위험에 대해 질문했을 때 이 교수는 오히려 반대로 작용하는 영향력에 대해 다음과 같이 언급했다.

- 추가 근무는 전적으로 자발적인 결정이다.
- 5~6일마다 휴일이 있으며 노동자가 원하면 야간 요양소에 갈 수 있다.
- 여가나 운동을 위한 시설이 있다.
- 한 달 간 요양소에 갈 수 있는 표를 지급받을 수 있다.

이 교수는 과로의 사례가 있다고 인정하면서도 사회적 경쟁은 훌륭한 자극제로 기능한다고 말했다. 모두가 '붉은 게시판red board'에 이름을 올리고 싶어 하고 '검은 게시판black board'에 이름이 오른 이들은 빨리 자신의 이름을 지우려고 노력한다고 덧붙였다.

전문 업무라는 주제로 돌아와서 교수 개인이 자신의 업무 계획을 일일 단위 또는 더 긴 기간 단위로 세우기 때문에, 과로 문제가 있다면 그건 전적으로 자발적인 결정이라고 그 교수는 강조했다.

전문 업무에서 주어지는 추가 보상의 경우 실험실 직원들이 모두 '생산 회의production meeting'에 참가하여 후보자를 추천하면 교수 회의와 이후 다른 회의에서 더욱 심도 있게 토의가 이루어진다. 추가 보상은 모든 노동자들이 참석하는 대회의grand meeting에서 발표된다. 즉 훌륭한 업무를 해낸 개인 노동자에게 추가 보상을 주는 과정에 노동자 모두가 깊이 참여한다.

추가 보상이나 요양소를 이용하는 과정에서 남용은 거의 없다고 이어 말했다. 그런 경우가 있다면 공장의 대자보나 지역 신문의 비난 편지로 이어지고 사실이 확인되는 경우 당사자가 노조나 당에서 축출될 수도 있기 때문에, 이런 우려로 다른 당원을 어떤 직위에 추천하는 것을 꺼리기도 하는 실정이다. 물론 가끔 부패가 있긴 하지만 흔하지 않다.

모스크바 노동자들이 생산에 대해서 토의하고 있다. @소비에트 사진자료원

이쯤에서 노동자들의 '열심keenness'에 대한 우리의 질문에 대해, 이 열정적이고 지적인 교수가 제시한 의견을 덧붙이는 게 좋겠다. 우리는 여러 곳에서 목격한 일

반적인 '열심'과 열정에 대해 특별히 이것이 노동자 영역에 국한된 것이냐고 물었는데 그는 일반적인 현상이라고 강조했다. 노동자들은 자신이 기계 속 단순한 톱니바퀴가 아니라 큰 유기체를 구성하는 주체적인 의식을 가진 한 부분이며, 자신이 담당하고 있는 특정 업무를 개선하고 완벽을 추구하는 데에 창의성을 발휘할 수 있다는 것을 대개 인지하고 있다고 말했다. 이런 이유로 노동자들이 구호를 열정적으로 따라 외치고 대개 경주마 같은 열정을 가지게 된다.

산업 현장의 각 단계, 분과마다 '민주적인 중앙 집중'이 존재한다고 그는 이어 말했다. 노동자 개별 단위에서 제기되는 토론과 의견은 모두 관리 주체에 의해 받아들여지고 실행 과정에서 채택되거나 조정된다.

우리가 조사한 소련 산업의 장점에 대한 내용과 일치하는 이 언급들에 대해 감사를 표한다. 1933년 1월에서 3월의 모습을 담은 최근 보고서는, 덜 우호적인 다른 모습을 보여 주고 있다. 소련의 공식 보고에 따르면 '게으름'이 많이 나타나고, 기준에 못 미치는 작업성과 심지어 특정 산업 분야나 집단 농장 여기저기에서 벌어지는 악의적인 '폭력'에 대해서도 명확히 밝히고 있다.

신속한 산업화를 위해 퍼부은 노력이 실패가 된 사례를 충분히 감안하더라도 완벽한 산업 재정비를 위해 애쓴 소련에 우리는 훌륭하다는 찬사를 보내야만 한다. 다음 미국 철학자의 언급이 우리의 시선을 더 잘 표현해 주는 듯하다.

"나는 볼셰비키 러시아에 생기를 불어 넣었다고 공언되는 철학에서 어떤 지적, 도덕적, 미학적 만족도 느낄 수 없다. 하지만 확언하건대 이 시대를 기록하는 미래의 역사학자는, 선택된 목표를 위해 체계적인 계획으로 기술 자원을 지휘할 수 있음을 처음으로 생각해 낸 사람들에 대한 존경과 더불어 기술적으로 훨씬 발전했던 (그럼에도 불구하고 이러한 성과를 만들어 내지 못한 : 역자) 다른 사람들의 지적, 도덕적 무감각에 대한 놀라움도 함께 기록할 것이다."[3]

이 장을 마무리하기 전에 소련의 직업 철학에 대해 한 마디 덧붙이고 싶다. 눈에 띄는 세 가지 특징 중 가장 기본적인 것은 공산주의 철학이다. 여전히 임금으로 어느 정도 지속되고 있다 하더라도 소득에 대한 개인적 인센티브는 대부분 사라졌다. 이 점은 한 미국인 단체에서 관찰한 보고서에서 다음과 같이 잘 설명되고 있다.

"소련의 실험이 근거하고 있는 이론은 다음과 같다. 산업을 활동 계획에 맞춰 조정하면서 경기 순환의 낭비와 공장 설비의 중첩 등을 제거함으로써, 개인적 이윤 동기에 의해 활성화되는 추동력을 이끌어 내는 데 실패해 생기는 손실보다 더 큰 이익을 창출할 수 있다."[4]

같은 분야 내의 산업 간 경쟁과 사적 영리를 제거하려는 소련의 거대한 실험이 성공할 수 있을지를 판단하기에는 아직 이르다. 하지

---

3. John Dewey, *Individualism Old and New*, New York, Minton, Balch & Company, 1930.

4. *Soviet Russia om the Second Decade. A Joint Survey of Technical Staff of the First American Trade Union Delegation*. Edited by Stuart Chase, Robert Dunn, Rexford Guy Tugwell. New York, The John Day Company, 1928.

만 문명화한 지구의 다른 편에서는 사업 연합체, 무역 협정, 협력 수단을 통해 무제한적 경쟁이 가져올 해악을 줄이기 위한 많은 노력을 기울이고 있고, 극복할 수 없는 어려움을 가지고 있거나 자급자족할 수 없고, 생존 필수품들을 확보할 수 없는 국가들의 경우, 국제 협력과 상호 교환의 필요성을 더욱 절감하고 있다. 공산주의의 극단과 자본주의 국가의 자기 파괴적인 경쟁 사이에서 합의점을 찾을 수 있을 것인가? 이 질문에 대한 만족스러운 대답을 찾을 수 있는가에 세계의 미래가 달려 있다.

다른 놀라운 특징을 들자면 소도시의 경우 공장이나 국가 농장 혹은 집단 농장이 사회 생활의 기본 단위가 되고 있다는 것이다. 정부나 노조의 선거 제도 모두 이 단위를 바탕으로 하고 있다. 공장은 여러 다른 측면으로도 사회적 기본 단위가 되어 유치원, 학교, 도서관, 학습 동아리, 신문, 노조, 회관, 스포츠 등의 중심이 되고 있다.

마지막 특징으로 공장은 공산주의 생활 철학의 중심이 되었다는 점을 들 수 있다. 모스크바에서 인터뷰한 대학 교수가 강조한 설명은 다음 문장으로 요약된다. 소비에트 러시아의 생활 양식은 공장 조직으로 대부분 변환되었다. 각각의 공장은 '보건 센터health center'로 진행되는 과정에 있어, 수 천 개의 공장들은 이미 스스로를 위생 시설 또는 보건 의료를 담당하는 기관으로 여기고 있다. 공장의 의료진들은 행정 직원들과 협조하여 작업, 휴식, 문화 발전을 위한 보건 선전을 진행한다. 단지 환자 한 명의 치료가 아니라 휴가 또는 일반 위생까지 담당하고 있었다. 과학과 현장 업무는 협조하도록 되어 있다. 목표는 단지 질병 예방과 치료가 아니라 정신, 체력 전반의 향상을 포함한다. 물론 이러한 이상적인 목표는 어디에나 존재한다.

하지만 소련에서는 뚜렷한 사업으로 이상이 구현되고 있는 반면, 영국에서는 주로 형식적이고, 미국에서는 형식적인 수준에도 이르지 못하는 상황이다. 그들은 또한 소련에는 '비술秘術, mystics'이 많고 기본 원칙으로부터 추론해 판단하며, 그리하여 위에서 설명한 공산주의 생활 철학이 만들어졌다고 이야기한다.

그들이 언급한 대로 휴식의 합리화에 대한 연구 활동이 진행 중이다. 일과 마찬가지로 휴식도 체계적이어야 하며 무질서해서는 안 된다고 주장한다. 따라서 노동은 삶의 중심으로 여겨질 수 있고 개인적인 차원을 넘어서 높은 수준의 인도주의로 구현된다. 노동은 실제로 노동자의 성격을 변화시킨다. 철학적으로 표현하자면 개인이 아니라 공동체를 위한 이상이 되고 삶의 중심이 된다. 이런 개념은 공장과 작업장을 공동체의 사회적, 경제적 활동의 초점으로 여기는 철학적 정당화로 간주된다. 이 목표를 위해 과학과 교육의 모든 자원이 동원되어야 하며, 그러는 동안 휴식과 여가, 예방적 돌봄, 의학적 치료는 노동을 보조하는 것으로 여겨지는 것이 바람직하다.

8장

농업 환경

이미 사회화한 산업 부분과 마찬가지로 농업을 사회화하겠다는 야심찬 시도 또한 주목 받고 있다. 농업 노동자의 위치를 산업 노동자와 비교하기 위해 더 자세히 알아 보고자 한다.

소련에는 여전히 농촌 인구가 훨씬 많아 도시 밖에 거주하는 이들의 8할이 이에 해당한다. 소련의 농업은 적어도 전체의 60%에서 집단화가 진행 중이므로, 몇 년 전만 해도 어디에나 있던 소규모 개인 농장을 생각해 본다면 놀라운 변화인 셈이다. 사회화한 농장은 두 가지 형태가 있다. 하나는 '소프호즈sovkhoz'라 불리는 국가 농장으로 국가 위탁 사업체의 공무원들이 운영한다. 이곳의 농장 노동자는 공장 노동자처럼 임금을 받는다. 다른 하나는 '콜호즈kolkhoz'라 불리는 집단 농장으로 성격상 협동조합에 해당한다. 이곳의 개인은 대개 농기구, 가축, 밭 등의 소유권을 유지한 채 자신이 보탠 노동에 비례하는 이익을 배당받는다.

현재 5천 개가 넘는 국가 농장은 대부분 경작되지 않던 땅이거나 압수된 사유지이다. 미국의 발전된 농장처럼 고도로 기계화되어 시범 농장으로 기능하면서 동시에 가축과 수출하는 곡물의 대부분을 생산하고 있다.

집단 농장의 형태는 다양하다. 넓게 보면 생산 수단의 사적 소유 폐지를 주장했던 완전한 형태의 마르크스주의적 사회주의를 비슷하게나마 시작하고 있다고 보겠다. 토지는 농민 개인의 소유나 집단 농장의 소유가 아닌 상태로, 생산이라는 목적으로 승인되었다고 볼 수 있다.

농장의 집단화와 사회화는 1,600만 농가의 삶에 큰 변화를 가져왔다. 그 결과 고리 대금으로 소작농들을 괴롭혔다는 비판을 받은 지주들 중 다수는 불행히도 박해받아 숙청되었고 그들의 기술과 지식은 유실되었다. 게다가 급격한 변화는 집단 농장이나 국가 농장이 위치한 마을에 이제 노동자가 넘침을 의미했다. 이렇게 남아도는 노동자는 이미 진행 중인 도시 대이동을 급격히 확대시켰다. 산업의 급성장으로 숙련공은 물론 미숙련공 모두 필요했으므로 도시에는 실업이 없었고, 따라서 급작스러운 이들의 등장도 불만 없이 받아들였다. 그러나 이후 변화가 생긴다. 이를테면 최근 (1933년 2월과 3월) 모스크바, 레닌그라드, 하르코프Kharkov 같은 도시로 농촌 인구가 유입되는 것을 막거나, 일자리가 없는 사람들에게 도시 체류를 허락하는 도시 여권 발급 거부 등의 조치가 대거 시행되기 시작했다.

즉 서구의 관점에서 임시방편으로 고용 문제에 접근하고 있는 셈인데 이는 적응을 위한 과도기적 문제라고 주장되고 있다. 게다가 이 실업은 생산 과잉이 아니라 필수품과 편의 시설의 부족으로 발생한 것으로 서구 국가들에서 나타나는 실업과는 다르다.

더불어 도로와 철도 운송에 심각한 장애가 없었다면 농업 혁명은 더 성공적이었을지도 모른다. 운송 문제는 도시에서는 노동자의 영양 결핍을 의미했고 농민에게는 다른 측면의 결핍을 초래했다.

1928년 10월 1일부터 1933년 10월 1일까지 5개년 계획에 대한 금언에서 스탈린은 "토지의 집단화는 반드시 완성되어야만 한다."고 주장했다. 모리스 힌더스Maurice Hindus 는 그의 책 『붉은 빵*Red Bread*』(J. Cape and H. Smith, 1931년)에서 만약 성공한다면 '공포와 고통, 힘과 위험'이 뒤섞인 상황에서 성취한 '세계 역사상 가장 위대한 혁명'이 될 것이라고 말하고 있다. 그는 소련의 마을에서 일어날 다음 변화를, 마을의 붕괴, 토지의 개인 소유 금지와 더불어 농촌 군구township의 출현, 농촌 여성의 교양 향상, 종교의 붕괴로 요약했다.

산업 부분의 5개년 계획이 성공인가에 대한 질문에는 이견이 있다. 전체 단위의 대규모 성공으로 목표 기간을 4와 1/4년으로 단축하는 결정을 내려 5개년 계획은 1932년 말 종료되었다. 공장 단위에서 보면 계획한 작업량 대부분을 확실히 달성하였고, 거의 모든 분야 업무에서 생산량 증가를 보였다. 갑작스럽게 내려진 결정, 기술적 조언이나 자원의 부족을 초래한 집단 계획, 미숙련 기술자들에 의한 부족한 생산성 등에도 불구하고 이루어 낸 성과였다. 하지만 성장이 좀 더 점진적이었다면 더 안전하고 자원과 노력의 낭비가 적었을지도 모르겠다.

실업이라는 주제에 대해서는 의견이 나뉜다. 방문한 도시들 모두에서 실업 문제는 완전히 해결되었으므로 더 이상의 실업은 없다고 장담했다. 공장이 필요로 하는 노동 수요는 여전히 채워지지 않았고, 산업 확장의 가능성이 아주 높은 현실을 볼 때 어려운 주택 사정 때문에 잠시 그랬던 경우를 제외하면, 출생률이 감소하는 것은 바람직한 일이 아니었다. 노동력 공급이 부족했기 때문에 가능하기만 하면 상대적으로 능력이 부족한 사람들에게도 일이 주어졌다.

이 점에 대해 시드니 웹이 기술한 것을 보자.(『현재의 역사』)

> "거의 8천 명에서 만 명에 이르는 국가 사업 담당자들이 추가 인력을 등록시키기 위해 사력을 다하고 있다. 심지어 미숙련 노동자 등록에도 마을의 초보 젊은 농민들이 수요를 제대로 만족시킬 수 없는 지경이다. 숙련 기술자는 만성적으로 부족하여, 관리자들이 다른 작업장 기술자에게 온갖 유인책을 제공하면서 '훔치러' 찾아 다녔고 급기야 이런 관행은 금지되기도 했다."

성직자, 상인, 무역상, 지주 등 특권을 박탈당한 계급에서는 상당한 실업이 발생했다. 많게는 4백만 명까지 추정되지만 실제로는 아마 백만 명에 가까울 것이라 본다.

1932년에서 1933년으로 넘어가는 겨울, 산업과 농업의 성과 불균형은 더 극명해졌다. 하지만 정부가 우크라이나와 북캅카스 지방에서 1933년 봄 파종을 크게 장려한 결과 그 전 해에 비해 눈에 띄게 나은 결과를 보이기도 했다. 농민은 '소련이라는 아치의 쐐기돌'이었기 때문에 농민들이 변화에 대해 수동적인 저항을 해도 어쩔 도리가 없었다. 국가 공무원이 운영하는 대규모 식품 공장이 작은 농장과 부속 재산을 대체하게 될 계획이었지만, 고향에서 쫓겨난 수백만 명의 농민들을 식품 공장으로 이동시키거나 또는 북쪽 지방의 목재 산림으로 보내려는 시도는 처음에만 일부 성공했을 뿐이다. 결과적으로 1931년 공산주의 정책에 대대적인 수정이 가해지고 어느 정도의 개인 거래가 허용되었다.

이 시기의 상황은 필수불가결하게 얽혀 있는 산업, 농업 두 부분 모두에서 다르게 기술되고 있다. 1933년 1월 이미 자유롭던 직장 이동은 정도가 훨씬 심해졌다. 식량 운송이 원활하지 않았기 때문에 노동자들은 더 나은 일자리와 식량을 찾아 다녔고, 일자리를 그만둔 사람들에게 배급을 취소하는 조치도 시행되기 시작했다.

이런 지나친 유동성은 러시아의 오랜 특징이었다. 노동자들은 시골과 도시를 가리지 않고, 능률성을 해칠 정도로 자주 직업을 바꿨다. 1932년 8월 볼가 강을 여행하면서 증기선의 수용 인원을 훌쩍 넘은 군중들에 놀라기도 했고 고충을 겪기도 했다. 이들은 전 재산인 듯한 짐 보따리를 지고 증기선에 타려고 했다. 큰 철도역마다 엄청난 수의 군중들이 몇 시간씩 기차를 기다리기도 했고, 역 안이나 주변에서 잠을 자기도 했다. 증기선 갑판에는 어찌나 많은 사람들이 자고 있던지 발 디딜 틈이 없었다. 이런 '과도한 이직'은 노동 시간 손실과 직업 간 불만족스러운 이동을 의미함이 분명했다. 한편 이런 현상을 노동자 개인 자유의 증거로 인용하는 사람들도 있다.

1932년 12월 2일자 『런던 타임즈』는 소비에트 국가계획위원회가 발행한 경고문을 실었다. 이 경고문에는 1933년 가장 중요한 문제 중 하나는 '잉여 노동력 분배를 위한 투쟁'이라고 명시했다.

그러나 자원과 연료 부족 때문에 공장들이 제 역량을 펼칠 수 없다는 표현은 수송 여건 개선, 산업 관리 능력 숙달, 규율 개선과 함께 미숙련 노동자를 숙련된 장인으로 훈련할 충분한 시간이 주어진다면 지금의 폐해는 극복될 가능성이 높다는 걸 암시한다. 그 동안 공장 고용은 감소하고, 노동자들은 일자리를 잃고, 그 결과 과도한 도시 인구로 야기된 문제를 더욱 가중시키게 된다. '국내 여권' 제도가 도입되면서 개인은 현재 거주하는 공동체에서 살 권리가 있음을 증명해야 한다.[1] 정부가 인정한 업무에 연관되지 않은 사람은 누구나 도시나 마을에서 전출될 수 있는 것이다.

소련의 여러 곳에서 특히 우크라이나, 북캅카스, 볼가 강 하류의 경우 농촌의 집단화 사업이 심각한 실패라는 공식 언급이 있다. 스탈린은 이런 실패가 대다수 농민들이 집단 농장에 합류했다는 만족감에 취해 작업 감독을 소홀히 했기 때문일지도 모른다고 말했다. 『뉴욕 타임즈』의 탁월한 모스크바 통신원 월터 듀란티Walter Duranty의 말에 따르면 "하나 확실한 건 지난 2년 동안 위에서 언급된 세 지역의 농업 능률과 결과물이 점점 나빠지고 있다는 것이다." 많은 면적의 토지가 관리되지 않아 잡초가 무성하며, 파종은 거의 안 되고, 많은 농민들이 말 그대로 빈둥거리고 있었다." 무자비한 조치가 취해지고 아마도 '농민들을 볼셰비즘으로 끌어들일 마지막 투쟁'이 성공할 가능성이 크다고 가정했던 것 같다. 국가 농장에 군대 규율이 자리를 잡았다. 빈둥거림과 불평 불만에 처해지는 가혹한 처벌은 정부의 새 정책에 대한 공개적인 반대를 억압하게 될 것이다. 1933년 4월에 나온 듀란티 보고서에도 이례적일 만큼 대규모였던 봄 파종에 대해 언급하고 있다.

재정 곤란은 두 방향에서 현재 상황에 먹구름을 드리우고 있다.

---

1. 1933년 3월 『현재의 역사*Current History*』에서 Edgar S. Furniss 교수.

집단 농장의 트랙터 @소비에트 사진자료원

소련은 자력으로 생산하지 못하는 기계나 공장 설비를 구매하기 위해 원유, 광석, 곡물, 목재 등을 수출해야 하는데, 이러한 소련 수출 품목의 가격 하락은 예를 들어 설명하자면 1929년 3년 신용credit으로 수입한 트랙터의 가격이 오르면서, 계약 시점에 비해 세 배나 더 많은 곡물로 대출을 갚아야 하는 지경이 되었음을 의미한다.[2] 게다가 다른 국가들이 금본위제 폐지와 관세 등 세계 무역 장벽을 공고히 하는 추세로 인해 소련이 처한 어려움을 악화시켰다. 다른 나라들도 같은 정책으로 극심한 고충을 겪고 있긴 마찬가지였다.

농업 상황에 대한 다소 우울한 보고서 때문에 소련이 시작한 공산주의 정책이 좌초할 것이라고 추측할 필요는 없다. 오히려 반대로 많은 부분이 여전히 유지될 것이며 자본주의 국가들을 향한 교훈은 뚜렷하다. 다만 소련의 의료 위생 활동을 생각해 보건대 그 중요성을 제대로 이해하려면 경제 혁명의 이런 배경을 꼭 기억해야 한다.

소련의 정책이 성공하려면 다른 나라들도 자본주의를 폐기해야만 가능하다는 주장이 드물지 않다. 이 주장도 짧게나마 여기에 덧붙이는 게 좋겠다.

---

2. William C. White, *North American Review*, 1930년 9월.

소련의 성공을 위해서 사회주의 세계화는 필수적인가?

레닌은 공산주의 맥락 아래 사회주의가 성공하기 위해서 반드시 세계화되어야 한다고 생각했다. 이미 109쪽에서 언급한 것처럼 이는 소련이 외국을 향해 집요하게 공산주의를 선전하는 것과 일맥상통한다. 그러나 사회주의 세계화와는 별개로 소련이 현재 처한 어려움을 극복하고 완전히 또는 부분적으로 성공하게 된다면 소련은 자본주의 국가들과는 다른 상황에 놓이게 된다. 소련이, 다른 나라라면 당연히 지불했을 높은 간접 경비를 폐지하고, 외교적, 국가적 의무를 완전히 저버리면서까지 생산 수단인 개인 재산을 압수하는 데 주력하는 것은 아니다. 소련은 여전히 많은 부분 거대한 인구를 가진 후진 국가이며 편의, 여흥 시설과 심지어 필수품 사정을 보더라도 서구 국가들에 비해 삶의 질이 현저히 떨어진다.

유럽 국가들에서는 빚 때문에 소득 대부분이 대출 상환으로 빠져나가 상호 무역이 불가능할 정도인데 그 와중에 생산력은 눈에 띄게 증가하고 있다. 1933년 미국과 유럽은 비슷하게 과도한 생산과 줄어든 소비, 가격 하락, 임금 하락, 심각한 수준의 실업이 발생하고 있었다.

반면 소련에서는 경이로운 산업 성장에도 불구하고 공급이 수요를 따라잡지 못하고 있다. 다른 나라의 경우 풍요 속의 빈곤이라면 소련은 '부적절한 산업 훈련', '급작스러운 정책 변화', 특히 '자급자족을 원칙으로 하는 정책' 때문에, 지속적인 성장에도 불구하고 여전히 생산이 수요를 충족시키지 못하고 생산품마저 효율적으로 분배가 되지 않고 있다. 하지만 소련 사람들은 무한정 매장되어 있는 자연 자원 덕에 삶의 질이 점진적으로 개선될 잠재력은 미국을 포함한 다른 서구 국가보다 크다고 주장하고 실제로 그렇게 믿고 있는 듯 보인다. 하지만 소련이 난관을 극복하고 서구 유럽이나 미국의 수준까지 도달하려면 아마 여러 해 더 걸릴 것이기 때문에 현재의 공평한 무역 조건을 볼 때 다른 나라들이 다가올 소련과의 경쟁 때문에 지나친 부담을 가질 필요는 없다.

9장

종교적, 시민적 자유와 법

근무 시간 외 노동자의 건강과 복지는 자신은 물론 가족의 경우에도 가정 환경, 여가 또는 정신적 재충전 가능성, 교육 시설, 삶에 대한 일반적 윤리관의 영향을 받는다. 먼저 삶의 면모와 종교적, 시민적 자유 그리고 법 집행에 끼치는 영향을 살펴 보겠다.

소련의 정책은 처음부터 적극적인 반종교 경향을 보였다. 헌법에 따르면 소련 정부는 정교의 완전한 분리를 주장하는 한편 모든 종교적 믿음에는 자유가 있다는 원칙을 덧붙였다. 하지만 실제로는 그 원칙과 크게 다르다. 성경이 종종 신학자들에 의해 전해지는 것과 마찬가지로 레닌의 말도 종종 최후의 심판처럼 인용되곤 한다. 그의 표현은 다음과 같다.

> "종교는 정신적 탄압의 한 형태이다 … 평생 일했지만 가난한 이들에게 종교는 지상계earthly life에서의 수동성과 인내를 가르치고 천국의 보상을 희망 삼아 위로한다 … 종교는 인민

을 위한 아편이다."[1]

공산당이나 공산주의청년동맹의 일원이 되려면 종교적 신념을 포기해야 한다. 1927년 9월 15일, 스탈린은 미국 노동 대표단과 한 인터뷰에서 다음과 같이 말했다.

> "당은 종교 문제에 대해 중립적일 수 없습니다. 반종교 선전 사업이 널리 정착되는 것을 방해하는 공산주의자라면 당 조직에 그의 자리는 없습니다."

혁명이 일어났을 때 혁명에 반대한 종교적 신념과 표현이 무엇이었나를 기억할 필요가 있다. 이 부분에 대해 모리스 힌더스Maurice Hindus는 러시아의 그리스 정교회는 본질보다는 형식을, 예배의 정신보다는 의식을 더 강조함으로써 농민의 정신적 삶을 고사시켜 버렸다고 주장한다. 교회는 마술 같은 의식에 호소했고 대부분 인민이 문맹이었기 때문에 성경 강독이 그런 현실을 바꾸지는 못했다. 국가교회State Church에 대한 기술이 어떠하든 그리스도를 닮은 삶을 진정한 예배와 열매 맺는 그리스도인의 사랑 안에서 스스로 증명하는 사람들도 분명히 많았을 것이다. 공식적인 교회의 악랄한 면은 트로츠키로 하여금 『러시아 혁명사』[2]의 고발문을 쓰게 했다.

---

1. 체임벌린의 *Soviet Russia*에서 인용.

2. Leon Trotsky, *History of the Russian Revolution*. Translated by Max Eastman, New York, Simon & Schuster, 1932, 3 vols.

"러시아 교회는 전제 정치autocracy의 정신적 하인 역할에 만족했고 이를 겸손에 대한 보상이라고 여겼다."

예전의 성상 자리에 이제 레닌의 사진이 걸렸다. 종교는 터부시되었고, 이제 '국가의 양심을 지키는 수호자'인 공산당이 교회를 탄압하고 종교적 신념을 우습게 보이게 하는 빌미를 제공하였다.

신자들은 여전히 교회에 갈 수 있지만 성직자들이 사회 사업을 조직하는 것은 금지되었고, 학교에서 종교 수업이 진행되는 것도 허용되지 않는다. 신자들이 건물 보수 유지에 실패하거나 세금을 제대로 내지 못하는 경우 교회가 문을 닫는 사례도 흔해졌다. 시골에서는 지역 소비에트(평의회)의 결정에 의해 교회가 폐쇄된 적도 있었는데, 지금은 그저 다수가 아니라 대중 투표에서 절대 다수가 폐쇄를 희망하지 않는 한, 지역 소비에트가 폐쇄를 결정하는 것을 금지하는 최종 지시가 내려져 있는 상황이다. 가장 최근 정보에 따르면 마을 교회의 절대 다수가 여전히 교회로서 기능하고 있다.

하지만 특히 도시 교회의 경우 대중적 목적 때문에 회관이나 영화관이 교회의 자리를 차지하기도 했다. 어떤 경우에는 교회가 반종교 박물관으로 바뀌기도 했다. 이런 박물관 두 곳을 방문했는데 그 중 한 곳이 레닌그라드의 성 이삭 성당St Isaac's Cathedral이었다. 이 박물관에는 종교적 인물들의 모형과 캐리커처, 이 인물들이 차르와 얼마나 가까운 관계였나를 보여 주는 사진들, 조롱이 가득한 만화, 국가 교회가 인민들로부터 얼마나 많은 돈을 뜯어냈는가를 보여 주는 도표들, 모든 종교의 역사를 더럽혔던 종교 박해를 보여 주는 그림, 가짜 기적의 폭로, 그리스 정교에 대해 잘못 알려진 내용에 대한 그림 등이 전시되어 있었다. 반면 수백만 명이 진실하게 믿는 기독교 정신에 대한 순수한 신앙은 간단히 무시되고 있었다.

반종교 내용을 담은 소책자와 전시회, 강한 반종교 인물로 가득한 영화는 차고 넘쳤다. 볼셰비즘은 관용 없는 유물론적 공산주의이며, 국가적으로 유사 종교 수준에 올라선 유물론적 철학 외 모든 종교는 정책적으로 폐지해야 할 것이었다. 공정성을 기하기 위해 시드니 웹이 제공한 확실한 정보를 덧붙인다면 정부 인쇄소에서 종교 문학, 찬송가집 등을 출판하고 있다.

공동체 생활이나 청년 운동에 적극적으로 참여하려는 이들에게 종교 자유가 실제로 폐기되었다는 사실은 공산당에 대한 공개 비판을 시도할 때 시민적 자유가 비슷한 식으로 제한되는 것과도 분명하게 관련이 있다. 언급한 바와 같이(90쪽) 행정의 어떤 분야라도 방법론이나 정책에 대한 자유로운 비판이 가능하지만, 그 비판은 마르크스주의 또는 레닌주의라는 근본 원칙에 반하지 않는 한도 내에서, 반혁명적 목표가 아닌 경우만으로 제한된다. 이 제한을 어기면 요주의 인물로 낙인찍힐 수 있으며 여전히 계속되고 있는 '전쟁 상태'에서 선동으로 간주되어 무거운 처벌을 받게 되기도 한다.

소련에서의 법 집행은 정치적, 시민적 자유라는 문제를 명확히 하는 데 다소 도움이 된다. 가벼운 사건의 경우 법 정의는 인민재판을 통해 실행되고 판사는 지역 소비에트가 지정한다.

대법원은 영구직 판사 한 명과 두 명의 배석 판사가 주재한다. 정부와 마찬가지로 법은 '계급 정의'를 자랑하며 기본적으로 '계급 지배 도구로서 국가라는 개념'인 프롤레타리아 독재를 바탕으로 하고 계급 투쟁의 도구로서 기능한다. 소련에서 법무장관에 해당하

는 관료를 언급하는 체임벌린의 기술이 이 점을 뚜렷하게 보여 준다.(『소비에트 러시아』에서 인용)

"범죄를 저지른 이의 사회적 지위를 고려해야만 한다. 동일한 범죄라 하더라도 소련의 법정은 계급 이념이나 버릇의 결과로 죄를 지은 부르주아와 가난과 사회의식의 발달로 죄를 지은 노동자에게 다르게 작용할 것이다."

국가와 프롤레타리아 독재를 위협하는 사회적 위험에는 무거운 처벌이 가해진다. 1932년 10월 25일자 『런던 타임즈』에 따르면 최근 절도 증가를 이유로 국가 재산을 훔치는 모든 도둑들이 사형에 처해질 것이라고 한다. 덧붙여 러시아공화국 법무부 당 정치위원은 이 새 법조문에 대한 변호문에서 곡물, 수레바퀴 또는 공업 기구 절도 등의 위법 행위에 대처하는 '날카롭고 잔혹한 법'을 지지한다고 전했다. 이런 위법 행위는 실질적인 기아를 초래하고 있었다. "15년 동안 재산 존중을 배우지 못한 자는 개선의 여지가 없으며 총살되어 마땅하다… 이런 악인에게 베풀어지던 자비의 시간은 갔다. 이제 그들은 제거되어야만 한다."고 덧붙였다.

법은 특히 방화 등을 계획하는 확실한 계급 공적class enemy이거나 이미 여러 곳에서 총살을 당한 부도덕한 민간 상인들, 암거래를 위해 농산물을 훔친 농민, 그리고 도둑과 산적을 겨냥하고 있다.

당 정치위원은 변호문에서 다음과 같이 결론 내리고 있다.

"계급 전쟁은 잔혹하다. 하지만 적이 이러한 방법을 억지로 쓰게 된 탓을 노동자 계급에게 해서는 안 된다."

앞서 언급한 제약에도 불구하고, 소련의 사법 제도는 흥미롭고 고상한 점이 많다. 형벌 제도는 '현대적이고 구원적'인 의도를 담고 있다. 다수의 감옥은 감화원reformatory이 되어 휴가가 허용되고 심지어 감옥에 있는 동안 가족과 함께 생활할 수도 있다. 가장 발달된 형태의 감옥은 인보관settlement 형태로 노동에 대한 임금이 주어지고 탈출하더라도 무겁게 처벌되지 않는다.(36쪽 참조)

이런 구체적인 상황은 새뮤얼 버틀러가 쓴 『에레혼*Erewhon*』을 얼핏 떠올리게 한다. 죄수들은 병원에 배치되고, 환자들은 감옥에 배치되면서 뒤죽박죽 유토피아는 완성되지 못한다. 정치범은 구식 감옥에 수감되었으나 이에 대해서는 알려진 바가 거의 없다.

또 하나 언급해야 할 내용은 동료 재판comrade courts으로 이웃이나 직장 동료들이 가정 범죄에 대한 판결을 한다. 아내에게 폭력을 가한 경우 소작인 모임 전에 회당에 데리고 와서 처음이라면 훈계를 하고 두 번째에는 그의 악행을 집 문에 붙인다. 이후 다시 같은 잘못을 하면 직장에 통고되고, 주급을 '검은 임금 지급소black pay office'라 불리는, 캐리커처로 덮인 얇은 나무 구조물에 넣어야 한다. 더 구제 불능이라면 먼 도시로 보내질 수도 있다. 학교, 공장, 심지어 감옥에서도 비슷한 방식이 적용된다.(1932년 12월 발행된 『전진*Progress*』 참조)

여기 저기 다니면서 놀랐던 점 중 하나는 취한 사람이 아주 드물다는 것이다. 볼가 강과 흑해를 여행하느라 증기선에서 보낸 6~7

일 동안 매일 술을 마시는 사람을 좀 보긴 했지만 취한 사람은 한 번도 보지 못했다. 음주에 반대하는 공익 선전도 활발하다. 보드카의 폐해를 경고하는 전시회를 작업장, 공장, 학교, 공원 등에서 흔히 볼 수 있었고, 술 취한 자에게 모욕을 날리는 사람을 그린 만화도 많았다. 알코올 중독은 여전히 국가의 주요 악으로 여겨지고 있으며, 자원이나 기계 사용 관련 부주의를 일으키는 주요 문제이므로 국가 산업 계획의 성공을 방해하는 장애물로 간주된다.

우리가 방문한 알코올 중독 센터는 모스크바에 있는 10개의 센터 중 하나였다. 취한 사람들이 마차에 실려 오면 목욕을 시키고, 침대에 뉘어서 하루 또는 며칠을 지내게 한다. 취한 사람의 집 주소를 받고 그가 속한 노조를 찾아 그의 상태를 보고한다. 치료를 위해 특별 진료소로 보내질 수도 있다.

도움이 될 법한 법률로는 노동자들이 투표하여 공장 근처의 주류 판매소를 폐업시킨다거나 임금 받는 날이나 공휴일에 보드카 판매를 금지하는 방법이 있다. 보드카를 파는 곳에서도 권주는 허용되지 않는다는 얘기를 덧붙여야겠다. 실제로 알코올 음료 광고를 전혀 보지 못했다. 하지만 개혁이 쉽지 않은 이유는 보드카로부터 얻어지는 수익 때문이기도 하다. 제1차 세계 대전 이전의 경우 국가 예산의 1/4이 여기에서 나왔다. 전시에 차르의 권위에 힘입어 보드카 판매 금지가 시행되었지만 1925년 10월 당시 금주법 때문에 밀주가 성행하게 되고, 알코올 도수 40도의 보드카마저 복원되었다. 여전히 정부 수입의 많은 부분이 보드카에서 비롯되긴 하지만 현재는 알코올 중독에 대한 체계적인 교육 활동이 실행되고 있다.

10장

가정 생활, 여가 활동, 클럽, 교육

소련 행정에서 두드러지는 특징으로 가족 생활의 일반적인 중심인 가정의 역할이 부분적으로 다른 곳으로 옮겨 간 것을 들 수 있다. 이 특징은 특히 청소년의 삶에서 두드러진다. 현재 소련에서는 중소도시의 공장, 일부 농촌의 국가 농장 및 집단 농장이 소련식 생활에서 주축을 구성한다. 탁아소, 공동 식당, 회관, 사회 서클, 학교, 여가 활동이나 게임을 하는 곳 등이 공장 생활과 밀접한 관계를 가진다. 1년 근속한 공장 노동자의 경우 동료들과 함께 2주 동안 필요에 맞춰 휴양소, 요양원, 요양소 등으로 유급 휴가를 갈 수 있다.

아내는 또 한 명의 노동자로서 남성과 같은 권리를 가지며 아플 때 받는 의료보험 혜택도 동일하다. 어린 아이 대상의 탁아소는 근무 시간은 물론 휴가 동안에도 사용할 수 있다. 탁아소는 육아의 큰 부분을 담당하며 아이들의 성장에 따라 유치원, 학교로 그 역할이 이어진다.

노동자의 가정은 큰 아파트나 작은 주택의 1개 또는 드물게 2개의 방에서 꾸려지는데 대개 비좁고 사생활이 거의 보장되지 않는다.

시드니 웹을 인용하면 다음과 같다.

> "급격한 산업화와 그에 따른 공업 도시의 엄청난 인구 집중을 고려하면 이 정도의 과밀은 상당히 자연스러운 편이다. 급격한 인구 증가에도 불구하고 전쟁 전과 인구 1인당 거주 공간을 기준으로 비교하면 오히려 근소하게 덜 과밀하다."

주택 사정을 고려했을 때 성인 노동자의 삶의 중심이 집보다는 작업장이나 회관으로 옮겨 가는 것은 놀라운 일이 아니다. 소련에서의 삶에서 '호젓함'을 누리는 것은 거의 불가능하고, 거의 언제나 군중 속에서 살아야만 한다고 안타까움을 표현한 한 저명한 소련 교수의 말에 동의하는 사람들도 많다. 이 교수는 진정한 휴식을 위해 '호젓함'을 더 누리는 것이 중요하다고 덧붙였다.

이로 말미암아 가정 생활은 변화가 필요해졌고 '회관' 생활이 연령, 계급을 막론하고 확장됨에 따라 가정 생활의 범위도 축소되었다. 이 균형이 사회 개선으로 작용할 것인가 아닌가를 예측하는 것은 적절치 않은 것 같다. 다만 도시마다 산업 전반에서 남녀, 결혼 유무를 막론하고 보편적으로 나타나는 거대한 변화는 과장된 것일 리가 없다. 회관, 휴양소, 요양원, 아이들을 위한 여름 캠프, 방대한 수의 탁아소와 유치원을 통해 서구 국가에서는 제한적으로 부유한 계급에만 어느 정도 제공되는 서비스를 프롤레타리아에게 제공하고 있는 것이다.

쉬워진 이혼이 가족 생활의 평균적 통합성이나 아동 복지에 미치는 영향은 아직 정확하게 판단할 수 없다.

주거

주거 공간을 방문할 기회는 드물었지만 논란의 여지없이 분명한 사실들이 있다. 차르 시대의 농민과 노동자들의 주거 환경은 형편없었고 지난 몇 년 동안의 노력에도 불구하고 도시로 몰려드는 노동자들이 야기하는 도시 생활의 혼잡은 지속적으로 증가하면서 해소되지 있고 않다.

눈에 띄게 증가하는 신축 아파트 건물도 도시인들 절대 다수는 누릴 수 없다. 이런 아파트 건물들이 과밀을 해소하는 데 큰 역할을 한 것은 분명하다. 하지만 그럼에도 불구하고, 가족마다 분리된 거주 공간을 주고도 남을 듯한 광활한 공장 터에서 아파트 건물을 보자니 애잔하다. 작은 주택을 따로 따로 짓는 것보다 아파트 건물을 짓는 것이 보다 신속하고 적은 비용으로 인구 밀집을 해소하는 데 도움이 되었다 해도 말이다.

주거 공간은 가족 규모에 따라 배정되고 임대료는 주거인의 임금 수준과 속한 산업의 범주에 따라 차등적으로 정해진다.(27쪽 참조) 임대료는 육체 노동자 등이 속한 제1 범주일 때 임금의 1/10, 그보다 높은 범주에 속하면 더 높았다. 입주 대기했을 때는, 개인적인 영향력이 있으면 일찍 입주하는 데 도움이 된다는 얘기를 한 도시에서 듣기도 했다. 교수나 의사의 경우 실험실 또는 서재의 용도로 부가적인 방이 허용되었다.

심지어 신축 아파트조차 끔찍하게 비좁았다. 가족당 2개 이상의 방이 배정되는 것은 예외적인 듯하고 어떤 경우에는 1개의 방마저도 다른 사람과 함께 쓰기도 한다. 이런 상황에서 전염병이 빠르게 확산되고 어린이들이 심하게 앓는 것을 막기는 힘들다. 그럼에도 불구하고 유아 사망률은 크게 개선되었다.(214쪽 참조)

'집에 대한 자긍심'은 흔히 부르주아의 특징이라고 간주된다. 소련에서 주거 공간을 보는 시선은 수면을 취하고 개인 물건을 보관하는 장소보다 조금 큰 개념이랄까? 서구적 의미의 가정 생활은 심한 변화를 거치고 있다. 작업 생산성을 향상시키고 도시와 농촌을 모두 산업화하고자, 그래서 기대했던 새 천년을 현실화하려고 조급해 하면서, 엄청나게 노력하고 있다. 의도적이든 아니든 가족 생활은 이 거대하고 오래 계속되고 있는 활동 속에서 고통받고 있다. 하지만 열광적인 볼셰비키주의자들은 '고통받다'라는 적절한 단어를 거부하고 '변화되고 있다'라는 대체 표현을 고집한다.

반면 부모의 돌봄이 모자라거나 부족한 경우 국가가 아이들에게 부족함을 보상해 주기 위해 강력한 노력을 기울이고 있다는 점은 강조되어야겠다. 종종 '로봇이 어머니를 대신하고 있다.'라는 풍자적 언급이 들리기도 하는데, 탁아소나 어린이, 청소년 복지 원조 등의 훌륭한 사업에 대한 판단으로는 부당하다 하겠다. 관련 내용은 12장에서 개요를 설명할 것이다.

체육

현재 자본주의 국가들에서 우려를 일으키고 있는 여가 선용 문제의 경우 소련은 상당히 잘 해결하고 있다. 체육 분야의 경우 스포츠에서 괄목할 발달이 있었고 방문자들에게 인상적인 기억으로 여겨진다. 모스크바에만 100개의 운동장이 있다. 모스크바에서 처음 방문한 곳 중 하나가 새로 지어진 디나모 스포츠회관 스타디움Dynamo Sport Club Stadium이었다. 경기장은 모든 스포츠를 할 수 있게 설계되었고 축구의 경우만 수정된 방식으로 행해진다. 실외 경기장에는 5만 개의 좌석이 비치되어 있고 2만 5천 명이 입석으로 더 수용될 수 있다. 경쟁 스포츠에 참여하는 선수들은 모두 의료 검진을 받는다고 한다. 특별 수료증이 수여되기도 하며 22가지 종목의 스포츠에서 실시하는 시험에 통과하면 우등 배지를 받을 수 있다.

경기장 입구 밖에 커다란 붉은 글씨로 새겨진 글이 있었다.

"노동과 국방을 준비하라"

입구 안에는 다음과 같은 문장이 있었다.

"위대한 공산당의 지도자이자 운동 선수의 친구 스탈린 동지여, 영원하라!"

경기장은 자립형으로 운영되는 것처럼 보였다. 엄청난 인기였다. 스포츠와 체육 활동에 대한 이 같은 국가적인 인기는 전적으로 혁명 이후에 생긴 현상인 듯했다.

운동 선수의 기량을 발달시키도록 조직된 스포츠 외에도 덜 격렬한 형태의 체육 활동도 있다. 우리가 아주 흥미롭게 지켜본 문화휴식공원의 단체 무용communal dancing이 그 예이다. 여름 내내 7시간의 하루 업무가 끝나자마자 시작해서 자정까지 계속되곤 했다. 한 무리에서는 열일곱 살가량 되는 소녀가 전혀 남의 눈을 의식하지 않고, 동그랗게 둘러 모여 있는 사람들에게 발동작을 가르치고 있었다. 다른 곳처럼 여기서도 반주는 대개 아코디언이 사용되었다. 시범이 끝나면 군중에서 몇몇이 자원하여 춤추기 시작하고 그러면 모두 함께 춤을 추었다. 몇 분이 지나지 않아 다른 소녀가 또 앞에 나와 지도를 하고 비슷한 일이 또 벌어졌다. 움직임은 마치 군대처럼 딱 맞아떨어졌다.

합창에서도 비슷하게 여러 사람들이 번갈아가며 가르쳤다. 듣기로는 이런 방법으로 다수의 열정적이고 능력 있는 리더들을 훈련시키는 동시에 훌륭한 특징을 가진 대중 교육과 여가 활동을 진행하고 있는 것이다.

모든 주요 산업 분야에서 회관 문화가 크게 발달했다. 공장 자체뿐 아니라 이런 회관에서도 많은 부분 기술이나 다른 형식의 교육이 활발하게 지속되었다. 티프리스에서 본 철도 노동자들의 회관을 자세히 설명함으로써 산업에서의 길드 정신의 발전을 보여 줄 수 있을 것 같다. 회관은 아름다운 정원의 중앙에 위치하고 그 정원에는 분수와 꽃, 음악, 야외 영화관 등이 있었다. 아이들의 놀이터로도 사용되고 있어 우리가 그 곳을 떠나던 저녁 8시 30분쯤에도, 6세에서 10세가량 되어 보이는 10월단 아이들 200여 명이 집으로 돌아가면서 발을 맞추어 노래를 하고 있었다. 그 아이들은 아침 6시부터 공원에 있었고 식사도 그 곳에서 제공된다. 15~16세쯤의 선도대 소녀 몇몇이 아이들을 책임지고 있었다. 리더에 대한 아이들의 열정은 의심할 여지가 없어 보였다. 아이들이 이처럼 '공원에서 지내는 것'은 매년 학교 방학 기간에 미리 준비된다.

철도 노동자의 공원은 노동자 조직의 다른 면을 보여 주었다. 분수 가까이 가장 눈에 띄는 곳에는 사람들의 이름이 적혀 있는 두 개의 명단이 붙어 있었는데 아주 크게 쓰여 있어 모두 읽을 수 있을 정도였다. 한 쪽에는 특별히 훌륭한 업무 성과를 보인 철도 노동자 스무 명의 이름이 적혀 있고 다른 쪽에는 유난히 성과가 부실한 노동자 열여섯 명의 이름이 적혀 있었다. 예외적으로 훌륭한 또는 뒤떨어지는 업무의 정도는 언급되지 않았지만, 몇몇 노동자에 대한 지속적인 찬사와 비난이 게시되어 있긴 했다. 명단을 게시한 철도 노동자위원회의 동의 없이 이 명단은 수정될 수 없다. 평균 5천 명의 노동자와 가족들이 매일 드나드는 정원에 제일 훌륭한 노동자들과 제일 형편없는 노동자들의 이름이 적혀 있는 것이다.

우리가 방문하지 않은 다른 회관 정원에서도 비슷한 일이 일어난다고 들었다. 철도 노동자위원회의 이러한 조치는 공장 자체에서 이름을 게시하는 것 외에 부가적으로 취해진다.

선전

의심의 여지없이 소련의 젊은 세대는 공산주의에 매료되어 있고 열정적으로 그 발전을 지원하고 있다. 이 목적을 위한 필수 기관인 러시아청년운동Russian Youth Movement에 대해서는 12장에서 구체적으로 기술할 것이다. 생활 전반에서 공산주의에 대한 열정 진작을 계산에 둔 선전이 적극적으로 진행되고 지속되고 있다. 실제로 선전 활동 참여는 공산주의자에게는 영광스러운 일로 여겨지고 여러 번 다른 곳에서 표현했듯이, 공산주의에 대한 믿음은 마치 종교에 대한 열정 같은 특징을 보였다.

우리가 관람한 영화는 볼셰비즘 교조를 전형적으로 보여 주었는데 이는 연극도 마찬가지였다. 오페라의 경우도 노래에 공산주의 철학이 담겼다. 경기장이나 여가를 즐기는 곳, 공원 등에는 선전을 담은 포스터, 만화, 모형 등이 자본주의 '악'을 묘사하고 종교 신앙에 대한 경멸을 표현하기 위해 설치되어 있었다. 공원에서는 무용과 합창이 반복되었다. 가사가 적힌 휴대용 두루마리를 나누어주면 공산주의 찬가를 합창했다. 무리에는 적극적인 이들이 있어 무용과 합창을 지도할 준비가 항상 되어 있는 듯했다. 청소년동맹은 공산주의 학교로 정치 교육이 일과의 가장 큰 부분을 차지한다. 공장이나 '붉은 모퉁이' 또는 사교 회관에서도 비슷한 정책이 놀랍고 존경스러울 만큼의 완벽성과 근면성을 가지고 진행되고 있다. 공원의 화단 장식도 선전에 활용된다. 마치 우리가 국가 또는 시의 상징을 이용하듯, 농민과 노동자 이익의 결합을 상징하는 소련의 상징인 망치와 낫의 모양으로 붉은 꽃이 심어져 있었다.

교육

방문 당시는 마침 방학이었지만, 우리는 여러 경로를 통해 받은 정보를 기록해 두었다. 1932년 『소련문화비평*Soviet Culture Review*』 7~9권에 실린 한 공식 성명서는 다음과 같이 주장했다. "인류 역사상 최초로 문화를 독점했던 사회 특권 계층 대신 수백만의 사람들이 새 가치의 창조자로 나서기 시작했다."

10월 혁명 이후 공공 교육은 유치원부터 대학까지 모두 대중에게 중요한 과업이 되었다. 같은 비평에서 "지금도 이 나라의 2명 중 1명은 공부를 하고 있다."라고 주장했다.

주로 유치원의 형태를 띠는 취학 전 교육은 차르 시대에는 드물

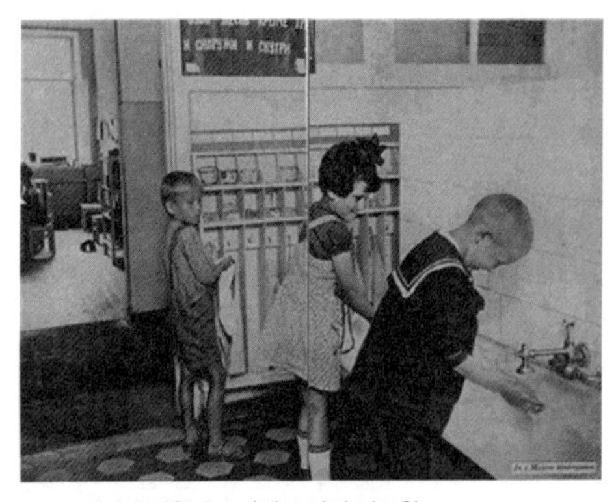
모스크바의 유치원 @소비에트 사진 자료원

었다. 하지만 1차 5개년 계획이 시작될 즈음 유치원은 이미 40만 명 이상의 어린이를 수용하고 있었고, 1932년에 이르자 천만 명의 어린이들이 활동에 참가하게 되었다.

1923년 일반 의무 교육이 처음 시작되었다. 교사 부족으로 말미암아 모든 곳에서 의무 교육을 시행하는 데는 큰 어려움이 따랐고, 콤소몰과 노동조합 기관들, 협동조합 단체들까지도 부족한 교사인력을 채우기 위해 도움을 주었다. 7살부터 17살까지 모든 아이들의 학생scholar 신분 유지를 목표로 하고 있다. 학교 과정은 처음에는 4년이었으나 지금은 7년으로 연장되었다. 다음에 제시하는 공식 통계는 학생이 급격히 증가하는 사실을 보여 준다.[1]

콤소몰 또는 전 연방 레닌 공산주의청년연맹

	초등학교			고등학교		
연도	합계	도시	시골	합계	도시	시골
1914	7,200,000			564,000		
1927~28	10,503,000	2,139,000	8,364,000	1,399,000	1,048,000	351,000
1932	19,001,000	3,250,000	15,751,000	4,675,000	1,630,000	3,045,000

혁명 전에는 취학 연령의 프롤레타리아 계급 아이들 1/4이 겨우

1. 『소련문화비평*Soviet Culture Review*』 7~9권, 1932년.

학교를 다니고 있었던 데 비해 1933년 취학률은 100센트에 도달할 것으로 예상하고 있다.

1931년 8월 글을 읽지 못하는 성인에게 일반 의무 교육을 필수화하는 법령이 발표되었다. 작년 가을 방문 당시 이와 같은 교육 사업은 공장, 요양원, 요양소는 물론 매춘 여성 갱생 기관에서도 이미 진행되고 있었다. 앞으로 10년 뒤면 소련의 문맹률은 서구 국가보다 낮을 것으로 예상된다. 공식 보고에 따르면 이미 "8세에서 50세 사이 전체 인구의 90% 이상이 초등교육을 받았다."고 한다.

로스토프에서 들은 바에 의하면 어린이는 어떤 임금 노동에도 투입되지 않으며 16세가 되면 견습생이 되어 하루 6시간의 노동을 하게 된다. 이때에도 야간 근무나 지하 및 위험한 공장의 노동은 허용되지 않는다. 18세가 되면 정식 노동자가 된다.

학생으로 추천되면 청소년의 학생으로서의 삶이 연장되고, 정부로부터 생활비 명목으로 매달 용돈을 지급받는다.

16세 이전에는 노동이 허용되지 않는다는 문구는 14세에 공장 학교에 들어가는 학생들의 경우 수정이 필요하다. 공장 학교의 학생들은 모든 분야의 공부를 계속하면서 공장이나 작업장에서 하루 4시간 일한다. 다음 해가 되면 두 달 동안은 하루 6시간 공장에서 일한다. 공장 학교에서 3년을 보내고 나면 숙련된 노동자로서 공장의 특별 부서에 배속된다. 공장 학교 교육은 대부분 기술에 관련된 것이다.

의과대학 학생은 수련 과정 동안 임금을 지급받고, 보수가 지불되어야 할 다른 업무에 대해서도 부가적으로 임금이 지급된다.

다른 기술 수련생들도 비슷한 처우가 제공된다. 이 학생들은 비교적 나이 많은 경우가 흔하고 가족이 있는 경우 보수는 더 높게 책정된다. 수련 기간 동안의 임금 인상은 이런 문제를 다루는 노동자 위원회Workers' Committee에 제출된 보고서를 바탕으로 결정된다.

언론과 문학

교육 관련 공식 통계가 인용된 보고서는 현재 소련에서 발행되고 있는 방대한 출판물의 양을 보여 주고 있다. 1931년 소련에서 발행된 서적의 수는 56,500권으로 영국의 14, 688건에 비해 4배 많은 숫자이다. 소책자와 서적은 '마르크스 레닌주의 이론과 기술 교육을 대중에게 확산시키고', '경제 문화 건설이라는 과업을 달성하기 위해' 노동자들을 동원하는 '강력한 도구'로 활용되고 있다.

같은 출처에 따르면 소련의 일일 신문 발생 부수는 3천2백만 부로 미국의 3천9백만 부에 비견될 만한 수준이다. 이 분야에 대한 소련 발달상은 1933년 3월에 발행된 『현재의 역사』에 실린 시드니 웹의 글에서 구체적으로 제시되고 있다.

이 신문들은 소련식 생활 곳곳에 영향을 미치는 구체적인 행정 사항에 대해 신랄하게 비판하는 것처럼 보였다. 하지만 이런 비판 역시 '반혁명적'이어서는 안 된다는 조건 아래서만 가능하다.

11장

소련의 여성, 그들의 결혼과 이혼

가정을 벗어난 삶에서의 성별 차이가 중요하지 않다는 사실은 소련 방문 중 어디서나 볼 수 있었다. 전차를 운전하는 이도 여자였고 복잡한 교차로에서 전차의 방향을 조정하는 이도 종종 여자였다. 도로 공사장에서 일하는 여성도 있었고 공장에서 남자들과 함께 힘든 일을 하는 여성 노동자들도 있었다. 많은 여성들이 선원이나 갱내에서 채굴하는 광부 등 일반적으로 남자들에게만 적합하다고 간주되던 직업군에 진출해 있었다. 남자 의사보다 여자 의사를 더 많이 만났고[1] 알려진 것처럼 소련 여군은 제1차 세계 대전에서 뚜렷한 활약상을 보여 주었다.

지역 정부 관계자와 만났던 자리에서는 한 여성이 지역 보건 담당, 대표단장, 주요 대변인의 역할을 다 하는 경우도 있었다. 남성과 마찬가지로 여성도 18세가 되면 시민 자격을 가진다. 산업 관련 법

---

1. 루바킨 박사에 의하면 1930년 소련에서 여자 의사가 30,000명 정도인데 남자 의사는 39,000명이다. 1930~31년 의과 대학 학생의 75%가 여자라고 한다.

률은 여성에게 동일 업무, 동일 임금을 보장하고, 질병 보험 혜택에서도 성별 간 구분을 둘 수 없도록 하고 있다. 오히려 여성의 경우 부가적으로 출산 관련 혜택을 보장받는다. 여성은 적극적으로 공공 세탁소, 공공 식당, 공공 유아원 등을 세워 가사에서 벗어나 산업이나 정치적인 활동에 자유롭게 참여해 왔다. 여성의 적극적 정치 참여가 새로울 게 없는 것이 그 전에도 러시아의 여성들은 '허무주의 운동Nihilist' 등 다른 혁명 활동에 중요한 역할을 차지했었다. 더욱이 소련의 여성들은 이전부터 항상 거친 육체 노동에 참여했다. 하지만 혁명 전 그들의 삶과 노동에 대한 통제가 전적으로 남성의 손에 달려 있었던 데 반해 이제 소련 여성들은 완전히 해방되어 정치 경제적 평등을 누리게 되었다.

성 차별sex difference은 산업 현장에서 여성을 보호하기 위한 몇 가지 규제를 제외하고는 소련 정부 초기 법률에 의해 사라졌다. 평등은 결혼 관계에도 이어져 부부 중 한 사람의 자유 의지 또는 변심에 의해서 부부 관계를 자유롭게 끝낼 수 있다. 이 새로운 질서는 남편이 더 이상 아내보다 더 주요한 수입원이 아님을 의미하기도 한다. 능력을 갖춘 아내라면 대개 경제적인 독립을 기대할 수 있다.

새 정부에서의 여성의 상대적 지위는 확연히 달라졌다. 혁명 전 여성들은 문맹이었으나 이제는 교육과 일에서 남성과 동등한 기회를 가진다. 앞에서 보았듯이 8세부터 50세까지 소련 인구의 90%가 적어도 초등 교육의 혜택을 받았다. 이제는 여성이 결혼을 해도 직업을 잃지 않는다. 임신과 출산에 주어지는 특혜를 부여 받고(203쪽 참조) 남성이 수행하는 모든 업무에 같은 자격을 갖는다.

혼인법이 가족의 존엄성이나 결혼 생활의 행복 총합에 어떤 영향을 미쳤는가 말하기 위해 다음 몇 장에 거쳐 혼인법을 기술하려는 것은 아니다. 소련의 혼인법이 가족 생활과 집단 복지에 어느 정도 영향을 미친 것은 분명하지만 양적으로 측정하는 것은 쉽지 않다. 모스크바의 혼인국marriage bureau 대기실 벽에는 여러 도표들과 다음과 같은 조언이 담긴 쪽지가 가득했다.

아기는 열악한 환경에서 태어나서는 안 된다.

아기들을 너무 많이 만지지 마라.(사진은 아이를 다루는 올바른 방법을 보여 주고 있다)

모든 가족에게는 지정된 응급 의료팀이 있어야 한다.

가족이 너무 좁은 공간에 살면 아이가 잘 자랄 수 없다. 산모는 아이를 낳은 병원에서 퇴원하자마자 주거 구역의 특별 상담 의원을 찾아가야 한다. 그 곳에서 의사를 배정받음으로써 의료의 연속성이 지켜질 수 있다.

옆에 제시된 표는 직원이 기입한 혼인 신고서 상세 사항을 번역한 것이다.

그 외에도 소련의 모든 사람들은 18세가 되면 지역 경찰서에서 신분증을 발급받는다는 사실을 언급해야겠다. 신분증은 언제든 취득할 수 있다. 아파트 거주지 명부에서 확인을 요구하는 등 사회 활동 모두에서 신분증이 필요하고 사람들은 대개 신분증을 가지고 다닌다. 두 번째 신분증은 노조증인데 이것을 신분증으로 해서 혼인 신고를 할 수도 있다.

이혼과 결혼 두 절차를 10~15분 만에 끝내는 것을 볼 수 있었다.

혼인 신고서 양식	
1. 남성의 이름 :	2. 여성의 이름 결혼 전: 결혼 후:
3. 나이 남성의 나이: 여성의 나이:	
4. 결혼 전에 (1) 이 남성은 전에 결혼한 적이 있는가? (2) 사별했는가? (3) 이혼했는가? (4) 자녀가 있는가? (5) 있다면 몇 명인가? 5. 여성도 4번과 같은 질문	
6. 결혼 횟수 : 첫 번째 두 번째 세 번째 네 번째 이상	
7. 국적 :	
8. 직업 (1) 자영업자인가 또는 고용인인가? (2) 임금은 수수료fee로 구성되는가? 아니면 다른 수입원이 있는가?	
9. 사회적 지위 (1) 노동자 (2) 고용인 (가게 점원 등) (3) 이익이나 자신의 업무로 생계를 꾸린다. (사적 재산 등) (4) 다른 가족 구성원의 도움을 받는다. (5) 사회화socialized하지 않은 업무로 바쁘다. (6) 그 외	
10. 결혼 후 두 사람의 주소	상세 : 도시 도로 경찰구역
11. 그 외 특기사항 (특히 이전 결혼이 이루어졌던 장소)	
12. 서류 확인 서류 발부 장소 : 서류의 발부 연도 및 번호 :	
13. 동의	(1) 강제된 결혼이 아니다. (2) 우리는 결혼, 가족 및 부양인의 돌봄에 관한 법규(4, 5, 6절)에 정해진 결혼 절차를 인지하고 그 내용에 동의한다. (3) 건강. 우리 두 사람은 모두 서로의 건강 상태와 형법 88절의 내용을 고지받았다. 서명 남 ________ 여 ________ 책임자 ________ 비서 ________
14. 기타 사항	

나이 서른 정도의 남자는 음악가로 1922년에 결혼했었다. 남자의 옆에서 혼인국 직원과 마주 보고 있는 젊은 여성이 있었는데 전화 교환수라고 했다. 이혼의 구체적인 내용을 흥미롭게 지켜본 후 남자와의 결혼을 진행했다.

공식 이혼 등기부로부터 신고서 양식을 얻을 수 있었다.

이혼 신고서
이혼 후 이름: 남 __________ 여 __________
결혼 시 이름:
이혼 날짜 ________ 나이 ______
결혼 날짜 ________
첫 결혼이었는가? 아니면 재혼 이상이었는가? ________
자녀가 있는가? ______ 상세사항 __________ (1) 양육권을 부가 가진다. (2) 양육권을 모가 가진다.
양육권에 대한 배우자의 결정 __________
국적 ________
직업 ________
사회 지위 ________
이혼 후 주소 __________
결혼과 이혼에 대한 관련 내용 __________
신분증 확인 __________
이혼 청구인의 서명 __________

이 부분에 대해서는 볼가 강 증기선에서 만난 소련 법학자와의 인터뷰를 떠올려 보는 게 좋겠다. 중혼은 두 사람 중 한 명이 가짜

신분증을 가지고 있는 경우에만 가능한데 적발되면 5년형에 처해질 수 있다고 했다. 이런 점을 제외하면 결혼해서 생기는 제약은 결혼 않고 성 생활만 하는 관계에서보다 더 크지 않다. 하지만 누군가가 미래에 대한 분명한 생각 없이 자주 결혼을 반복한다면 유혹 죄 seduction로 기소될 수 있다. 방탕한 자의 잦은 결혼은 부적절한 결혼 의도가 증명되어 기소될 가능성 때문에 제한된다.

자녀가 있는 경우 이혼이 복잡해지기도 한다. 호적 담당 직원은 양육비에 대한 결정과 구체적인 내용을 기록해야 할 의무가 있다. 합의가 되지 않는 경우 양육비는 일반 소송에 의해 결정된다.

아이가 있지만 결혼은 하지 않은 커플에게서도 같은 의무 사항이 적용된다. 따라서 법적으로 보자면 결혼과 동거는 동일하다.

새 이혼법이 도입되자 이혼이 크게 증가했다. 관련 통계는 없었지만 이혼의 수가 늘어났던 것은 분명했고 현재는 감소 추세로 돌아섰다. 하지만 비슷한 상황이 전개되고 있는 다른 국가에서처럼 가족의 연속성이나 존엄성에 끼칠 영향에 대한 고려 없이 한 사람이 가볍게 마음대로 결혼하고 이혼하는 것은 확실히 아니었다.

게다가 소련의 법으로는 일찍 '결혼'하는 것이 장려되는데 결혼에 관련된 이런 상황 변화가 30세 이상의 여성에게 불안을 가져다주는 요소로 작용하기도 한다. 성적 문란함이 아니라 외모의 아름다움이 꺾이는 나이의 여성들에게 드리워지는 이혼 가능성의 그늘은 위험으로 여겨지므로 가족뿐 아니라 사실은 나이 들어 '남편을 지킬' 자신이 없는 아내들에게 더 불리할 수 있다. 결혼과 이혼이라는 주제에 대해 나눈 대화 중 두어 사례를 인용하기로 한다.

파블로프 교수의 아들을 모스크바에서 만나게 되었는데 변호사인 그는 이혼을 용이하게 하는 새 법이 통과되자 이혼이 눈에 띄게 증가했다고 말했다. 이 현상은 심리학에서 말하는 첫 번째 충동이다. 더 큰 자유가 일반적이 되자 이 지나친 충동은 저절로 소진되고 현재는 '필요한 경우만 이혼이 이용되고 있다.' 엉망이고 끔찍한 결혼 생활을 감내해야 하는 이전의 '형식적인 결혼'은 감소했고 새로운 자유를 잘못 적용하는 경우도 현재는 거의 사라졌다. 더 이상 매력적이지 않게 된 유부녀에 대해 어떻게 생각하느냐는 가정적 상황을 제시하자, 그는 자신의 경험과는 일치하지 않는다고 대답했다. 여성과 남성은 동등한 시민이며 남편 쪽에서 행하는 불평등한 행동에 반대하는 관습적 억제나 사회적 합의가 있었다고 한다.

소련의 한 주요 도시에서 여러 해 살고 있는 영어 개인 교사와도 인터뷰했다. 그는 결혼에 대해 모든 것이 완벽하게 열려 있고 자유롭다는 면에서 이득이라는 의견을 피력했다. 숨기는 것이 없으며 소련인들은 다른 나라 사람들보다 성에 대해 덜 신경쓴다고 했다. 그는 은밀함으로부터 자유를 큰 이득으로 생각했다. 소련의 혼인법은 여전히 혼란스럽긴 하지만 이런 점에서 시작부터 유리하다고 했다. 사실의 직면이 공산주의의 큰 미덕이라고 그는 덧붙였다.

소련에서 몇 년 동안 사회 사업을 해 온 영어가 모국어인 한 숙녀분과의 인터뷰는 더 흥미로웠다. 예전에는 천주교 신자가 아니더라도 이혼은 거의 불가능했다고 한다. 이제는 더 이상 그렇지 않지만 그럼에도 불구하고 수백만의 '잘못된 결합'은 여전히 지속되고 있다. 혁명 당시 35세 이상이던 사람들은 국가 정책 변화에 실제로 영향을 받지 않았음을 기억할 필요가 있다. 서구에서는 문제 발생 시 개인의 관점에서 바라보며 육체적 순결을 지극히 중요하게 여긴다고 그는 지적했다. 소련 사람들은 그러지 않는다. 순결은 고귀하지만 '실수를 한' 소녀 또는 소년에게는 더더욱 그저 어리석은 행동쯤으로 여겨질 뿐이다. 수치심은 거의 사라졌다고 한다. 미국에서도 같은 일이 일어나고 있는 듯 보이지만 소련과 같은 정도인 것 같지는 않다. 반대로 소련 어느 곳에서도 공공연한 애정 표현은 드물었고 특히 다른 나라에서 흔히 볼 수 있는 연인들이 '공원에서 노는 것'과 비슷한 어떤 모습도 볼 수 없었다.

공원이나 리조트 등 어느 곳에서도 그런 모습을 전혀 볼 수 없었음에 우리는 무척 놀랐다. 심지어 열차에는 낯선 남녀가 같은 칸에서 자기도 했는데 이런 상황이 아무 반대 없이 허용되며, '여성이 먼저 의사를 표현하지 않는 이상' 당연히 더 이상의 어떤 일도 벌어지지 않는다고 한 소련 의사가 알려주었다. 실제로 서구에서는 흔히 예상되는 성적 자극이 존재하지 않는 동지애가 소련에서는 흔하다.

이혼이라는 주제에 대해서, 불만스러운 결합의 해체는 항상 바람직하다며 이 숙녀분도 같은 의견을 표현했다. 이혼법이 실제로 어떻게 적용되는지 볼 수 있는 몇 개의 예를 덧붙이도록 한다.

한 여성은 다른 젊은 남성을 사랑하게 되자 더 이상 남편을 사랑하지 않게 되었다. 남편은 그 사실을 통보받았고 아내는 이혼을 하고 다른 남성과 결혼했다. 전 남편이 살 곳을 새로 구하는 것이 어려웠기 때문에 전 부인은 전 남편에게 갓 결혼한 자신들과 같은 방을 나눠 써도 좋다는 제안을 했고 이 제안은 받아들여졌다고 한다.

모스크바 극장에서 최근에 올린 연극은 다음과 같은 교훈적인 줄거리를 포함하고 있다. 같은 방에 살던 두 젊은 남자는 한 날 저녁 각각 결혼했고, 각자의 아내가 그날 밤부터 이 방에 같이 머물게 될 것임을 알았다. 이 우호적인 관계는 칸막이로 나뉜 방의 두 부분에서 지속되었다. 오래지 않아 두 남자는 성격 등을 봤을 때 상대방의 아내가 자신과 더 잘 맞을 것이라는 생각을 하게 된다. 하지만 그들은 그 생각을 입 밖에 내지 않았고 다소 불행한 부부 관계가 유지되던 중 두 커플의 오랜 친구가 그들을 방문한다. 그는 상황을 진단하고 조언한다. 곧 두 커플은 이혼하고 상대를 바꾸어 다시 두 커플이 결혼했고 예상한 대로 그들은 이후 행복하게 잘 살았다.

실제 일어난 또 다른 이야기는 결혼 생활의 다른 측면을 보여 준다. 한 중년 남성은 젊은 여성과 결혼했다. 아이가 생기지 않자 두 사람 특히 남편이 크게 실망하게 된다. 이후 아내는 임신을 했고 아들이 태어났다. 남편은 아들에게 헌신적이었다. 하지만 아내는 양심의 가책을 느껴 결국 남편에게 사실을 털어 놓는다. 사실은 그 전 해 여름 휴가 기간 같이 가자는 남편의 요청을 거부하고, 한 젊은 남자의 접근을 받아들였다. 아이를 간절히 원한 남편에게 아이를 선사하고 싶은 목적에서였다. 화해는 이루어졌고 가족은 깨어지지 않았다.

이 장은 물론 다른 장에서도, 우리의 목적은 판단이 아니라 기록이므로 논평은 하지 않기로 한다.

Red Medicine

12장

어린이와 청소년 돌봄

모성 보호는 다음 장에서 다루긴 하지만 영유아 복지를 보장하는 것이 모성 보호의 가장 중요한 요소이므로 이 장에서도 잠시 다루기로 한다. 소련에서는 거의 모든 분만이 병원에서 이루어지는데 그 결과 영유아의 장래 건강에 대한 전망이 크게 개선되었다. 산모는 분만 후 1~2주 동안 병원에 입원하기 때문에 아기의 삶의 시작이 바람직하다고 볼 수 있다. 아니라면 소련의 가정 환경을 고려했을 때 신생아 돌봄에 어려움이 따를 것이기 때문이다.

모스크바, 레닌그라드, 로스토프, 하르코프에서 경험한 영유아 상담 내용은 19장에서 자세히 기술하겠다.

앞에서 말한 적 있지만 어린이 돌봄은 부모로부터 공공 유치원, 야외, 다른 형태의 학교 또는 여름 캠프 등으로 많은 부분 옮겨 가고 있다. 어린이와 청소년의 경우 성별에 상관없이 회관 생활이 꽤 일반적이다. 이러한 현상은 프롤레타리아의 삶에서 새롭게 나타나고 있는 아주 흥미로운 특징이다. 중상층 계급 아이들에 제한적으로 허용되는 영국 기술 학교와 비교할 수 있는데 아이들의 연령대나 숫자를 봤을 때 소련 교육 체계의 범위가 훨씬 더 넓다.

마르크스는 제1차 인터내셔널(또는 국제노동자동맹)에서부터 국가가 모성과 어린이를 보호해야 한다고 주장했고 그에 따라 공장의 유치원과 탁아소는 소련 정부가 제일 먼저 시작한 개발 사업이었다.

자본주의 국가의 경우 혼외 영유아의 사망률은 혼인 관계에서 낳아진 경우보다 대개 두 배쯤 더 높다. 소련에서의 결혼은 시민의 동반자 관계이며 두 사람 중 한 명이 희망하여 결혼 의향을 신고하면 바로 효력을 나타내게 된다. 반면 법률혼 없이 동거하는 관계도 혼인과 동일하며 이런 점에서 소비에트 혁명은 혼외 자녀의 문제를 해결했다고 말할 수 있다.

도시마다 설치된 영유아 상담 센터는 다른 의료 시설과도 밀접하게 연계되어 있고, 아기를 센터로 데려오지 못하는 경우 가정 방문이 이루어지기도 한다. 영유아 상담소와 일반 의료 센터는 흔히 탁아소와 동일한 곳에 위치한다. 이런 시설에 참석을 해야 산모로서의 혜택도 받을 수 있으므로 대개의 경우 참석률이 높다. 앨리스 필드 Alice Field의 언급에 따르면[1] 1931년 모스크바에만 35개의 아동 복지 센터가 있고 센터마다 모유 유축실을 갖추고 있었다. 아동 복지 센터는 그 해 7천 명의 어린이를 상담하였고 보건원들이 연간 4만여 번 가정 방문을 시행하였다. 다음 문단에서 자세히 설명할 영유아 상담 센터나 탁아소에서 시행되고 있는 사업의 경우 다른 나라에서도 비슷하게 시행되고 있다. 하지만 소련에서 아주 인상적인 점은

---

1. *Protection of Women and children in Soviet Russia*. New York, E.P. Dutton and Company, Inc., 1932.

강력하고 지속적인 홍보이다. 모든 회관과 공장에서, 노동조합 회의에서, 영화관과 극장에서도 아이를 센터나 탁아소에 데려가라고 권장하는 포스터를 흔히 볼 수 있다. 그 결과 이 사업들이 널리 알려지고 국가적으로 중대한 일이라는 것이 강조된다.

공공 유치원 또는 탁아소

여성이 거의 모든 곳에서 생산에 참여하는 소련의 상황을 고려할 때 공공 유치원이나 탁아소는 필수적이다. 그런 시설들이 산업 현장에서 일하는 여성들의 요구에 아직은 제대로 부합하지는 못하지만 그렇게 되게 하겠다는 의지를 보였다. 시설의 수는 집단 농장과 국가 농장, 도시에서 놀라울 정도로 빨리 증가하고 있다.

탁아소는 상시제permanent와 계절제seasonal 두 종류가 있다. 다음에 제시하는 숫자들이 급격한 발전 추세를 보여준다.[2]

소련의 탁아소 침대 수 (단위 : 천 명)

		1927~8년	1931년*	1932년*
도시 탁아소		34	129	263
시골 탁아소	(a)상시제	2.5	103	329
	(b)계절제	101	1,426	3,501

* 1931년 통계는 예비조사 결과이고, 1932년 통계는 추정치이다.

탁아소는 생후 1~2개월부터 시작하여 3살 때로는 5살까지 이용한다. 각각의 탁아소는 50~100명의 아이들을 수용하며 나이에 따

2. 『소련문화비평*Soviet Culture Review*』, 7~9권, 1932년.

라 세 집단으로 나뉘고, 관리 방법은 집단에 따라 차이가 있다.

모스크바의 한 탁아소 모습 @소비에트 사진자료원

우리가 방문한 탁아소에서는 감염에 대비한 과학적인 주의 사항을 따르고 있었는데 아마 다른 탁아소에도 적용되는 전반적인 관행이 아닐까 생각한다. 탁아소에 온 아이들은 모두 입고 있던 옷 대신 다른 옷으로 갈아입힌다. 이때 벌레가 발견되면 아이는 어머니와 함께 집으로 보내지고 보건원들이 가정을 방문해서 집을 조사할 때까지 탁아소에 다시 들어올 수 없다. 아이가 젖먹이라면 공장에서 일하는 어머니가 근무 시간 중에는 하루에 두 번, 저녁 시간에는 한 번 탁아소에 찾아와 아이를 볼 수 있다.

탁아소에 등록된 아이들의 가정 방문은 2주에 한 번씩 시행된다. 탁아소는 아이들을 소련의 미래 역군으로 양성하는 센터로 중요하게 여겨지고 있다. 아이들이 받는 훈련이 센터에서 제일 큰 의미를 지닌다. 아이들은 모두 완벽하게 청결했다. 유아들에게는 적절한 운동이 권장된다. 생리 현상에 대한 규칙적인 습관이 길러지고, 아이들이 현대적인 위생 시설을 사용할 수 있는 나이가 되면 직접 사용하는 방법을 가르친다. 좀 더 큰 아이들의 경우 '자신이 직접 할 수 있는 일은 누구도 대신 해 주지 않는다.'는 원칙에 따른다. 스스로 씻고, 식탁 준비를 돕고, 놀고 나면 장난감을 정리한다. 아이들은 모두 개인 수건, 물컵, 칫솔을 사용한다.

아이가 3살, 경우에 따라서는 5살이 되면 유치원이 탁아소의 자리를 대신하고, 7살이 되면 의무 교육 과정인 학교에 가게 된다.

탁아소, 유치원, 야외 학교, 여러 다른 학교들과 여름 캠프가 아이들을 돌보는 부모의 역할을 대부분 대체하고 있다. 이런 책임 전환은 성별에 상관없이 더 큰 어린이들과 청소년에 더 일반적인데 이들을 위한 회관 생활이라는 방식 때문이다. 이 현상은 프롤레타리아 삶의 양식에 나타난 새로운 특징이다. 다른 국가에도 중산층 또는 상위층 아이들을 위한 기숙 학교가 있고, 어떤 국가에서는 극빈층의 아이들도 휴가를 이용해 시골이나 해변에서 기숙할 수 있는 시설을 갖춘 경우도 있지만 대개 빈약하다. 소련의 경우 비슷한 서비스라도 규모가 훨씬 크고 그 혜택도 폭넓다. 영유아들에게 주어지는 위생과 보건 돌봄의 질은 서구권 다른 나라들의 비슷한 서비스에 비할 만하며 양적으로도 훨씬 더 방대하다.

어린이들이 누릴 수 있는 종합적인 서비스는 여성이 실제적인 경제적 평등을 누리고 있다는 좋은 증거이다. 동등한 사회보험 혜택과 산모에게 주어지는 모성 혜택도 이를 잘 보여 준다.(203쪽 참조)

이런 평등은 소련 정책이 요구하는 노동에 대한 의무와 관계 있다. 즉 노동은 성별에 상관없는 보편적인 의무이므로 신체 건강한 사람이 일을 하지 않을 경우 선거권을 박탈당한다. 일반적으로 여성을 가정 주부로 여기는 일은 없으며, 집안에 돌볼 사람이 있거나 또는 규칙적으로 일하는 다른 사람을 집안에서 돌봐야 하는 경우에 한해서만 허용된다.

서구 문화에 익숙한 경우 공공 유치원에 의해 가정이 일정 부분 대체되는 것이 불편하게 느껴질 수도 있다. 가족 생활에 해롭지는 않을까? 탁아소의 헌신적인 간호사들조차 해줄 수 없어 잃게 되는 귀중한 가치들은 없을까? 이런 혼란스러운 질문에 대한 대답으로 사람은 어떤 경우든 선과 악, 또는 차선 사이에서 균형을 이루어야만 한다고 말할 수 있겠다. 지적이고 사랑이 가득한 어머니가 있는 좋은 가정이라면 많은 것을 아이들에게 줄 수 있을 것이다. 하지만 소련인들은 자신들의 정책이 어머니와 아이들 간의 애정 결핍을 가져오지 않는다고 주장한다. 반대로 어머니들은 아이들을 돌보는 데서 오는 스트레스로부터 자유로워지는 동시에 가정과 사회적 의무를 수행하는 노력을 다할 수 있으므로, 하루 일과를 끝내고 돌아와 아이들에게 최선을 다하기에 더 유리하다고 말한다. 마찬가지로 아이들도 부모를 더 보고 싶어 하고 그래서 더 즐거운 시간을 보낼 수 있다고 덧붙인다.

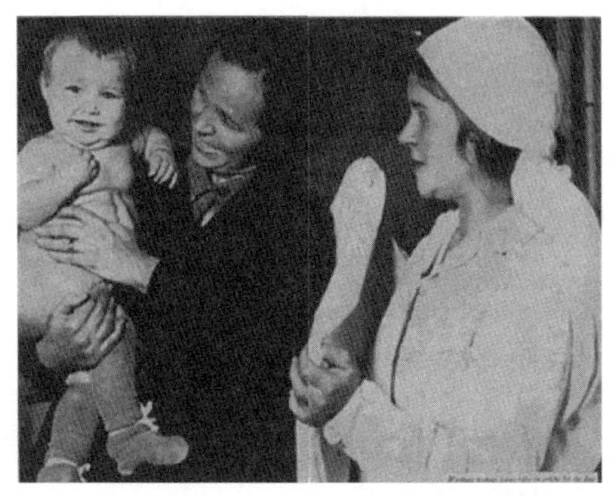
여성 노동자가 업무 시작 전에 탁아소에 아이를 맡기고 있다
@소비에트 사진자료원

영국이나 미국에서는 어느 정도 비율로 가정에서 완전하고 훌륭한 모성 돌봄maternal care을 누리고 있는지 물을 수 있다. 예를 들어 잘못된 정보를 바탕으로 혹은 윤리적으로 부주의하게 아이의 흥미와 편견을 통제하려는 시도가 결국에는 아이의 성격에 파괴적으로 작용하지 않는가? 실제 그런 경우가 많다. 부유한 가정에서조차 아이들은 대개 훈련되지 않은 보모가 돌보는데, 이 경우 보모들이 뇌물을 받거나 아이를 조용하게 하려고 공포심을 이용할 수도 있다.

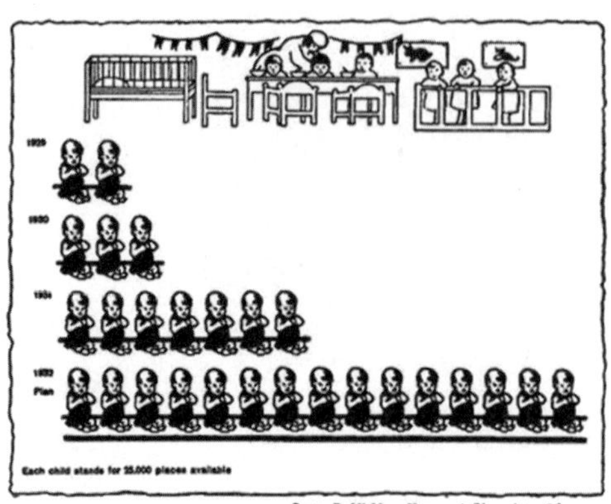

State Publishing House of Fine Arts, Moscow.

1929년 이후 소련의 도시 탁아소 수용 능력의 증가. 1932년 수치는 추정치이다. 그림에서 아이 한 명이 각각 2만 5천 개의 유치원을 의미한다.

인구의 제일 큰 부분을 차지하는 임금 노동자 가정도 짚고 넘어가야 하는데 이 경우 불리한 점은 더 많아진다. 놀이 공간은 부족하고 어머니는 요리하고 청소하느라 너무 바빠서 아이들에게 적절한 주의를 기울이지 못할 수 있다. 또 엄마가 없는 동안에 심각한 사고가 일어날 수도 있다.

빈부를 막론하고 어린이 위생과 영양에서 가장 흔하게 일어나는 무지도 기억해야 한다. 이러한 폐해 중 일부는, 교육 개선, 보건 간호사로 구성된 보건원의 가정 방문과 아동 복지 센터 사업의 성과 덕에 대부분의 국가에서 감소하는 추세이다. 그럼에도 불구하고 서구 국가들의 공공 유치원은 아이들 수에 비해 만성적으로 부족한 상황이다. 반면 여성들의 산업 현장 참여는 물론 열악한 주택 사정 등 소련의 현 상황에서 탁아소는 분명히 큰 도움이 되고 있다. 놀이방과 유치원은 건강과 영양을 훈련하는 학교이다. 이들 기관을 통해 어머니들은 더 나은 삶에 대해 더 빠른 속도로 훈련 받고 있다. 이런 기관들이 없었다면 가능하지 않았을지도 모른다.

이 질문에 대해 소련에서 거주하는 한 영국 지식인은, 일하는 동안 아이들이 근처에 있어야만 어머니의 사랑이 강해지는 건 아니라고 생각한다고 말했다. 이런 환경이라면 어머니와 아이 관계의 5할은 어머니의 인내에서 만들어지는지도 모른다. 부유한 사람들이 미숙련 보모를 고용하는 예를 인용한 그는 소련의 어머니들이 아이들을 훨씬씬 더 좋은 방법으로 양육하는 것 같다고 말했다.

모스크바 소재 문화휴식공원에 위치한 어린이마을은 포괄적인 아동 복지 사업의 훌륭한 사례 중 하나이다. 우리의 방문에는 보건연구소 소장인 포포프Popoff 교수와 신경정신예방연구소 소장인 로젠스타인Rosenstein 교수가 동행했다. 공원이 문을 연 지 3년이며, 어린이 부서의 경우 한 번에 삼백 명의 아이들을 돌볼 수 있고 의사가 상주한다고 한다. 아이들은 모두 개인 기록을 가지고, 기관에 등록되면 사회력에 대한 정확하고 구체적인 내용이 기입된다. 각 아이들은 어린이마을 의사로부터 검진을 받고 번호가 적힌 카드를 지급받는다. 이 카드는 입고 있는 옷에 핀으로 부착되고 복사본은 부모에게 전달된다. 옷을 넣어 놓는 사물함이 지급되며, 아이들은 마을에 있는 동안 다른 옷을 입고 지낸다. 훈육 조치는 필요하지 않은 듯했다.

25명으로 구성된 각 그룹의 아이들은 동일한 모습으로 각자가 어느 무리에 속하는지 알 수 있다. 노동자의 아이들은 공장의 탁아소에서 4일을 지낸 후 5일째에 이곳으로 오게 된다. 기술자, 의사 등의 전문 직업군 노동자의 아이들은 이곳에 배치된다. 어머니가 휴양소에 가게 되면 아이는 어머니와 같이 가거나 아니면 다른 특별한 조치가 취해진다. 우리는 어린이마을의 환경을 미숙한 보모밖에 구하지 못하는 서구의 부유한 가정과 비교하는 데 관심을 두었다. 어린이마을의 간호사는 대학 졸업 후 특별 직업 훈련 과정을 거친다. 대개 큰 아이들이 어린 아이들과 놀아 준다.

이 공원에는 전체 부서 총 3천5백 명의 노동자들이 일하며 8명의 의사가 이들을 위해 고용되어 있다. 로스토프를 방문했을 때 3세 이전 유아들이 특수 아동 센터에서 돌봄을 받는 동안, 4세에서 7세까지의 아이들은 한창 증설되고 있는 유치원을 다닌다는 얘기를 들었다. 집안 일을 도와 주는 하인이 없는 대신 유치원이 부분적으로 그 역할을 담당한다. 아이들이 숙련된 인력들에 의해 돌봐지고 훌륭한 개인 습관을 갖도록 훈련되고 있다는 점 등 여러 중요한 면에서 소련의 유치원이 서구 가정의 환경보다 더 우수하다.

7살이 되면 의무 교육이 시작된다. 학교 생활은 학년으로 나뉜다. 예전에는 7학년제였으나 현재는 9학년제이고, 학생들이 9학년을 성공적으로 통과하면 더 이상의 시험 없이 대학에 진학할 수 있다.

모스크바 모성아동보호연구소 부소장인 젠스Genss 박사는 이미 알고 있던 몇 가지 사항에 대해 다른 각도의 설명을 제공해 주었다. 그가 언급한 3가지 주요 원칙과 목표는 다음과 같다.

첫째, 주어진 보호는 전적으로 국가 기관에 의해 이루어진다.

둘째, 어떤 경우에서도 자선을 개입시키지 않는다.

셋째, 주요 목표는 탁아소 등의 시설을 이용하여 직장 여성들이 공장 업무를 지속할 수 있게 하는 데 있다.

젠스 박사가 소개한 한 프랑스인 방문자의 의견에 따르면 '직장 여성들은 도움을 부탁하는 게 아니라 요구'하는 것이다.

이는 노동자가 조직의 노동에 적극적으로 참여할 수 있게 하는 데 필수적인 부분이다.

이 사업들 중 어떤 것도 혁명 전에는 존재하지 않았다고 젠스 박사는 전한다. 1914년 이전에는 14개의 탁아소만 있었을 뿐인데 지금은 2천 개의 탁아소가 1백만 7천5백 명의 아이들을 수용하고 있다. 탁아소는 임시제, 계절제, 상시제로 나뉜다. 예전 시골에는 탁아소가 전혀 없었으나 집산주의collectivism의 발전과 함께 지금은 5만 명의 아이들이 시골 지역의 탁아소에서 돌봄을 받고 있다.

1913년에는 60만 명의 아이들이 계절제 탁아소를 이용했고, 1931년에는 1백10만 명의 아이들이 계절제 탁아소를 이용했다. 그리고 1932년에는 3백만 명의 아이들이 탁아소를 이용한 걸로 추정된다.

레닌그라드 모성아동보호연구소는 훌륭한 체계를 가진 기관으로 모든 단계의 모성 및 아동 위생 사업을 포함하는 완벽한 조직을 관찰할 수 있었다. 먼저 어머니들이 일하는 동안 아이들을 보살피는 탁아소를 견학하였다. 탁아소는 2교대로 일하는 어머니를 위해 밤늦도록 운영되므로 어린 아이들이 새벽 1시까지 이곳에 있을 수 있었다. 청결과 감염 예방을 위한 모든 조치들이 시행되고 있었다. 아픈 아기들은 받지 않으며 의심되는 경우에 이용할 수 있는 특수 격리 공간이 구비되어 있었다. 탁아소는 출산 후 의무적으로 쉬는 기간이 끝나가는 두 달째부터 이용이 가능하고 연구소에 있는 다른 부서 의사들이 정기적으로 방문했다. 레닌그라드의 8개 지구 모두에 비슷한 탁아소가 있었다.

일하는 어머니들은 모두 아이들을 탁아소에 데리고 온다. 강제가 아닌데도 그러는 것은, 어머니에게 부여되는 보험 지불insurance payments이 탁아소 참석률과 관련 있어 그런 듯하다. 어머니가 일하

레닌그라드 모성아동보호연구소 @존 킹스베리

지 않는 경우도 마찬가지이다.

가정 의료는 탁아소와 연구소 다른 부서의 업무와 밀접한 협력 관계를 가진다. 연구소가 담당하는 구역은 소구역으로 나뉘고 각각의 소구역에는 의료팀 특별 요원이 있어 가정 방문을 실행하고 연구소에서 그 구역의 환자를 돌본다.

연구소에서 시행되는 의료 상담의 경우 의사는 2시간 동안 12명의 환자를 보게 된다. 아이들은 적어도 네 살까지 이곳에 소속되고 학교는 일곱 살부터 다니기 시작한다. 각각의 아이들 이력을 담은 연속성 있는 기록이 있어 필요할 때 참고할 수 있다.

우유는 필요한 아이들에게 공급되며 특정 영양분이 첨가되거나 제거되는 특수 우유도 준비되어 있다. 우유는 집단 농장에서 생산되어 저온 살균 과정을 거친다.

티플리스에서 방문한 유치원은 실크 공장 부속 시설이었다. 원래는 다른 용도로 지어진 공장의 한 쪽을 아이들 공간으로 따로 떼어내어 유치원으로 사용하고 있다. 이 공장은 2교대로 유치원은 매일 밤 10시까지 운영된다. 근무조마다 약 80명의 아이들이 수용된다. 유치원은 유아, 아주 어린 아이, 기어 다니는 아이, 좀 더 큰 아이로 분류되며 각각 다른 방에 배치된다. 아이들은 2주에 한 번씩 체중을 측정하며 의사는 아침, 저녁 두 차례 회진한다. 관리자 역시 의료 교육을 받고, 아이들은 씻기, 생리 작용과 같은 자립과 자기 통제에 대한 훈련을 받는다. 교차 감염은 흔하지 않으며 눈병 등의 감염도 문제된 적이 없었다. 공장의 어머니들은 아이를 돌볼 수 있는 친척이 집에 있는 경우를 제외하고는 모두 이 유치원을 이용했다.

청소년 운동

청소년 교육 체계와 청소년을 훈련하는 공산주의 시민 철학에 대해서는 이미 여러 번 언급하였다.(106쪽, 109쪽 참조)

전체 청소년 운동은 국가의 지도 아래 이루어지고 학교 교육과는 별개로, 총 6~7백만 명의 청소년들이 이 영향 아래 있다. 이 활동은 남학생, 여학생 모두에게 적용되며 성 차별은 존재하지 않는다. 7세부터 25세까지의 모든 인구를 아우른다. 10월단은 5세부터 8세까지 어린이, 선도대는 8세부터 18세까지 어린이와 청소년, 콤소몰은 18세부터 25세까지의 청소년과 청년으로 편성된다.

청소년 운동에서 어린 두 집단은 서구의 보이스카우트나 걸스카우트와 비슷한 활동을 수행한다. 보이스카우트는 개인 리더에게 충성을 다하고 생산 활동에는 참가하지 않는 반면 선도대는 소비에트주의식 집산주의 원칙에 충성을 다하고 생산 활동도 수행한다.

모든 분야에서 자발성이 장려된다. 스포츠는 청소년 활동에서 중요한 위치를 차지하며 시범 퍼레이드에도 참여한다. 우리가 본 퍼레이드는 당 구호가 적힌 현수막이 휘날리고, 밴드가 연주를 하는 등 많은 부분 군대와 비슷한 배경을 가진 활동이라는 점에서 아주 인상적이었다. 알코올 중독 퇴치에 집중한 선전인 경우도 있었다. 보드카의 경우 건강에 해롭고 업무 효율에 방해가 된다는 이유로 퇴치 운동이 적극적으로 진행되고 있었다.

선도대 기관 규율에 따르면 선도대원들은 자신의 건강과 청결을 살펴야 하고 흡연, 음주, 욕설을 하지 않는다. 이런 금지 사항들은 '노동자 조직과 레닌 강령'에 대한 진정한 서약으로 시작한다.

청소년 운동을 구성하는 상위 분과 2개는 그 아래 분과들을 통제한다. 선도대 위에는 공산주의청년동맹이 있으며 그 단원들은 콤소몰이라고 불린다. 콤소몰은 종교적 신념을 포기해야 하고 실질적으로 공산당원 후보가 되기 위해 준비하는 청소년 분과이다.

세 분과의 사업들은 대부분 좋은 내용으로, 자기 욕심을 버린다는 동기 유발에 따른 만족감 또한 그렇다. 하지만 세 분과 모두에서 집요하게 계급의 적에 대한 적극적 증오와 반종교적 편향을 계속 지도하고 강조하는 것에 대해 우리는 강력히 반대한다. 청소년들은 세계 혁명과 공산주의가 불가피한 것이라고 배운다. 모든 조직에서 군사 훈련과 군대식 용어들이 사용되고, 정치적이고 조직적인 운동과 퍼레이드가 진행된다. 청소년 운동은 확실히 청소년에게 국가에서 시민의 신분과 그 안에서 개인이 차지하는 중요성을 깨닫게 한다.

혁명 이후 새로운 세대가 공산주의 교육과 생활 환경 아래 자라나고 있다. 전체 인구의 2/3 이상이 1905년 이후 태어났고, 1/2가량이 1915년 이후, 공산주의 조직의 주요 특징 유지를 중요하게 여기는 환경에서 태어났다.

18세가 되면 콤소몰의 1/4 이상이 자발적으로 공산당원 후보가 되고, 엄격하게 감찰되는 수습 기간을 만족할 만한 수준으로 끝내면 대부분 공산당원으로 선임된다.

13장

모성 돌봄

분만 전후 유급 휴가와 아기를 돌보는 모성 수당 형태로 여성 노동자가 받는 혜택은 203쪽에 열거되고 있다. 이러한 특별 혜택은 보험 기금을 통해 마련된다. 무료로 시행되는 영유아 상담과 아이들의 탁아소 이용도 중요한 부가 혜택이다. 이 중 가장 중요한 혜택은 임신과 출산 기간 병원에서 받을 수 있는 모성 돌봄으로 보험 가입자에만 제한되지는 않는다.

소련의 출생률은 항상 높은 편으로(194쪽 참조) 아마 유럽에서 제일 높을 것이다. 이 중 적어도 80퍼센트는 시골 지역에 흩어져 분포하는데 아주 많은 숫자의 아기들이 의료 시설에서 태어난다는 것이 더 인상적인 사실이다. 런던의 경우 의료 시설 분만이 전체 출생의 1/10에 못 미치는 것으로 추측되는 반면,[1] 소련은 시골 어디에 가도 이 비율과 비슷하거나 높다. 시골 지역의 공식적인 의료 시설 출생

1. 이 통계 수치가 악의적으로 이용되어서는 안 된다. 이는 영국의 노동 계급이 가정 분만을 선호하기 때문이다. 그러나 병원에서 출산한다면 합병증은 줄어들 것으로 보인다.

률은 약 20퍼센트로 혁명 전 7퍼센트와 대조되며 도시의 경우 거의 100퍼센트에 육박한다.

타타르공화국 수도인 카잔의 경우 모든 노동자 출산이 의료 시설에서 이루어진다. 사마라와 사라토프도 비슷한 상황이었다. 스탈린그라드의 경우 시 전체 거의 모든 분만이 의료 시설에서 이루어진다. 북캅카스 로스토프, 티플리스 외 다른 조지아의 마을에서도 분만의 대부분이 의료 시설에서 이루어지고 있었다. 한편 시골 지역의 의료 시설 분만율은 알려져 있지 않다고 한다.

의료 시설 분만의 엄청난 증가는 소련 행정의 주요 발전 중 하나이며, 일반 정책의 필수 구성 요소가 된다. 이미 언급했듯이 모성 아동 돌봄은 소련 보험 기금의 첫 번째 임무로 여겨진다. 새 정권이 들어선 후 신속한 산업화가 가장 중요하고 긴급한 목표로 간주되었기 때문에 모성이 여성 산업 역량을 감소하게 두어서는 안 되었던 것이다. 1932년 6월 15일에 발행된 『소련경제비평』에 따르면 1932년 소련의 여성 산업 노동자 인구 기대치는 6백5십만 명으로, 그 해만 25퍼센트 증가했다.

산업적 이유에서 제기된 모성 병원maternity hospital 공급의 필요성은 부족한 주택 사정 때문에 더 강화되었다. 주택은 언제나 부족했고 도시로 인구가 몰리자 주택 사정은 더 나빠졌다. 하지만 전에도 말했듯 밀집된 도시의 주택 상황마저도 혁명 전에 비하면 그렇게 나쁜 건 아니다. 산업에서의 노동력 상실을 줄이기 위해서 세 가지 종류의 조치가 일반 정책의 한 부분으로 시행되고 있다.

• 이미 명시된 대로 모성과 영유아를 위해 책정된 보험

- 산전과 분만 시 모든 노동자들이 무료로 이용 가능한 상당한 규모의 병원
- 공장과 다른 공공 유치원의 아동 돌봄

공장 등에 속한 공공 유치원에서 돌봄을 받는 아이들의 비율은 다양하다.(174쪽, 178쪽 참조) 아동 돌봄은 현재 빠른 속도로 확대되고 있고 집단 농장에도 도입되고 있다. 우리가 견학한 상급 모성 병원은 훌륭한 교차 감염 예방 시설을 갖추고 있었다.(254쪽 참조)

레닌그라드 센터의 경우 어머니와 아기들에게 제공되는 통합되고 연관성 있는 체계를 잘 보여 준다.(38쪽 참조) 한 병원에 산전 클리닉, 피임 상담 클리닉, 영유아기와 아동기 전반을 담당하는 클리닉이 같이 있으며 필요한 경우 가정 의료와 돌봄 관련 시설과 연계되어 편성된다. 임신 중절에 대한 조언도 얻을 수 있는데 이 주제는 다음 장에서 좀 더 다루겠다. 주목할 만한 사실은 거의 모든 임산부들이 임신 초기부터 의료 지도에 따르며, 종종 특별한 상황 때문에 의료적으로 위험할 수 있다고 여겨지는 경우 임신 중절이 고려되기도 한다. 매독을 확인하는 바서만 검사Wassermann test가 항상 시행되고 환자가 정기적으로 검진을 받지 않으면 간호사가 가정을 방문하기도 한다. 같은 원칙은 아이들에게도 적용되어 간호사들은 자신이 속한 소지역의 어머니들과 아이들을 잘 파악하고 있는 듯했다.

예비 엄마들은 산전 센터에서 카드를 받게 되는데 이게 있으면 다음의 혜택을 받을 수 있다. 첫째로 전차나 전차 내 안전한 자리를 우선적으로 제공 받을 수 있는 권리, 둘째로 가게에서 대기 없이 서비스를 제공받을 수 있는 권리, 셋째로 보조적인 식료품 배급, 넷째

로 직장 내 사무실이나 상점에서의 가벼운 업무, 다섯째로 두 달의 유급 휴가이다.

필드 여사가 자신의 저서에서 언급하였듯이, 수백 명의 산모가 모스크바 클리닉을 방문하며 이 중 17~20명이 임신 중절을 요구한다. 임신 중절 시행 여부는 차치하더라도 우리가 관찰한 바로는 소련에서 시행되고 있는 모성과 아동에 대한 의료 위생 서비스는 존경할 만했다. 국가 재정이 여의치 않은 상황에서도 과학적인 필수 사업들이 모두 성공적으로 완수되고 있다는 사실은 경이롭기까지 했다. 우리가 경험한 범위에서 판단할 때 모성 및 아동 복지 기관과 시설에서 재정적인 부담 때문에 발생하는 제한은 없어 보였다.

산전 돌봄

젠스 박사는 예방 서비스 특히 산전 돌봄의 발달을 언급하였다.(32쪽 참조) 모든 도시에는 임신부를 위한 특별 상담 센터가 있고, 우리가 방문한 모든 곳에서 그 사실을 확인하였다.

상담 센터 의사는 임산부가 언제 산업 노동이나 어려운 업무를 중지해야 하는지—대개 분만 2개월 전—정확한 날짜를 지정해 줄 의무가 있다. 젠스 박사 부서에서는 임신 초기의 정확한 진단을 목표로 소변 검사를 통한 여러 연구가 시행되고 있었다.

지난 해 모스크바 산전 센터는 업무가 겹치는 것을 피하기 위해 산부인과 클리닉과 연계해서 사업을 진행했다.

첫 검진의 경우, 후에 완전 의료 카드complete medical card를 발급받아 불필요하게 검사가 중복되는 것을 막는다. 시골에는 약 20퍼센트의 임산부들이 이런 의료 기관에서 의료 서비스를 받고 있으며, 도시에서는 100퍼센트에 가깝다고, 젠스 박사가 말했다. 반면 최근 부족한 의료 인력에게 과중한 부담이 집중되면서 도시 상황이 악화되이 현재 약 90퍼센트의 의료 시설 분만율을 보이고 있다.

필요한 경우 가정에서의 분만 서비스도 가능하며 이 경우 조산사가 고용된다. 조산사는 3년 동안의 수련을 거쳐야 하며 무자격 시술은 금지되어 있다. 그럼에도 불구하고 시골에서는 여전히 이웃이 분만을 돕는 경우가 흔하다. 최근 조산사에 대한 긴급한 수요를 고려하여 1년 수련 후 분만에 투입하는 실험적인 제도가 시작되었다.

분만을 위해 입원을 하게 되면 병원이 필요한 정보를 포함한 서신을 신생아 상담 센터center for infant consutation와 모성 클리닉mother's clinic으로 보낸다.

타타르공화국 수도 카잔의 경우 외래 진료소마다 분만 병상 2개가 비치되어 있다. 도시 노동자의 분만은 전부 병원에서 이루어지며 다른 경우에도 60퍼센트의 분만이 이곳에서 이루어진다. 국가 농장과 집단 농장을 위한 병원 공급이 빠른 속도로 증가하고 있지만 시골의 경우 의료 시설 분만이 적어 여전히 약 30퍼센트 수준을 나타내고 있다. 조산사나 부분적으로 교육받은 의료 노동자feldshers가 가정 분만의 절반 정도에 참여한다. 훈련된 간호사의 수가 증가하고 있고, 모든 의사는 원칙적으로 대개 3년마다 3개월씩 졸업 후 과정을 수료해야 한다. 아동 복지 센터는 유치원을 보조하며 특수 유치원도 거의 모든 공장에 갖추어져 있다.

영유아 식이에 대한 질문의 경우, 지역에 따라 아이들이 지방 함유 음식을 충분히 먹지 못하고 있다고 정부 관계자들이 인정했다.

14장

임신 중절에 대한 문제

임신 중절에 대한 소련 정부의 특별한 공식 태도를 볼 때 임신 중절에 대해 따로 다룰 필요성이 있어 이 장을 할애했다. 우리가 까다롭게 확인할 수 있는 사실에 한정하여 설명하겠다. 이 장은 의료 분야를 다루는 뒷부분에서 언급할 수도 있었지만, 임신 중절이 가지는 결혼 생활, 경제 상황과의 밀접한 관계를 고려해서 여기에 배치한다.

대부분 국가에서 의학적 원인이 아닌 의도적 임신 중절은 살인으로 여겨지는 반면 소련 정부는 1920년 임신 중절을 금지하는 기존의 법을 폐지하고 특정 조건 하의 임신 중절을 합법화했다. 이 법은 아래와 같은 조항들로 요약된다. 보다 자세한 내용은 필드 여사가 쓴 『소련에서 여성과 아동 보호』에서 설명하고 있다.

1. 임신 중절은 자격증을 갖춘 외과 의사만 시행할 수 있다. 조

산사는 임신 중절 수술을 시행해서는 안 된다.[1]

2. 원칙적으로 임신 중절은 약이 아니라 외과 수술로 시행한다.
3. 환자는 수술 후 병원 또는 수술한 곳의 병상에서 3일 동안 휴식을 취해야 한다.
4. 환자는 수술 후 2주 동안 노동에 투입되지 않는다.
5. 첫 임신의 경우 출산이 임신부의 생명을 심각하게 위협하지 않는 한 임신 중절은 허용되지 않는다.
6. 임신 6주 이후에는 임신 중절이 금지된다.
7. 예외가 되는 5번, 6번 경우 외에 의사는 임신 중절 신청을 거절할 수 없다.
8. 모든 임신 중절은 국립 병원 내 해당 목적으로 설치된 부서에서 시행하는 것을 권고한다. 보험 가입자인 여성 또는 보험 가입자 남성의 아내는 국립 병원에서 무료로 임신 중절을 요구할 수 있다. 그렇지 않은 경우에는 소액의 비용이 청구될 수 있다.
9. 민간 의사나 다른 사람이 임신 중절을 시행한 후 사망에 이르게 되면 과실 치사로 재판받게 될 수 있다. 이 경우에도 환자는 처벌 받지 않는다.
10. 임신 중절을 해야 할 사회 경제적 또는 의학적 원인이 없는 경우 의사는 임신 중절을 만류하도록 권장된다. 특히 자

---

1. *Twelve Studies in Soviet Russia*(London, Vitor Gollancz, 1933)에서 Margaret I. Cole 박사는 "임신 중절이 정부 병원이나 진료소에서 시행되지 않으면 절대적으로 불법이다. 만약 외부에서 시행되면 3년 구속의 처벌을 받게 된다. 첫 임신의 경우는 아주 강력히 만류하고 있다." 완전히 금지한다는 의미는 아니다.
실제 우리가 방문해 본 바로는 이런 언급들이 책에 그냥 늘어놓은 서술이 아니라 실제 현장에서 이루어지고 있는 것으로 보였다.

녀가 2명 이하이거나 태어날 아이를 부양할 충분한 경제적 능력이 있는 경우에 더 그렇다.

혼외 관계를 숨기기 위해 임신 중절을 원하는 경우는 거의 없다고 한다. 11장에서 제시한 환경에서 결혼 관계의 중요성은 상당 부분 사라졌다. 첫 임신인 경우 임신 중절이 금지되는 조항도 이와 관련 있다.

필드 여사의 책에 따르면 1920년 이후 국립 병원에서 시행된 임신 중절 사망률은 1퍼센트 이하(0.74)이다.

모스크바 대학 알렉산더 루바킨 박사는 1925년 모스크바 병원에서 시행된 임신 중절 11,000건 중 사망 사례는 단 한 건도 없으며 같은 해 사라토프에서도 2,366건 중 단 한 건의 사망도 없었다고 전한다.

다른 나라들의 경우와 비교해 볼 때 아무리 임신 중절이 훌륭한 병원에서 탁월한 기술을 가진 외과 의사에 의해 시행된다 하더라도, 그 수치들이 유리하게 기재되었거나 아니면 뭔가 숨기고 있는 게 있을지도 모른다. 다른 나라 산부인과 의사들의 경험에 비춰 보면 기술적 능력이 아무리 뛰어나도 이보다 높은 사망률을 보일 게 분명하기 때문이다.

주어진 수치는 분명히 임신 중절 전문 외과 의사가 있는 병원에서 얻어진 자료겠지만 임신 중절이 인구에 따라 산재되어 분포하니 대부분은 도시 밖에서 이루어질 것이다. 그렇지 않더라도, 다수의 임신 중절이 상대적으로 허술한 감독 아래 벌어지고 심각한 합병증도 아주 드물지 않음은 분명하다.

한 도시에서는 여성들이 계속해서 피임을 하는 것보다 몇 분의 고통이면 되는 임신 중절을 선호한다는 얘기를 듣기도 했다! 의료비가 책정된 경우 그 금액은 임금에 비례하고 40루블을 절대 넘지 않는다. 사회보험은 피보험자 또는 피보험자 남편을 둔 여성의 의료비를 지불하며 프롤레타리아 계층 모두를 책임진다. 이 내용은 15장에서 설명될 것이다.

젠스 박사는, 임신 중절이 합법화한 후 12년 동안 30만 명의 여성이 생명을 구했고 이런 관점에서 공중 보건 종사자들은 임신 중절을 강력히 지지해야 한다고 말했다. 특별한 수술 기법이 개발되어 예전에는 30분이 걸리던 수술이 이제는 3~5분이면 가능하게 되었고 병원의 전문가가 환자를 보살피게 되었다. 환자들은 병원에서 3일 휴식을 취한 뒤 10일 이후 원래 업무로 복귀한다.

임신 중절을 목적으로 병원 찾는 것을 꺼려서 일어나는 문제는 없다. 결혼 여부도 구분하지 않는다. 초기에는 병원 시설 미비로 입원을 못해 경험이 부족한 조산사를 찾는 일도 있었다. 병원비를 지불해 주는 체계가 도입된 후 부가적인 시설을 이용할 때에는 지불금이 사용되었다. 지불금 관련 환경은 다양하며 일부 클리닉에서는 여전히 사용되고 있다.

모스크바의 경우 임신 중절의 일반적인 절차는 임신 중절을 원하는 여성이 자기 구역의 특별 상담 센터에 신청하면서 시작되는 것 같다. 모스크바에는 현재 50개의 센터가 있는데 각 센터에 있는 해당 목적의 특별위원회가 신청서를 검토한다고 한다. 위원회는 의사, 보건 담당 당 정치위원, 비서, 이렇게 세 명의 여성으로 구성된다. 하지만 모스크바에서 이 주제를 중점적으로 연구하고 있는 의사 하만트Hamant와 쿠에노트Cuenot는, 이 검토는 "없는 것과 다름없다."

고 말한다.[2] 예를 들어 신청자가 여행 혹은 시험을 앞두고 있거나 또는 이혼 직전이거나 마지막 출산이 고통스러웠다 등의 이유로도 승인된다고 한다. 이미 언급했듯 첫 임신이 아니라면 환자의 의지가 제일 중요한 요소이다.

승인이 나면 환자는 모스크바에 있는 13개 임신 중절 기관 중 한 곳으로 전원된다. 소파술curetting이 주로 이용되며 대개 마취 없이 시행된다. 하만트와 쿠에노트에 따르면 52,412건의 임신 중절 중 50,283건이 무사히 시행되었다고 한다.

독일의 경우 임신 중절 백만 건당 5만 건의 사망(5%)이 발생한다는 리페르먼Lippermann의 보고가 있다. 스턴버그Sternberg는 2,617건의 임신 중절에서 3.3%의 사망률을 보고했다.

임신 중절이 가장 많이 시행된다고 여겨지는 모스크바의 공식 통계에 따르면 정상 분만과 임신 중절을 포함한 총 출생은 1922년과 1929년 사이, 43,289명에서 133,076명으로 세 배 증가한 반면, 출산은 35,520명에서 51,059명으로 약 43퍼센트만 증가했을 뿐이다. 1929년의 임신 중절은 1922년에 비해 10~11배 증가했다. 공식 통계에서는 인공 유산과 자연 유산을 구분하며 아래에서 보듯 연간 자연 유산의 수를 100으로 표시하여 인공 유산의 수를 비교하고 있다.

	1922	1923	1924	1925	1926	1927	1918	1929
자연 유산 기준	100	100	100	100	100	100	100	100
인공 유산	114	73	131	402	417	695	894	1,240

2. "État Actuel de la Médecine Anti-Conceptionale en U.S.S.R." in *Gynécologie et Obstétrique*, Revue Mensuel, October, 1932.

하만트와 쿠오노트에 따르면 인공 유산의 비율이 엄청나게 증가하고 있어 현재 모스크바의 총 유산 수는 정상 분만보다 훨씬 많다고 한다. 1929년 기준 정상 분만에 비해 61퍼센트 더 많다.

물론 주어진 통계는 보고된 유산만을 포함하므로 비밀리에 시행된 경우는 포함되지 않는다는 걸 기억해야 한다. 다만 기록된 임신 중절 증가 기간에 비밀리에 시행된 임신 중절이 크게 감소했을 것이라는 사실은 충분히 예상할 수 있다.

임신 중절의 규모를 본다면 모스크바는 확실히 이례적이다. 우리가 견학한 대부분의 모성 센터에서 피임을 충실히 조언하고 있음에도 불구하고 임신 중절이 이례적으로 높다. 이는 출산율(194쪽 참조)이 과거에 비해 낮아졌지만 여전히 비천주교 국가들보다는 높다는 점에서도 알 수 있다.

소련 정부가 임신 중절을 합법화하는 결정을 내리게 된 데는 몇 가지 고려 사항이 있었던 걸로 보인다. 다른 대륙 국가들과 마찬가지로 소련에도 엄청난 수의 부적절한 임신 중절이 행해지고 있었고 그 결과 임산부의 건강에 끔찍하고 심각한 결과를 야기하고 있었다.[3] 이런 점은 임신 중절 관련 공공 전시회들이 잘 보여준다. 우리는 그런 전시회 중 하나를 로스토프나도우에서 보았다. 전시회의 주요 목적은 부적절하게 시행된 임신 중절이 건강이나 생활에 미치는 위험을 경고하는 것이었고 실제로 목적을 충분히 달성하는 것처럼 보였다. 어떤 전시물은 제한 없이 전시하기엔 적절하지 않았다. 하지만 무자격 임신 중절이 여전히 많다면 그 위험에 대한 경고도

---

3. 아서 뉴스홈 박사가 집필한 *International Studies on the Relation Between the Private and Ofiicial Practice of Medicine* 1권의 142쪽 통계 수치를 참고하라.

분명히 필요하다. 공식적으로 임신 중절이 시행되고 있음에도 불구하고 많은 지역에서 여전히 부적절한 시술이 이루어지고 있고 이로 인한 합병증으로 큰 고통을 받고 있다.

이런 소련의 정책 결정은 처벌만으로 임신 중절을 예방할 수 없으며, 그보다는 비정상적인 성 관계처럼 비범죄로 여겨야 한다는 생각에서 비롯되었을 가능성도 있다. 우리는 이 둘의 차이에 대해서 비판할 필요를 느끼지 않는다.

직업적 필요성도 임신 중절에 대한 소련의 정책을 결정하는 데 큰 영향을 미쳤다.

18세에서 45세까지의 소련 여성 중 70퍼센트가(어떤 지역은 이 비율이 30퍼센트로 떨어지기도 하지만) 노동자이며 아이가 있는 여성 노동자의 경우 임신했을 때 중절을 원하기도 한다.

젠스 박사는(32쪽 참조) 임신 중절은 필요악이며 피임으로 임신 중절이라는 문제를 궁극적으로 '제거할 수' 있기를 희망한다는 인상적인 견해를 밝혔다. 아직은 완전히 의존할 만한 피임법이 없지만 곧 기계 장치 없이 쉽게 사용될 수 있는 방법을 찾을 수 있을 것이라고 말했다.

저자들이 이 책에서 임신 중절이나 피임에 대해 의견 표현을 자제하고 있음을 알 수 있을 것이다. 우리는 공중 위생이나 사회적 관점, 윤리적 자세에 대해 독자들이 스스로 판단할 수 있도록, 기록하는 역할에 충실하려고 한다.

사회보험

이미 언급했듯이 소련의 사회보험은 노동자들이 기금을 조성하지 않는다는 면에서 자본주의 국가와 다르다. 다른 나라처럼 노동자들이 매주 개인 분담금contirubution을 내지는 않지만, 보험을 가능하게 하는 데 필수적인 기금이 노동자들의 노동에 의해 조성된다. 공장이나 다른 기관에는 사회보험 은행이 있어 기업이나 기관이 보험기금에 내는 기여금을 예치한다. 분담금은 개인당 급여를 기준으로 산정된다. 은행은 노동조합 회의에서 선출된 노동자위원회가 통제하며 어떤 행정 대표부도 관여하지 않는다. 모스크바에 있는 사회보험 중앙사무소는 연방 노동인민위원회 안에 위치하며, 중앙사무소 소장은 노동조합 중앙위원회의 추천을 받아 인민위원회에서 선출된다.

'노동자들은 예외 없이 모두 포함된다.'는 원칙은 시민권을 박탈당한 성인이나 그의 피부양자에는 적용되지 않는다는 점을 짚고 넘어가야겠다. 캘빈 후버의 추산에 따르면[1] 8백만 명이 이에 해당하나 앞서 언급했듯이 실제로는 이보다 훨씬 적다.(135쪽 참조) '시민권을 박탈당한' 이들에는 전 지주, 자본가 계급, 귀족, 대상인, 차르 시대의 관리와 군 장성들이 포함된다. 인구의 대다수를 구성하는 농민은 아직 사회보험의 대상에 포함되지 않지만 부분적으로 세금 면제 혜택을 받고 있다. 앞서 나열한 특권을 박탈당한 계급의 상황은 1930년 이후 다소 개선되고 있다. 시민권 박탈은 여전히 이들이 배급 카드나 협동조합 카드를 받지 못하고, 정식 실업 명단에 등록할 수 없으며, '두 번째 단계' 학교에 갈 수 없다는 것을 의미한다.

사회보험에 대한 구체적인 내용은 후버 박사의 책에 설명되어 있고, 『소련 안내서』라는 공식 책자에 실린 요약도 도움이 된다. 보험은 상병, 장애, 모성, 실업, 노령, 장례 이렇게 여섯 가지 항목으로 지급된다.

질병 휴가 또는 피보험자의 가족이 감염병에 걸려 격리가 필요한 경우와 피보험자의 가족이 아파 간호를 해야 하기 때문에 생기는 결근의 경우 피보험자는 임금 전체를 지급받는다. 또한 정상 생활을 할 수 없는 질병이 계속되는 경우 완전히 회복되거나 또는 영구적 장애가 인정될 때까지 임금 전체를 지급받는다. 10일 이상의 병가는 담당 의사와 의료 심사위원medical referee이 상의한 후 결정된다. 이견이 있을 때에는 의료감독위원회로 이관된다.[2] 공식적으로 꾀병이 없다고 하지만 있다 하더라도 이를 막기 위한 충분한 대비책이 있는 것이다.

---

1. *The Economic Life of Soviet Russia*, New York, The Macmillam Company, 1931.

2. *Compulsory Sickness Insurance*, Geneva, League of Nations, 1927.

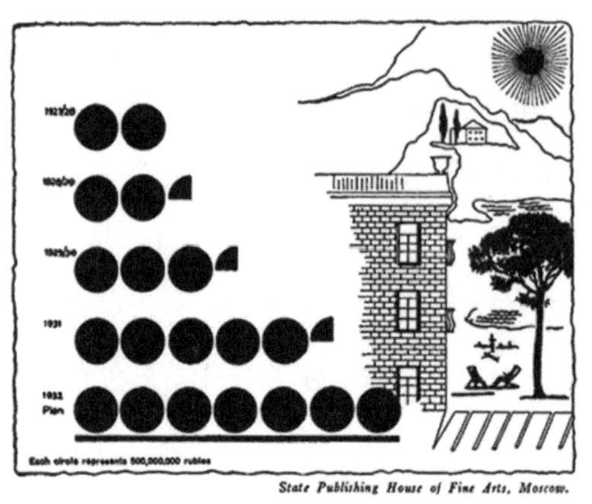

1927~28년 이후 소련에서 사회보험액의 증가. 1932년 수치는 추정치이다.

병에 걸리면 정상 생활이 가능하든 아니든 의료 서비스가 제공된다. 의료 서비스는 보험부서가 아니라 보건인민위원회나 지역보건위원회가 관리한다. 필요하다면 병원 치료와 전문가가 포함될 수 있다.

피보험자의 피부양인, 실직자, 노동조합원도 약을 포함한 무상 의료 처치를 받을 자격을 유사하게 가진다.

게다가 휴양소, 요양소, 건강 휴양소가 대규모로 지원되고 있어 병상의 3/4이 산업체 및 교통 노동자들에게 배당되어 있다. 어떤 휴양소는 노동조합이 운영하기도 한다. 무상 의료 서비스를 위한 기금은 지역 기금에서 일정 부분 충당되고 3퍼센트 이상의 수요는 노동조합에서 충당한다. 의료비의 가장 큰 부분은 사회보험 기금이 제공하며 요양소는 사회보험과 공중 보건 기금이 각각 지원한다.

영구적인 장애가 발생할 경우 연금이 주어지되 금액은 장애의 정도에 따라 차등적으로 지급된다. 장애가 산업 재해나 피보험자의 직업과 관련된 질병 때문에 발생한 경우 그 금액은 더 커서 원래 임금의 1/3~2/3 수준이다. 피보험자가 사망한 경우 아내의 연금에도 비슷한 체계가 적용된다. 영구적인 거동 불가 상태가 50세 이후 발생하면 직전 8년 이상 동안 고용되었다는 것을 증명하여 노동자는 연금을 받을 수 있는 자격을 갖게 된다.

출산 휴가의 경우 육체 노동에 종사하는 여성에게는 출산 전 8주, 비육체 노동에 종사하는 여성에게는 6주 동안 유급 휴가가 주어지며 출산 후에도 같은 혜택이 주어진다. 출생 신고가 이루어지면 아기 옷을 구입할 수 있도록 어머니의 월급 1/2에 해당하는 일시불 보너스가 지급되고 이후 9달 동안 보육비 명목으로 매달 월급의 1/4이 지급된다. 이러한 혜택들은 실업 상태의 여성 노동자나 실업 상태인 남성 노동자의 아내에게도 마찬가지로 주어진다. 영유아와 어린이를 위한 보육원에 주어지는 혜택은 12장에서 다루어지고 있다.

1913년 이전에도 사회보험은 있었고 그때 조성한 기금이 여전히 존재하고 있다고 모스크바 소재 보건 연구소 소장인 란디스Landis 교수가 전했다. 이 기금은 현재 탁아소와 유사 기관의 운영에 사용되고 있다. 실업 급여의 경우 등록된 작업장에서 9개월 이상 근무했을 때 숙련 노동자는 평균 임금의 30퍼센트, 비숙련 노동자는 20퍼센트를 6개월 동안 지급받는다.

실업 통계는 토지를 몰수당한 지주 외 많은 사람들을 제외한다. 따라서 앞서 133쪽, 135쪽에서 지적했듯이 현재 소련에 실업이 없다는 언급은 이런 제한을 염두에 두고 적용되어야 한다. 자신이 훈련받은 업무를 할 수 없다는 이유로 실업 급여를 신청할 수 없다. 이를테면 변호사라 하더라도 육체 노동을 해야 할 상황을 생각해 볼 수 있다. 사람들은 실업이 존재하지 않는다는 이야기를 반복해서 했는데 적어도 보험제도 범위 안에 있는 유능한 노동자들의 경우에는 아마 사실일 것이다.

장례 비용은 피보험자, 연금 수령자, 실업 급여 수령자, 이들의 피부양인의 사망에 지급된다.

노인 혹은 사망한 노동자의 배우자에게는 연금이 주어진다. 길버트 리차드 미치슨G. R. Mitchison이 쓴 『소련에서의 열두 가지 연구 *Twelve Studies in Soviet Russia*』에 따르면 25년 이상 일한 이는 누구나 60세가 되면 노령 연금을 지급받으며 그 금액은 마지막 한 해 동안 받은 임금의 1/2로 책정된다. 광산, 섬유, 화학 물질 취급 관련 일을 하는 경우 50세부터 연금을 받을 수 있으며 원한다면 임금을 온전히 받으며 계속 근무할 수도 있다.

이러한 광범위한 복지 혜택은 방대한 기금을 필요로 한다. 산업계에서 조성되는 개인 분담금은 당연히 임금에 따라 차등이 있으며 평균적으로 총 임금의 19퍼센트에 가까운 금액이 세금에 해당한다. 개인 분담금의 비율은 가정 노동자의 경우 5퍼센트부터 유해하거나 위험한 작업장의 노동자의 경우 22퍼센트까지 다양하다고 루바킨 박사가 전했다. 체임벌린 경의 『소비에트 러시아』에 따르면 보험과 여타 복지 총 경비는 임금의 32퍼센트로 추산되고 보험 혜택 범위 밖의 서비스도 포함한다고 한다. 미치슨은 앞에서 인용한 책에서 개인 분담금은 평균 지불된 임금의 약 14퍼센트에 해당한다고 말하고 있다. 설사 개인 분담금의 정확한 비율에 의문이 있다 할지라도 산업계가 지불하는 분담금의 비율은 다른 국가들에 비해 훨씬 크다.

보험은 통합적이고 지역 단위로 체계화되어 있으며 사고 보험, 상병 보험, 실업 보험이 이에 포함된다. 교통 및 철도 노동자들은 소련 전 연방 관할 구역에 직접 속해 있고 따라서 지역 조직에서 예외가 된다.

앞에서 제시된 요약은 사회보험이 소련 중소 도시 경제에 중요한 부분을 차지한다는 것을 명확히 보여 준다. 즉 고용주가 국가, 협동조합 등 어떤 형태를 취하든지 그 비용은 고용주가 부담한다는 것이다. 금전적인 혜택에도 같은 원칙이 적용된다. 의료보험 비용은 부분적으로 일반 세금에서 충당된다.

이미 언급한 대로 박탈 계급은 보험 혜택에서 제외되며 농민들에게는 아직 확대되지 않은 상황이다.

이런 중요한 예외 상황에도 불구하고 경제적, 건강상의 위험에 대한 소련의 사회 보장은 다른 자본주의 국가들에 비해 더 나아 보인다. 이런 면에서는 미국과 비교해도 월등한 우위를 보이고 있다. 다만 두 국가에는 큰 임금 격차가 있다는 것을 기억해야겠다.

다른 국가와 마찬가지로 소련의 보험은 자선을 바탕으로 한 구호에서 상호 부조로 전환하는 것을 목적으로 한다. 위에서 언급한 예외 경우를 제외한다면 대체로 이행되고 있는 중이다. 자선 구호는 소련에 존재하지 않는다.

16장

공중 보건과 의료 행정

소련의 의료 서비스 전반의 상황을 자세히 설명하기 위해 보건 행정 특히 인구 통계에서 볼 수 있는 보건 현황에 대한 근거를 먼저 제시하는 것이 좋을 듯하다. 실제로 보건 행정과 의료 서비스는 논리적으로 따로 떼 낼 수 없을 정도로 긴밀하다.

이번 방문 조사를 진행하면서 소련 의료 서비스에 대한 질문을 소련 사회 전체 구조와 연관 지어 살펴 보았다. 왜냐하면 국민의 건강은 사회가 책임져야 하는 것이며, 공동체 생활의 여러 부분이 개인 건강에 미치는 영향이 의료 서비스 자체의 영향보다 결코 작지 않기 때문이다. 이런 이유로 산업 환경과 농업 환경, 주택, 가정생활, 결혼과 이혼, 사회 보험 등 건강의 결정 요소에 대해서도 다시 살펴 보았다.

영유아 상담, 아동센터, 탁아소와 유치원, 산전 상담과 조산 시설, 병원 등 특수 보건 사업의 의료적 측면에 대해서는 몇 장을 할애하여 이미 기술하였다. 한 장에서는 사회적, 의학적으로도 중대한 의미를 가지는 임신 중절에 대해 논의하면서 생리학과 병리학의 경계선을 넘나들기도 했다.

보건 행정 체계는 일반 의료 행정과 동일하다. 가정 의료, 병원 의료를 포함한 모든 의료 서비스는 소련을 구성하는 7개 공화국 모두에서 사회화한 후 보건 기관의 관리, 통제 아래 운영되고 있다. 이런 점에서 볼 때 실제 업무에서 임상 의학과 예방 의학의 구분은 거의 존재하지 않는다. 의사는 환자의 건강을 단순히 환자 개인이 아니라 가능하면 효율성을 높일 필요가 있는 공동체의 일원으로 고려한다.

공중 보건과 의료 서비스 기관은 7개 공화국 각각의 중앙으로 집중되어 있으며 전 연방 차원의 중앙 보건 부서는 존재하지 않는다. 반면 예외적으로 육군, 공군과 철도 노동자의 공중 보건 서비스는 연방 정부가 관리한다. 7개의 보건인민위원회와 그 산하 기관들은 정치적으로 서로 독립적이지만 모스크바 소재 러시아공화국에 설립된 체계가 여러 면에서 다른 6개의 기준 역할을 한다. 7개 인민위원회 각각은 예방 의학, 의료 서비스, 약제, 의학 교육은 물론, 사회보험 제도가 관리하지 않는 휴양지 관리도 포함한다.

공화국 인민위원회 산하에는 지구와 지역 인민위원회가 있고 각 도시에는 특수 인민위원회가 있다.

인민위원회 당 정치위원 7명 각각은 전연방소비에트의회TsIK를 대변하는 상임간부회Presidium와 소비에트 의회를 대변하는 다른 위원회에 의해 임명된다. 지구 및 지역 인민위원회의 장은 지구 위원회에서 지정한다. 공화국 보건인민위원회 당 정치위원은 후보를 추천할 자격을 갖는다. 하지만 지역 위원회가 선출하는 게 원칙이라 하더라도 중앙에서 추천한 후보가 거부되는 경우는 드물다. 당 정치위원 또한 지역 추천자에 거부권을 행사할 수 있다. 이견은 자격 요건에 관련한 내용에서만 발생할 수 있다. 또한 지역과 중앙의 위원회는 이들을 물러나게도 할 수 있다.

중앙 정부와 지역 정부 간 공조에 대해 한두 가지 예를 제시해 보자면 하르코프에서 기관 특수 위원회와 지역 정부가 후보를 추천하고 우크라이나 보건인민위원회가 승인하여 임명된다. 트랙터 사업을 하는 대규모 공장에서도 의료진에 대한 최종 임명은 당 정치위원에게 맡겨진다. 당 정치위원이 직위에 부적합한 인물이라고 판단하게 되면 직위를 해제할 수도 있다.

티프리스의 경우 지방 정부에서 지역의 특수직 후보를 추천하고 그 후보가 조지아 보건 당 정치위원의 승인을 받으면 결정은 효력을 발휘한다. 만약 승인이 되지 않는 경우에는 더 적절한 후보를 추천하여야 한다. 지방 정부도 조지아 중앙 정부의 결정에 이의를 제기할 수 있다.

직무를 잘 수행하면 의사는 재임용된다. 정치적인 고려 사항은 임용에서 크게 작용하지 않는 걸로 알려져 있다. 실제로 조지아공화국 의료직 공무원의 70퍼센트가 공산당원이 아니다. 모든 면에서 효율성을 추구하기 때문에 당적을 고려하거나 선호할 여유가 없다고 한다.

앞의 내용은 임상 의료직이나 특수 공중 보건직 임명에도 적용된다.

사람들이 대체로 보건 행정에 특별한 관심을 가진다는 주장은 우리가 관찰한 바로도 확인된다.

의료 기관의 일반 원칙은 서로 밀접하게 연관되어 있는 일련의 감독 기구들의 원칙과 동일하다. 대규모 건설 사업이 진행되는 곳과 같이 중대한 의학적 필요가 발생하는 지역에 집중적으로 의료 서비스를 제공할 수 있도록 공무원들을 중심으로 '특별 기동대'가 꾸려지기도 한다.

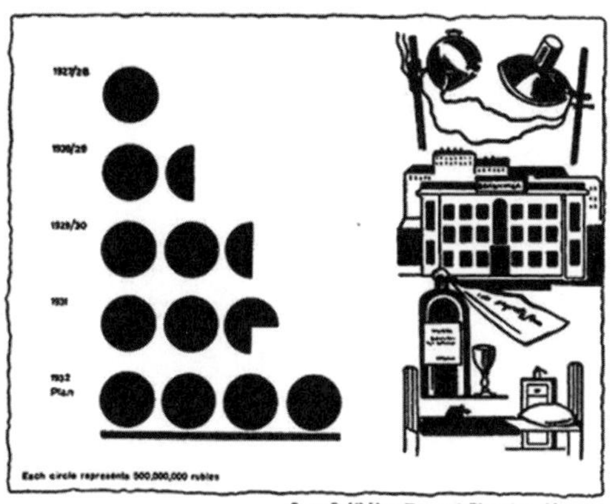

1927~28년 이후 소련 공중 보건 예산의 증가. 1932년 수치는 추정치이다.

각각의 공화국과 그 주요 분과에는 특수 보건 사업을 담당하는 소수의 의사들이 항상 있고 그 하부 조직인 지구에는 지역 의사들이 환자를 돌보는 동시에 공중 보건 환경을 감독하는 책임도 맡고 있다. 큰 공장의 의료 행정도 마찬가지로 의사들은 실제로 의료 서비스를 수행하는 것보다 위생 사업이나 노동자들을 위한 의료 서비스 감독에 더 많이 참여하고 있다.

우크라이나의 일반 의료 및 보건 사업 구성에 대한 상세 사항을 예시로 제시해 볼 수 있겠다. 이 개요는 우크라이나 보건 담당 당 정치위원인 칸토로비치 박사와의 인터뷰를 바탕으로 한다.

각 특수 부서의 장은 협의회Collegium를 구성하며 정책 쟁점을 논의한다. 주요 분과의 업무는 각각 아래와 같다.

- 치료
- 진료소, 병원 등의 기관 의료 서비스. 이 분과는 다수의 감독관

과 부감독관을 포함한다.

- 모성 및 아동 돌봄. 이 분과는 유치원과 유아원, 모성 상담 등을 담당하고 사업을 수행할 직원과 집단 농장 등에 위치한 유아원에서 배치될 간호사들을 준비시킨다. 작년의 경우 5만 7천 명의 여성들이 이 사업을 위한 훈련을 받았다.
- 산업 위생, 공장 배속 의사 등
- 아동 건강 개선, 학교 위생 등
- 생활 위생 조건
  (1) 식이와 영양
  (2) 주택
  (3) 상하수도 등
  (4) 감염 역학과 예방
- 과학 연구. 노동자 기술 교육, 통신 수업, 종합 진료소 수준에서 권장되는 과학적 연구를 위한 설비가 갖춰져 있다. 52개의 과학연구소가 이 분과의 감독 아래 있다.
- 대중 위생 교육. 이 사업은 주로 대학 교수에 의해 이루어지고 1~2년에 걸친 특수 과정 또한 마련되어 있다. 이 과정을 거치면 의료 기관에서 사회복지사로 취업한다.
- 이론화. 발생한 문제들을 연구소에 의뢰하여 해결법을 제시하기 위한 연구를 진행한다.
- 재정과 통계를 포함한 계획 부서
- 식량 등의 공급과 시설 유지를 담당하는 부서
- 건물 계획 분과. 지역 예산은 지역 행정위원회에서 기획한 후 우크라이나 중앙 정부에 제출되며 재기획을 위해 지역 정부

로 되돌려 보내지기도 한다. 공화국 인민위원회 당 정치위원의 최종 승인이 필요하다.

사회 사업과 의료 사업에 필요한 재정은 다음과 열거하는 세 가지 원천에서 충당된다.

첫째로, 관련 지역 시설 유지는 지방세를 사용한다.

둘째로, 의료와 관련 직원 유지에 필요한 비용은 중앙 기금에서 충당한다.

셋째로, 필요한 재정의 대부분은 보험 기금에서 나온다. 이 경비는 전체 인구의 절대 다수를 차지하는 피보험자와 그 가족의 경우에만 해당한다.

인구 동태 통계

다음 몇 쪽에 걸쳐서 소련의 주요 인구 동태 통계를 제시하고자 한다. 이 통계는 국가연합 보건 분과에서 출판한 『국제 건강 연보 *International Health Year-Book*』를 바탕으로 하였다.

1929년 소련의 인구는 157,611,000명으로 추산되며 당시 잉글랜드와 웨일스의 인구는 39,607,000명 미국의 인구는 120,000,000명으로 추산된다.[1]

1929~30년 소련의 산업 인구는 10,887,000명으로 2년 전

1. 1930년 센서스에 의하면 당시 미국의 인구는 122,775,000명이다.

8,886,000명에 비해 22.8퍼센트의 증가율을 보였다. 이 증가세는 같은 기간 전체 인구 증가율 2.2퍼센트에 비교할 수 있다.

1930년 판 『국제 건강 연보』에 따르면 유럽에 속하는 러시아공화국의 1929년 출생률은 1,000명당 38.6명이며 사망률은 20.6명이있다. 시골 지역의 출생률은 41.4명인 반면 도시 지역은 28.4명이었다. 소련 도시에 대한 인구 동태 통계 일부 내용은 다음 표와 같다

	출생률		사망률
	1913년	1929년	1929년
모스크바	32.2	22.0	13.2
레닌그라드	26.4	22.1	15.4
하르코프	46.5	19.1	11.8
로스토프	–	22.3	13.8
사라토프	–	24.6	18.8

영아 사망률은 가정과 개인의 위생과 돌봄을 예민하게 반영하는 지표이다. 따라서 출생과 사망이 꽤 정확하게 등록된다고 가정할 때 다음에 제시되는 수치들은 중요하다.

유럽에 속하는 러시아의 경우 영아 사망률은 1913년 1,000명당 275명이었으나, 1927년 186명, 1930년 141명으로 감소하였다.

1929년 영아 사망률은 모스크바 131명, 하르코프 106명, 레닌그라드 151명, 로스토프 146명, 사라토프 178명이었다.

영아 사망률은 아직도 지나치게 높은 편이긴 하지만 확실히 눈에 띄게 감소하는 추세이다. 혁명 후 개인 위생이 두드러지게 개선되었음을 확인할 수 있다.

다음에 제시하는 부가적인 통계는 같은 출처에서 인용하였으며,

소련의 공중 보건 상황을 보여 주는 유용한 지표이다. 비교를 위해 잉글랜드와 웨일스의 지표를 같이 제시하였다. 소련의 인구가 잉글랜드와 웨일스에 비해 4배 많다는 것을 염두에 두면 비교하는 데 도움이 된다. 잉글랜드와 웨일스의 지표는 거의 완전하지만 소련의 지표는 딱히 그렇다고 보긴 힘들다.

1929년 급성 감염성 질환 사례

	소련	잉글랜드와 웨일스
천연두smallpox	6,099	10,967
성홍열scaelet fever	458,704	120,232
디프테리아diphtheria	98,565	62,774
이질dysentery*	177,252	573
장티푸스typhoid fever*	171,263	2,835
발진티푸스typhus*	33,127	1
재귀열relapsing fever	2,939	0
말라리아malaria	2,993,072	0

위 표에서 * 표시를 한 질병의 경우 가정 청결, 공동체 위생과 관련 있으므로 특히 중요하다.

재귀열이나 장티푸스의 경우 인구 밀집도, 개인 위생, 사회 후진성을 나타내는 중요한 지표이다. 트라코마의 경우 소련 전역에서 1,146,599건이 발생하였는데 대부분 외지고 낙후된 곳에 집중되어 있다. 장티푸스의 경우 비슷한 규모의 인구 집단에서 잉글랜드에 비해 15배 많이 발생하였다. 이 사실은 식수와 감염을 일으킬 수 있는 다른 원인에 대한 시와 공동체 단위 위생의 대대적인 개혁이 필요함을 보여 준다.

17장

소련의 의료 역사와 의학 교육

혁명 전 러시아에서 접할 수 있는 인민 대중을 위한 의료 서비스는 극도로 후진적이었으나 이후 많은 개선이 이루어졌다. 위생과 공중 보건 역시 불완전했다. 지금은 적게나마 개선되었지만 크게 다르지는 않다.

임상 및 예방 의학에 대한 현황 조사는 비교적 짧은 방문 기간 이루어진 질문과 관찰을 바탕으로 하고 있다. 권위 있는 저작물 연구가 있긴 했지만 그래도 소련 의학의 우수함 전체를 판단하기에는 역량이 부족하다고 생각되어 우리가 관찰할 수 있었던 의학으로만 한정해서 판단하려고 한다. 하지만 현재 시점에서 강조된 불완전함에도 불구하고, 새로 조직된 소련 의학이 빠르게 전파되고 있다는 사실에서 다른 국가들에게 중요한 교훈을 줄 수 있을 거라고 자신한다.

소련 의료 사업의 현 위치를 판단하기 위해서 소련 의학의 과거를 기억하는 것도 중요하다.

러시아 의학 역사는 1931년 9월 『뉴욕 의학협회 회보*Bulletin of the New York Academy of Medicine*』에 실린 필딩 허드슨 개리슨 대령의 논문 「구 정권 하의 러시아 의학」에 훌륭히 서술되고 있다. 다음 내용의 대부분은 이 출처에 기댄다.

'잔혹'이라는 별명으로 유명한 이반 4세Ivan IV, 1533~84의 재위 기간은 잉글랜드의 엘리자베스 여왕과 동시대로 이 때 내과 의사 4명, 외과 의사 2명, 외과 보조 8명, 이발사-외과 의사 8명, 약제사 4명이 독일에서 러시아로 파견되었다. 하지만 마침 그들이 타고 있던 선박이 적으로부터 공격을 당했고 탈출에 성공한 이가 몇 명인지는 알려져 있지 않다. 1557년 영국인 내과 의사 2명이 러시아 대사와 함께 모스크바에 도착했다. 이후 16세기 말 러시아 최초의 의학 서적이 출판되었다고 개리슨은 전한다.

표트르 대제Peter the Great, 1682~1725 재위 기간 동안에는 새로운 여러 체계들이 시도되었다. 표트르 대제는 러시아의 유럽화를 진지하게 시도한 첫 번째 권력자였기 때문에, 러시아 의학의 창시자라고 부를 수 있을 것 같다. 1706년 러시아 최초의 병원이, 1707년 러시아 최초의 의학교가 설립되었는데, 이는 그가 쌓은 토대 덕분에 가능했다. 그는 "나는 지식을 추구하며 기꺼이 배우는 사람들 중 한 명이다."라는 좌우명에 따라 행동했다. 체계화한 의료 서비스를 군대에 제공했으며, 유럽 여행 동안 '내과 및 외과 관련, 취득 가능한 모든 수련을 익힌 후' 부종에 바늘을 찔러 짜내거나 '카우칭couching'이라는 초창기 백내장 수술법을 직접 신하에게 시술하기도 했다. "결과가 좋지 않은 경우도 종종 있었다."(개리슨Garrison)

예카테리나 2세1762~96 재위 기간을 개리슨에 따라 표현하자면 경제 사회 발달을 향한 전진의 시기라기보다는 문화 부흥의 시기였다. 예카테리나 여왕은 영국인에게 천연두 예방접종을 받았다. 재위 기간 동안 의과대학을 설립하고 정신 질환과 성병을 다루는 병원은 물론 고아원도 설립했다. 개리슨에 따르면 1804년 즈음이 되면 교수진을 갖춘 5개의 의과대학이 설립되었다. 모스크바 대학, 유리예프 대학, 하르코프 대학, 카잔 대학과 세인트피터즈버그 소재 내·외과 의학원이 이에 속한다. 하지만 1835년 군사 의학원이 된 의학원을 제외하고는 교육의 질이 형편없었다. 이후 나폴레옹 전쟁을 거치면서 러시아는 쇠퇴하였고 과학 발전은 정체되었다.

피로고프Pigorov 1810~81는 1840년 군사 의학원의 외과 교수가 되었다. 의학원의 능률을 높은 수준으로 끌어 올린 그는 신체 해부를 포함한 병리 해부학 교육을 도입하는 등 러시아 의학사에서 제일 훌륭한 인물로 여겨지고 있다.

유명한 의학자들이 그의 뒤를 이었다. 그 중에는 주로 파리에서 연구 활동을 한 메치니코프Metchinikov1845~1916와 1849년생으로 여전히 생존해 있는 파블로프Pavlov가 세계적인 명성을 얻고 있다.

그럼에도 불구하고 의사의 수는 터무니없이 부족했고 대도시 밖에 거주하는 러시아 인구의 대다수를 위한 의료 지원은 전무하다시피 했다.

1861년 농노제의 폐지는 개인의 웰빙에 주목하게 되는 원인이자 결과가 되었다. 이후 오래지 않아 지역 의회district assembly 형태의 지방자치 기관(젬스트보zemstvo)이 설립되고 의료 서비스는 지역 행정의 관리 대상이 되었다. 하지만 여전히 러시아 의료 서비스의 대부분은 실력이 부족한 인력에 의해 시행되고 있었고 때로는 시골 성직자들이 관여하기도 했다. 일반 대중에게 의료 서비스를 제공하는 문제는 러시아의 방대한 영토와 드문드문 위치한 마을 분포 때문에 해결되지 않은 채 방치되었다. 게다가 농민의 경우 필요 의료 인력도 없는 데다가 의료 인력이 존재한다 하더라도 지불 능력이 없었다.

하지만 부족했던 의료 서비스의 공급은 조금씩 개선되고 여기저기 위생 사업과 실질적인 예방 사업이 어느 정도 시행되기 시작했다.

의료 서비스와 위생 사업은 지속적으로 증가하여 혁명 직전에 이르러서는 대부분 인구 밀집 지역에 병원이 위치하고 제한적이지만 빈민 의료 지원도 가능해졌다. 부유한 사람에게는 수준 높은 의료 서비스가 가능했으며 병원과 요양소의 수도 충분했다. 하지만 가난한 이들에게 제공되는 의료 서비스는 여전히 끔찍할 정도로 부족했다.

의과대학들은 시설을 잘 갖추고 있었으며 의대생들은 지금보다 더 훌륭한 수준으로 교육 받고 있었다. 하지만 그 숫자는 수요에 비해 형편없이 부족했다.

1917년 두 차례의 혁명이 일어났다. 이후 4년 동안 전쟁과 내전, 혁명, 기아와 질병이 러시아를 덮쳤고 살아 남은 자들은 굶주리고 허약했다.

오랜 기간 계속된 기아, 질병과의 싸움은 의학 교육과 의료 서비스에도 심각한 영향을 미쳤다. 의과대학과 병원들에게 돌아갈 기금이 거의 없었다. 급여는 물론 난방에 필요한 연료도 직원들을 먹일 식량도 부족했다.[1] 학생들과 교수도 마찬가지였다. 근근이 버티는

---

1. 이 시기에 대한 리뷰는 간트Gantt 박사가 *British Medical Journal*(June 14, 1924)에 기고한 "Medical Education in Soviet Russia"를 참고하면 된다.

상황이 계속되면서 교수들도 매일 나눠주는 급식을 받기 위해 줄을 섰다. 간트Gantt는 "저명한 교수들이 사람들과 함께 눈을 치우는 데 시간을 보냈다."라고 쓰고 있다.

1921년 신경제 정책의 시작과 함께 '전시 공산주의'가 조금씩 사라지면서 병원의 상황은 다소 개선되었다. 의과대학은 서서히 나아졌으며 이후 의학 교육의 규모와 인민 대중에게 제공된 의료 서비스의 양과 질을 봤을 때 눈부신 발전이 이루어졌다. 이 시기 새로운 의학 교육은 학생 수가 엄청나게 증가하긴 했지만 교육의 양이나 질의 측면에서는 이전에 미치지 못했다. 그러나 인민 대중에게 양질의 의료 서비스를 제공할 수 있는 바탕이 되었다는 사실은 부정할 수 없다.

혁명 후의 일반 교육

일반 교육도 의학 교육과 분리해서 볼 수는 없지만 10장에 덧붙여 설명이 필요할 것 같다. 혁명 전에는 소수만이 양질의 교육을 받았고 대부분의 사람들은 거의 문맹이었다. 새로운 정권은 상류층 자제를 위해 존재하던 학교들을 폐교하고 수백만 명의 사람들이 적어도 초등 교육을 받을 수 있는 체계를 도입했다. 시민수업civic instruction은 자연스럽게 마르크스가 가르치고 레닌이 발전시킨 공산주의가 그 내용이 되었고 학교 생활에서 주도적인 자리를 차지했다. 공식적인 문구를 인용하자면 학교마다 초등 교육은 '정치와 문화를 가르치는 과정이 결합되어 있고' 소비에트 아래에서의 사회 질서 기본 원칙을 포함한다.

문맹률은 빠르게 감소하고 있으며 10장에서도 언급했듯이 8세부터 50세까지의 성인 90퍼센트가 초등 교육을 수료했다. 하지만 여전히 러시아 성인 인구의 상당한 수가 읽거나 쓰지 못한다. 성인 문맹을 줄이기 위한 소련 정부의 꾸준한 정책이 시행되고 있다. 공장, 요양소, 전직 매춘부였던 이들을 위한 치료 갱생 시설 등에서 부가적인 활동으로 초등 교육이 행해지는 것도 직접 보았다. 선도대의 자원 봉사는 흔히 문맹 교육의 형태를 취하고 있다. 대부분의 아이들이 인생의 첫 8년을 지내는 탁아소나 유치원도 초등 교육 기관이다. 견학한 곳은 모두 좋은 시설을 갖추고 있었으며 청결의 모범이 되기 충분했다. 아이들은 그곳에서 자제력과 청결한 개인 습관을 교육 받는다. 아이들은 아주 어린 나이에 스스로 씻고 옷 입는 법을 배우며 모든 면에서 위생적인 습관을 따르는 것도 익힌다. 초등학교, 방대한 수의 야외 학교와 일일 캠프 그리고 청소년 운동에 속하는 청소년 회관에서도 공산주의 시민 수업을 포함한 교육이 지속적으로 진행되고 있다.

혁명 후의 의학 교육

앞에서 언급한 혁명 후 일반 교육의 변화가 최근 일어나고 있는 의학 교육 확대의 배경이다. 프롤레타리아 계급이 우선 추천권을 가지기 때문에 현재 의학 교육을 시작하는 다수의 학생들은 기본 교육이 부족한 경우가 많다. 후보자들 다수가 이미 성인이며 때로는 기혼자일 때도 있다. 일반대학과 마찬가지로 의과대학 후보자들도 직장 동료들로 구성된 위원회에서 선출된다. 학생의 사회적 직업이 결정에 큰 영향을 미치며 육체 노동자가 우선권을 가진다. 진료 예약은 물론 의학 교육 대상자를 정하는 데에도 우선 순위가 있는 것이다. '뇌물'은 반역죄에 해당하므로 이런 과정에서 뇌물이 존재하는 것 같지는 않다. 그렇다고 해서 후보자 추천 과정에서 공산당의 영향력이라는 의미의 '정치적 영향력'이 없다는 것은 아니다. 우리는 이러한 위원회에 의해 의학 교육 적격자로 결정되어 의사가 된 이들을 만나 보았고 그렇게 접한 사례를 통해 선택 과정의 정당성을 확인하였다. 그러나 일반 지식과 과학에 대한 예비 교육의 결핍은 결과적으로 의료 서비스의 질을 떨어뜨릴 수밖에 없다. 소련의 공중 보건과 의학을 이끄는 이들도 공식적으로 인정하는 사실이다. 선정된 학생들의 수준과 현재 의학 교육의 세부 내용은 필요할 때마다 개선될 것이다. 다수의 학생을 교육하는 현 체계에서 개인들의 평균 수준은 혁명 전의 소수 학생들에 비해 낮지만 인민 대중에게 제공될 수 있는 의료 서비스의 질과 양의 총합을 생각해 보면 엄청난 증가이고 향상인 것이다.

러시아공화국 보건 담당 당 정치위원인 블라디미르스키 박사에 따르면 1932년 의과대학 학생은 3만 6천 명이었으며, 1937년 즈음이 되면 지금 겪고 있는 의사 부족이 해소될 것으로 예상된다고 한다. 그의 추정에 의하면 5개년 계획 목표에 대비, 현재 2만여 명의 의사가 부족하며 이는 공중 보건과 의학의 지체를 의미한다. 인구 천 명당 1명의 의사를 이상적이며 공식적인 목표로 간주하고 있었다.

의학 교육의 확대는 모스크바의 보건 담당 당 정치위원이 제공한 통계에서도 드러난다. 1912년 소련 전체에 모두 6개였던 의학 수련 기관이 1930년 34개로 증가했다. 1912년 전무했던 의학 연구 기관이 현재 106개이며 공화국 정부 관리 아래 35개가 있고, 지역 단위와 도시, 자치 공화국도 71개의 연구 기관을 갖고 있다.

로스토프의 의학 교육

의학 교육에 대한 흥미로운 정보를 로스토프에서 접할 수 있었다. 작년까지도 4년이었던 의과대학 수련 과정이 지금은 혁명 전과 같은 5년으로 연장되었다. 현재 대부분의 대도시는 학생을 수련하기 위한 교수진을 갖추고 있다고 한다. 의과대학 학생 선발은 주의 깊게 진행되고 학생들은 교육에 필요한 경비를 충당할 수 있는 용돈을 지급받는다. 병원에서 특정 업무를 수행하게 되는 경우 통상적인 임금을 지급받는다. 의과대학 후보자 추천은 위원회에서 결정하게 되는데 자리가 생기면 학교나 사업장이 지원서를 보낸다. 이렇게 추천서가 접수되면 노동자위원회Workmen's Committee를 구성하여 결정하게 된다, 이 위원회는 첫째 의과대학 행정 직원, 둘째 교수진, 셋째 노동조합, 넷째 학생 노동자 대표로 구성된다.

후보자를 선택하는 최종 결정은 이 위원회에서 이루어진다. 경우에 따라 '심각한 의견 대립'이 일어나기도 하고 노동자 신문 지상에서 격론의 대상이 되기도 한다.

의과대 학생들은 과정 초기부터 현장의 실무적인 업무에 참여해야 한다, 교육 첫 해에는 업무 정리 작업을 포함한 내·외과의 가벼운 업무를 돕는다.

두 번째 해에는 실제적인 간호를 보조하고 그 다음 3년 동안은 다양한 병원, 종합 진료소, 외래 진료소 등에서 실질적인 의료 업무에 관여하며 과학 관련 교육도 지속적으로 받는다.

자격을 갖추면 즉시 직책을 제의받을 수 있다. 3년이 끝나가는 즈음부터 전문의 과정을 시작할 수 있는데 논란이 있는 정책이다. 의사는 시골 지역에서 혼자 환자를 봐야 할 수도 있기 때문에 의학 모든 분야에 상당히 능숙해야 한다.

신규 의사의 경우 수련 부족 가능성이 감지되고 있으며 숙련된 간호사의 추가 수요도 여전히 많다. 병원의 일반 노동자들을 활용하기도 하고, 온전한 의학 수련을 마친 후보자를 지원하려고 노력하고 있다. 최근 도입된 규제로 말미암아 의과대학에 들어갈 수 있는 환경은 더 엄격해졌다.

의사들은 가능하다면 3년마다 한 번씩 졸업 후 보수 교육을 받을 수 있다.

가정 방문은 아동 복지, 결핵, 성병과 관련하여 간호사들이 종종 진행하고 있지만, 체계성이 떨어진다.

티프리스의 의학 교육

무역 증가와 함께 조지아와 인접 공화국들의 대학 중심지로 도시 성장이 가속화되면서 티프리스의 인구는 증가하고 있다. 1만 5천여 명의 학생들이 도시 내 대학 구역으로 분리된 지역에 살고 있다. 대학에는 과학 및 의학 관련 다양한 분야의 특수 연구소들이 위치하며 학생들을 위한 특수 거주 구역도 있다. 조지아의 주요 산업이 농업임을 보여주듯 가장 큰 연구소는 농업에 집중하고 있다. 혁명 전의 학생 수는 2천여 명이었다.

의사의 수는 티프리스에 945명, 조지아 전역에 2,080명이다. 조지아의 보건 담당 당 정치위원인 쿠차이드Kuchaidze 박사는 의사와 공공 의료 부문 공무원을 구분하려 하지 않았는데 '모든 의사가 보건 행정가이며' 공공 의료 부서의 책임자들만 진료에서 빠진다는 이유에서였다.

쿠차이드 박사 또한 의학과 보건 사업의 일반 계획은 소련 전역이 동일하며 지역 사정에 따라 세부 사항에서 차이가 날 수 있다는 사실을 강조했다. 우리가 가는 곳마다 들었던 내용이다.

티프리스 소재 조지아 대학 부설 의학 연구소는 1919년부터 의과 대학생을 교육해 왔다. 실질적인 임상 업무는 수련 2년째에 시작된다. 임상 업무에 대한 대가는 정부가 지불하며 수련은 무료로 진행된다. 의학 교육 전체 과정은 총 5년이다.

조산사와 의사를 보조하는 다양한 직군을 훈련시키는 특수 '전문학교'도 있었다. 조산사를 위한 설명서는 러시아판, 조지아어판은 물론 트랜스캅카스공화국의 다른 언어들로 쓰여 배포된다. 출산 합병증이 발생하는 경우 조산사는 의사를 부르도록 법적으로 강제하고 있다. 수련 과정은 3년이며 무자격자의 시술은 금지되어 있지만 엄격히 단속하고 있지는 않다. 적어도 95퍼센트의 대도시에서 조산사들이 교육되고 있고, 대부분의 중소 도시에서는 사회복지사들이 모성 및 아동 복지 사업 유지를 자발적으로 돕고 있다.

의사들이 졸업 후 보수 교육을 받고 있다는 증거를 확인했다. 듣기로는 혁명 전 러시아에서는 볼 수 없었던 새로운 발전이라고 한다. 보수 교육의 이용 범위는 지역에 따라 다양하다. 한 도시의 경우 모든 의사가 2~3년마다 한 번씩 4개월의 의학 보수 교육을 받도록 강제하고 있는데 의사의 수가 부족한 현재 상황에서는 일반적인 적용이 가능하지 않다. 듣기로는 어떤 도시에서는 일반적으로 강제하는 반면 어떤 곳에서는 의사 부족으로 인해 현실적으로 가능하지 않다고 한다. 이런 교육은 시골 의사들에게 특히 권장되고 있다. 교육 과정의 경비는 정부가 부담한다.

위생 공무원도 교육과 공중 보건 감독, 통제 업무를 맡기 전에 특별한 훈련 과정을 거치거나, 적합한 자격증을 가져야 한다는 주장이 있었지만 그럴 만한 여건이 아니었다. 공중 보건 업무를 담당하는 의사들에 대한 특별 교육이 모스크바의 보건연구소에서 이루어지고 있다고 연구소장인 란디스Landis 교수가 말했다. 이 연구소는 공중 보건 분야의 교육과 연구에 초점을 맞추고 있으며, 연구소에서 반드시 교육 수료를 해야 공무원 임명이 되는 것은 아니지만, 졸업생들은 대개 주요 공직을 선호하기 때문에 여기서 교육을 받는다. 행정직에 임명된 의사들은 교육과 수련을 담당하는 기관으로 파견된다.

18장

환자를 위한 의료 서비스

소련의 의료가 자본주의 국가와 근본적으로 다른 점은 의사들이 거의 국가 공무원이라는 점이다. 소수의 의사들 특히 나이 많은 의사들 중에는 여전히 개인 의원을 가지고 있는 경우가 있긴 하지만 점차 감소하고 있으며 실질적으로 모든 젊은 의사들은 국가 공무원이다.

국가 의사state doctor는 매일 6시간 내지 6과 1/2 시간을 국가를 위해 근무하고 5일째 되는 날을 휴일로 삼는다. 엑스레이나 라듐을 다루는 전문의일 경우 근무 시간이 1일 4시간으로 축소되기도 한다. 다른 노동자들처럼 1년에 적어도 2주 이상의 휴가를 받을 수 있으며 전문의이거나 특별한 사유가 있을 경우 더 긴 휴가를 받을 수도 있다. 시골 의사들은 3년마다 이보다 더 긴 휴가를 얻을 수 있는데 이에 대한 내용은 앞에서 이미 언급했다.

급여는 정부가 지불하며 업무와 근무 기간에 따라 인상된다. 어떤 경우에는 매년 일정 비율로 임금 인상이 이루어지고 특수 기관 근무 이후에는 임금의 20퍼센트가 인상되기도 한다. 상대적인 임금 지급 사례는 238쪽에서 다룰 예정이다. 하루 2개 이상의 기관에서 근무하는 경우 수입이 증가하기도 한다. 재난 시에는 의사 본인의 동의 없이 다른 구역으로 전출될 수 있다. 의사들은 여전히 과중한 업무에 시달리고 있다. 공공 의료 기관에서 환자를 급하게 보는 문제를 개선하기 위해 몇 가지 특별 조치 사항을 강제하고 있지만 과로로 인한 의료의 질 하락은 막기 어려운 듯하다.

혁명 전 러시아에서 약 2만 6천 명이던 의사의 수가 1931년에는 총 7만 6천 명으로 증가했다고 루바킨 박사가 전했다.

일반적인 질병의 경우 치료는 첫째, 소수이지만 환자의 집에서, 둘째로 훨씬 많은 비율로 공장이나 근무지에서, 셋째로 진료소나 종합 진료소에서 이루어진다. 좀 더 심각한 질병의 경우 병원이나 다른 거주 치료 시설에서 더 광범위한 치료가 이루어진다. 병세가 호전되었거나 회복기 환자의 경우 여러 종류의 휴양소에서 포괄적인 서비스를 받을 수 있다. 이 장에서는 가정 치료와 분리해서 논의하기 힘든 다른 종류의 의료 서비스에 대해 다룰 것이다.

가정 분만 경우를 제외하면 의사가 출산 과정에 참여하는 것이 드물다는 것이 소련 의료에서 특기할 만한 점이다. 심각한 합병증이 없다면 조산사가 주로 출산에 관여하는데 시골에서는 무자격 여성들이 출산에 관여하는 경우도 드물지 않다.

앞서 언급했듯 현재 소련의 경우 공공 의료와 별개로 민간 개인 의원을 운영하는 경우는 극히 드문데 예외가 있다면 대개 평판 높은 의사에 한정된다.

몇 장에 걸쳐 인터뷰의 핵심 내용을 제시할 것이다. 실질적으로 각각의 인터뷰 내용이 비슷하고, 같은 주제의 토론이 반복되긴 하지만 독자가 문서를 직접 접할 수 있다는 장점을 기대한다.

당 정치위원 블라디미르스키와의 인터뷰

러시아공화국 보건 담당 당 정치위원인 블라디미르스키 박사가 알려 준 바에 따르면, 3년 전까지만 해도 의사들의 민간 의료 행위가 금지되어 있었지만 지금은 규제가 풀렸다고 한다. 의사들 대부분 병원이나 공중 보건에 종사하기 때문에 민간 의료 서비스에 종사할 여유가 없고, 병원 의사가 그 병원에서 진료받는 환자를 가정에서 사적으로 치료하는 것은 금지되어 있다.

중소 도시에는 민간 의사private practitioner가 거의 없다. 사회적 지원이 무료로 제공될 뿐만 아니라 구역 의사의 경우 업무가 많아 민간 서비스에 참여할 시간적 여유가 별로 없다.

도시에서도 의사들은 대개 공식 업무로 바빠서 민간 의료에 잘 참여하지 않지만 자문의나 소수 의사들은 참여하기도 한다. 실제로 소련 의사들의 90퍼센트는 국가 기관에서 일하고 사적인 의료 활동을 하지 않는다고 블라디미르스키 당 정치위원이 말했다.

혁명 전에도 구역 의사들은 환자 대부분을 흔히 무상으로 진료하곤 했다. 그는 3년 동안 프랑스의 한 마을에서 의사로 일한 적이 있는데 이때의 경험을 러시아 마을에서의 경험과 대조하여 설명했다. 프랑스에서는 의료비 청구를 하지 않으면 환자들이 놀라지만 러시아에서는 청구를 하면 놀란다고 한다.

당 정치위원 블라디미르스키와의 두 번째 인터뷰에서는 의료 지원의 대상이 인구의 대다수를 구성하는 노동자와 농민에게 확대되었다는 사실을 강조했다. 나머지 인구에게도 의료 지원 서비스가 제공될 수 있기를 기대하지만 아직까지는 일반적이지 않고 노동자에게 우선권이 주어진다. 그러므로 설사 교수가 진료소를 찾게 되더라도 다른 노동자들이 다 치료받을 때까지 기다려야 한다.

성병은 사회적 위협으로 간주되기 때문에 위와 같은 구분이 없이 무상으로 치료받는다. 다른 응급 치료에도 같은 원칙이 적용되며 비슷한 이유로 분만 관련 의료 서비스는 사회적 지위에 상관없이 모두에게 무상이다.

한 작가와의 인터뷰

소련에서 여러 해 살았으며 소련에 관련된 책을 영어로 쓴 한 작가는, 소련에서는 국가와 민간 의료 서비스에서도 이윤이라는 요소가 거의 완전히 제거되었다는 사실을 강조했다. 소수의 민간 의사들이 여전히 존재하긴 하지만 젊은 의사들은 민간 의료에 진출하지 않는다. 이런 사실은 치과 의사에게도 같이 적용된다. 노동자들에게는 무상으로 새 틀니가 공급된다. 시골에는 민간 의료 서비스가 존재하지 않으며 도시에서도 완전히 사라진 경우들이 있다.

제일 큰 어려움은 의사 부족이다. 의사의 수는 증가하고 있지만 질의 향상은 양적 증가를 따라잡지 못하고 있다.

가정 방문 의료는 거주 지역 의료 시설이나 종합 진료소와 분리되어 독립적으로 이루어지는 것이 아니다. 예외적으로 민간 의사에게 많은 돈을 지불하고 방문을 요청하는 환자들이 드물게 있다는 것이다.

대부분의 경우 가정 방문 의료는 응급 상황이거나 환자가 진료소에 올 수 없는 경우로 제한하고 있다.

카잔 보건 담당 당 정치위원과의 인터뷰

카잔 인구에 대한 의료 서비스는 일반 진료소 체계를 중심으로 이루어진다. 시는 4개의 진료소 구역으로 나뉘며 각각의 구역은 4~5만 명의 인구를 담당한다.

민간 의료 서비스가 허용되긴 하지만 빠른 속도로 사라지고 있다. 현재는 전 인구의 10퍼센트에 해당하는 것으로 추정된다. 카잔에 있는 서른 명 남짓한 의사의 대부분은 국가 공무원이다. 카잔 외곽 타타르공화국의 경우 의사는 7백여 명에 달하며 민간 의료 서비스는 존재하지 않는다.

아픈 환자는 누구나 자신의 구역 종합 진료소 의사의 왕진을 요청할 수 있다. 하지만 불필요한 가정 방문을 최소화하기 위한 엄격한 규칙이 있는 듯했다. 왕진 요청은 전화로 가능하며 종합 진료소 의사들이 가정 방문을 수행한다.

도시에 있는 3개의 종합 진료소에서는 무상 의료가 시행되고 있다. 5개의 다른 종합 진료소에서는 소액의 진료비가 청구되는데 진료당 2~4루블 정도이다. 진료비는 인민위원회나 적십자 단체에서 통제한다.

로스토프에서 있었던 인터뷰의 요약

로스토프나도우에서 전소련대외문화교류협회 회원과 다른 사람들로부터 민간 의사는 거의 남아 있지 않은데 일부 유명한 의사들 몇 사람만 개원의로 있다는 얘기를 들었다.

대부분의 도시 환자들은 외래 진료소나 종합 진료소에서 의료 서비스를 받는데 이 두 기관의 차이는 뚜렷하지 않다. 대략 종합 진료소는 의료의 세부 분과를 두루 갖추고 있는 반면 보통 환자들은 먼저 외래 진료소로 가게 된다.

환자들은 자신이 속한 구역의 진료소에서 주치의를 선택할 수 있으며 이후 합당한 이유가 있다면 주치의를 바꿀 수 있다. 기관장 또는 보건 담당 당 정치위원에게 불만을 알릴 수 있는 권리도 있다. 비슷한 맥락으로 대체 가능한 다른 외과 의사가 있는 경우 특정 외과의가 수술을 집도하는 것을 환자가 거부할 수 있다.

심하게 아픈 환자의 경우 구역 진료소 의사가 집으로 왕진을 가서 진료하거나 또는 구급차로 외래 진료소 또는 곧바로 병원으로 보내지기도 한다. 의사는 진료소에서 일정 시간 환자를 치료하지만 위중한 경우 즉시 왕진을 가기도 한다. 불필요한 구급차 요청에는 벌금이 부가된다. 왕진을 요청하는 경우 특정 의사를 지정할 수 없으며 그 구역에 배정된 의사만 가능하다.

의사들은 모두 과중한 업무에 시달린다. 의사의 업무가 지나치게 바빠지는 것을 막기 위해, 진료소의 경우 주어진 시간에 의사가 진료하는 환자의 수를 시간당 6명으로 제한하고, 접수에서 환자 수를 규제한다. 그럼에도 불구하고 의사들은 자주 시간 외 근무를 하고 있는 실정이다.

외래 진료소를 방문한 환자에게 다른 과의 특별 진료가 필요한 경우는 종합 진료소에 전원하거나 병원에 입원시키기도 한다.

병원에 입원하는 환자의 경우 진료소의 의무 기록을 환자가 가져가게 하며 반대로 퇴원할 때는 병원에서 의무 기록을 받아 진료소로 가져오게 함으로써 환자의 건강 관리는 지속성을 가지게 된다. 사회보험에 제출할 입원 증명서는 병원 의사가 아니라 환자가 외래 진료소로 돌아왔을 때 진료소의 의사가 발급한다.

조지아 보건 담당 당 정치위원과의 인터뷰

조지아 보건 담당 당 정치위원인 쿠차이즈Kuchaidze 박사에 따르면 조지아공화국의 의료 서비스 또한 다른 곳과 비슷하게 운영된다.

의사는 모두 특정 국립 의료 기관에 소속되어 있고 외래 진료소나 종합 진료소, 병원 또는 공장이나 집단 농장에 배정된다.

의사들은 모두 공무원이지만 업무 외 시간에는 민간 의료 서비스를 제공할 수 있다. 하지만 실제 공공 의료가 민간 의료를 거의 대체한 상태이다.

의료 서비스가 무엇이든 노동자들이 우선권을 가지며 공공 의료 기관에서 시행되는 진료는 모두 무상이다. 하지만 민간 의료 서비스를 원하면 개원 의사를 찾을 수 있고 이 비용은 개인이 지불해야 한다. 드물지만 경력이 많고 저명한 의사들의 경우 민간 의료 서비스를 계속하는 경우도 있다. 공무원인 의사가 업무 외 시간에 사적으로 환자를 받는 것에 대한 반대는 없다.

쿠차이즈 박사 자신도 예전에는 조지아 광천수 치료소 책임 의사였으며, 소련 의학의 과거와 현재를 비교하는 의견 또한 다른 이들에게서 들었던 것과 비슷했다.

“예전에는 극빈자를 보는 민간 의사는 거의 존재하지 않았고 있다 하더라도 환자는 말도 안 되는 엄청난 금액을 지불해야만 했다. 가난한 이들을 위한 병원은 거의 없었다. 병원에서도 그들이 받을 수 있는 진료는 대개 ‘일반의가 할 만한 수준의 진료’였다. 가난한 이들이 훌륭한 치료를 받을 수 있는 기회란 조지아에 없었다. 현재는 의사 수가 크게 증가했고 더 많은 수의 의사들이 수련 중이다. 부자를 위해 존재했던 예전의 병원은 이제 우선적으로 노동자들을 치료하며 수용 인원도 크게 증가했다. 일반 질병은 물론 특수 질병을 치료하기 위한 새 병원들이 지어지고 있다. 이 땅에서 제일 가난했던 이들이 의료 각 분야에서 필요에 따라 숙련된 도움을 우선적으로 받는다. 그뿐 아니라 전 국민이 의료 기관을 이용하고 소련 전역의 환자들이 의료 기관을 사용할 수 있다. 부자들이나 운 좋은 소수의 노동자들만 향유할 수 있었던 의료 서비스 체계는 이제 의료 지원의 능률과 보편성을 획득하는 데 성공했다.

혁명 정부가 들어선 후 소득이라는 고위 전문직의 이윤 동기가 사라지면서 업무의 진취성이나 활기가 저하되지 않겠냐는 의문이 제기되었다. ‘11월 혁명’ 이후 의사들이 가진 활발한 토론에서는 우려의 목소리가 우세했다고 한다. 하지만 보다 나은 의료 사업을 계획하고 실행한 지 15년이 지난 현재 사람들이 품었던 우려는 근거 없으며 젊은 세대 의사들은 과거에 비해 모든 측면에서 더 훌륭한 능률과 열의를 보여주고 있다. 그들은 팀 단위로 업무를 수행하며 다른 의사들과도 긴밀한 협력 관계를 유지한다. 또한 그들의 진료는 과학에 바탕을 둔다는 특징을 가진다.

시골에서 근무하는 의사의 경우 모든 분야에 능숙해야 하며 3년 근속 후에는 임금 인상을 기대할 수 있다. 자녀들은 노동자의 자녀와 동일한 특권을 누린다. 임상 경력이 3년을 넘어가면 석 달 동안의 졸업 후 보수 교육 과정이 제공되는데 실제로는 의사의 50퍼센트 정도에만 적용되고 있다. 의학이 너무 급속도로 변화하고 있어 모든 의사들이 교육의 기회를 가지기가 쉽지 않다."

이제 다시 일반 논의로 돌아가서 환자에게 부담되는 의료 비용이라는 주제를 다루기로 한다. 대부분의 노동자와 그의 가족은 피보험자로서 무상 의료 서비스를 제공받는다. 하지만 의료비의 지불 원천은 보험 기금이 아니라 일반 세금이다. 앞서 설명한 적이 있는데 의료 서비스는 다른 종류의 보건 사업과 같은 방식으로 관리되며 연방을 구성하는 공화국의 보건 담당 당 정치위원과 부속 부서, 지역 보건국이 관리의 주체가 된다.

모든 노동조합원들, 피보험자들, 실직자들과 그들의 피부양인들에게 무상 의료 서비스의 혜택이 주어지며, 학생들과 장애 판정을 받은 사람들에게도 같은 혜택이 주어진다. 앞에서 언급한 바와 같이 '박탈 계급'에 속하는 사람들은 무상 의료 제도에 포함되지 않지만 그렇다고 진료 기회를 차단당하는 것은 아니다.

소련의 노동자들이 공공 의료 서비스에 대해 터트리는 불만은 출판물을 인용해 살펴 볼 수 있겠다. 환자들은 공공 의료 기관에서 의사를 만나기 위해 거쳐야 하는 수많은 형식적 절차와 지나친 대기 기간에 대해 불만스러워 한다. 병원 병상이 부족하고 가정 방문 의료가 만족스럽지 않다는 점 등의 다른 불만도 있다.

하지만 불만스러운 상황을 판단할 근거를 정작 우리는 찾을 수가 없었다. 더군다나 이러한 불만은 잉글랜드를 포함, 보험 의료 서비스가 전반적으로 꽤 만족스러운 다른 나라에서도 드물지 않게 볼 수 있다.

주택 사정이 과밀하고 비위생적인 경우가 종종 있고 가정 방문 의료도 어려워지고 그 범위도 제한적으로 변했다. 민간 의사가 거의 사라졌기 때문에 구역을 담당하는 의사들의 업무는 대개는 의료 기관이 수행하는 환자 치료를 전담하는 일이 되었다. 중소 도시의 거의 모든 분만이 병원에서 이뤄지고 예비 산모들과 아기들, 어린이들은 다양한 의원에서 진료를 받는다. 의원에 오지 못할 만큼 위중한 경우가 아니라면 노동자들도 마찬가지이다.

의사의 가정 방문이 필요한 노동자는 직접 또는 전화로 가장 가까운 진료소에 신청서를 접수하고 집에서 무상으로 진료를 받을 수 있다. 진료소 의사는 직장 근무가 불가능하다고 판단되는 환자의 경우 질병 확인서를 발급한다. 환자가 질병 발생일로부터 최장 10일 동안 임금 전체를 받을 수 있도록 도와 준다. 더 이상의 재정적 지원은 의료 상담 이후에만 가능하다.

공식적인 설명에 따르면 '생사가 달린 위중한 응급 의료 서비스는 모든 시민에게 무상으로 제공된다.' 하지만 '시민'이라는 단어가 어떻게 정의되는가에 대한 설명은 없었다.

지역에 따라서 가정 방문 의료 서비스에 대한 문제가 여전하여 대기 시간이 자주 길어진다는 얘기를 듣기도 했다. 카잔에서는 불필요한 가정 방문을 최소화하기 위해 엄격한 규정이 적용되고, 꼭 필요한 경우 종합 진료소의 의사들이 방문 의료를 결정한다고 한다.

하르코프에서 만난 의사는 드문 경우인데 개인적 의료 활동과 공공 의료 활동에서 얻는 수익이 비슷했다. 역시 대부분의 의료 서비스는 공식적으로 무상이라고 했다. 우크라이나에서는 첫 의학적 판단에 대한 항의가 많다고 한다.

대략적으로 질병을 가정에서 치료하는 경향이 줄어들고 있다고 설명할 수 있다. 소련의 주택 사정을 봤을 때에도 이런 방식이 현명하며 도시 지역의 분만이 대체로 의료 기관에서 이루어지는 것도 같은 이유이다. 같은 의사가 개인의 건강 관리와 가족 치료를 지속적으로 해 줄 수 없다는 점에서 단점도 있지만 진료의 완전성이나 필요한 경우 의원이나 병원에서 특정한 진료를 받을 수 있다는 점에서는 장점이 있다.

공장에서의 의료 서비스

공장 환경 개선을 목표로 한 보건 사업도 진행되고 있었다. 근무시간은 예전에는 1일 8시간이었으나 7시간 근무제가 점진적으로 도입되고 있으며, 지하에서 근무하는 노동자와 미성년 노동자의 경우 6시간 근무제가 시행되고 있다. 전일 휴무는 5일째 혹은 6일째 날에 정기적으로 실시되고 작업장의 근무 일정에 따라 결정된다. 고용인 모두 1년 12일의 휴가를 누릴 수 있고, 건강에 위해한 업무의 경우 휴가는 24일로 연장되며 18세 이하의 미성년자는 한 달의 휴가를 받을 수 있다.

임금 노동자는 모두 피보험자가 되며 노동조합은 보험 기관을 통제한다. 계절성 노동자는 보험 제도 아래에서만 부분적으로 고용되며, 최근 규정에 따르면 의료 외의 보험 혜택 범위는 노동자가 임금을 받고 근무한 기간을 바탕으로 결정된다. 과도한 '이직률'을 고려하여, 보험 혜택 범위를 적용하는 기준으로 같은 공장에서 근속한 기간을 부분적으로 이용하려는 의도이기도 하다.

위해 업무에 종사하는 노동자들을 체계적으로 감독하는 제도도 시작되었다. 예방적 조치로 음식물을 다루는 노동자들과 납, 수은, 고무, 담배 등을 다루는 노동자들에게 정기적인 검진이 도입되었다.

공장 학교도 공장 보건의 일부로 여겨질 수 있다. 학생들은 14세부터 3년 간 이곳에서 학교를 다니게 되며 작업장이나 공장에서 하루 4시간의 노동에 종사하게 된다. 이 과정은 숙련공 훈련을 위해 특별히 고안되었다.

셀마쉬스토리Selmashstroy에서 최고의 공장 의료 기관을 경험할 수 있었다. 로스토프나도우에 위치한 농업 기계 공장인 셀마쉬스토리는 18개의 작업장에서 1만 8천 명의 노동자들이 작업하고 있었다. 작업장마다 의사가 배정되어 응급 처치와 위생 상태를 감독하고, 결근 파악 및 진료소에서 치료를 받은 노동자의 수를 일일 집계한다. 이 내용은 작업장에 그래프로 게시된다. 같은 작업장의 동료 노동자들이 아픈 동료를 병문안하기도 한다. 꾀병과 태만을 드러내는 방법은 117쪽에서 이미 다루었는데 일반적으로 꾀병이 아주 적거나 아예 없다고들 말한다. 의료 서비스에 불만이 있는 경우 의료조정위원회Medical Control Committee에서 청문회를 연다. 의료조정위원회는 보건 담당 당 정치위원이 임명한 의사 2~3명과 의장 역할을 하게 될 노동자 1명으로 구성되며 요양소나 휴양소에서 치료가 필요한 환자를 결정하기도 한다.

공장 보건에서 가장 중요한 부분은 과다 음주에 대한 계몽 선전이다. 작업대나 직조기 위에는 술에 대한 조롱 섞인 사진이나 그림 등을 포함한 공격적인 선전물이 붙어 있곤 했다.

공장 노동자가 너무 아파 움직일 수 없는 경우 의사들이 집에서 환자를 보기도 한다. 일반적으로는 공장의 의사가 아픈 노동자를 거주 구역 내 진료소나 종합 진료소의 전문의, 결핵 및 성병 진료소나 다른 의료 센터로 전원시키게 된다. 주간 업무를 계속해야 하는 경우에는 야간 요양소에서 치료받기도 하고, 비거주 진료소에서 일반-특수 병원으로 이동하여 입원하기도 한다. 이런 결정은 공장 의사의 판단에 따른다.

덧붙이자면 공장에는 노동자를 위한 일반 식당 외에 치료 중인 노동자들에게 의사가 처방한 특별 식사를 제공하는 특수 식당이 마련되어 있다.

노동자가 공장에서 업무를 시작할 때 천연두와 장티푸스 예방접종을 받는다는 것도 언급해야 할 것 같다. 특정 작업장에 배정되면 특별 작업 분대의 일원이 되고 정기적인 의료 검진을 받는다. 의사위원회가 이 업무를 담당한다.

공장에 있는 탁아소의 업무는 앞에서 이미 자세히 기술했다. 이는 모성 건강과 관련하여 아주 중요한 의미를 지닌다.

하르코프의 훌륭한 종합 진료소를 보면서 우리는 노동자들이 이러한 접근성을 남용하지 않을까 하는 의문을 표현했다. 보건 인민위원회 의료 관리자의 답변에 따르면 그러한 문제는 아주 드물게 발생한다고 한다. 진료소나 종합 진료소의 의사들은 도시의 특수 의료 구역과 연계되어 있으며, 따라서 지역 의료 기관은 미국이나 영국의 민간 의사들이 담당하는 역할을 맡고 있는 셈이다. 하지만 미국이나 영국과는 달리 전문가의 의료 지원을 충분히 활용하면서도 서비스는 무상이다. 더 나아가 민간 의사들이 노동자의 생활 환경을 개선하는 역할을 거의 하지 않는다는 사실과 비교하면 소련 의사들은 노동자 개인은 물론 그 노동자가 속한 집단과 환경을 치료하는 의무를 지고 있다고 볼 수 있다. 실제로 소련은 노동자에 관한 한 공장과 병원을 연계하는 진료소와 종합 진료소가 의료 사업의 완전한 통합을 구축하고 있다고 주장한다.

거주 의료 기관과 비거주 의료 기관

의사가 모두 국가 공무원이라는 사실 다음으로 중요한 의미를 갖는 소련 의료의 특징은 진료소, 종합 진료소, 병원에 집중된 의료 서비스 내에서 의사들은 고립된 단위가 아니라 모든 개별 의학 분야와 체계적인 관계를 유지한다는 점이다. 이는 소련 의료에서 뚜렷하게 발달한 부분이다.

진료소와 종합 진료소

이러한 통합 의료 체계 안에서 가정 의사home doctor와 공장 소속 의사 사이의 연결점은 진료소와 종합 진료소가 제공한다. 이 두 기관의 구분이 뚜렷하지는 않지만 대개 진료소는 특정 구역의 인구를 대상으로 한다. 의료 서비스는 부분적 또는 거의 완전한 '진료소화 dispensarization'를 통해, 구역 내 건강한 사람과 아픈 사람 모두 그리고 노동자와 그 가족들 나아가 전 인구를 대상으로 건강 관리를 수행한다. 이렇게 공동체에서의 예방 의학과 치료 의학이 통합되고 있다.

인구 17만 5천 명의 카잔에는 4개의 무료 진료소가 있고, 5개의 다른 진료소에서는 일정 정도의 의료비를 청구한다. 이들은 대규모 대학 병원과 연계되어 있다. 인구 17만 2천 명의 사마라Samara에는 1개의 종합 진료소가 있고, 산하 7개의 구역마다 진료소가 위치한다. 사라토프의 체계도 비슷하다.

로스토프도나우도 다른 곳과 마찬가지로 진료소에서 근무하는 의사는 시간당 최다 6명의 환자만 보도록 되어 있다. 하지만 종종 시간외 근무를 해야 하는 경우도 있는 듯했다.

로스토프에서는 소련 최고 수준이라는 통합 진료소Unitary Dispensary를 견학했다. 이 장에서 더 자세하게 다루겠지만 여기에서 먼저 언급하고 싶은 것은, 의료 기관에서 치료받는 환자들은 모두 철저하게 검사받고 모든 분과를 거쳐야 한다는 진료소 규정이다. 뿐만 아니라 간호사들이 모든 환자의 집을 방문하여 가정과 노동 환경을 확인하고 환경 개선을 위해 필요한 조치를 마련한다. 따라서 다른 종합 진료소에서도 이런 예와 비슷한 운용 방식으로 생물학적 의학과 사회학적 의학의 완전한 통합을 추구하며, 만족스러운 진료와 건강과 노동으로의 지체 없는 복귀를 보장한다.

하르코프에 소재한 훌륭한 종합 진료소는 동일 관리 체계 아래 모든 전문 분과를 갖추고 있으며 환자들은 필요한 전문 의술의 혜택을 받을 수 있다.(243쪽 참조) 레닌그라드에서는 8개 대규모 종합 진료소 중 한 곳을 방문하였는데 다른 진료소들도 이곳과 비슷하다고 했다. 이 종합 진료소는 우리가 하르코프나 로스토프에서 본 종합 진료소처럼 아주 정교한 기관이었다.

결핵이나 성병 환자 또는 어머니와 어린 아이를 위한 비거주 의료 기관 치료는 특수 의료 기관에서 행해지거나 아니면 다양한 종합 진료소의 한 부분으로 운용되기도 했다. 종합 진료소의 경우 다양한 분야의 선문의들이 최대한 서로 협업하게 한다는 면에서 가장 만족스러운 형태이다. 앞서 이미 설명했듯이 도시에서의 분만은 대부분 산과 병원이나 일반 병원의 분만 병동에서 이루어진다.

결핵이나 성병을 치료하는 특별한 조직 체계에 대해서는 다음 장에서 자세히 설명할 것이다.

가정과 공장 진료는 진료소와 종합 진료소와 연계되어 있고, 그렇게 연결된 의료 서비스는 주야 공식 병원, 주거 요양소, 요양소, 각종 형태의 물리 치료 등으로 서로 연결된다.

병원

우리가 방문한 많은 병원 중 몇몇에 대해서 아래에 설명하기로 한다. 병원 진료의 일반 기준은 우수해 보였다. 신축 병원들은 최고 수준의 최신 장비를 갖추고 있으며 현재 소련에서 예상할 수 있는 상대적 빈곤의 증거는 보이지 않았다.

요양소와 휴양소

병상의 수가 종종 목표에 조금 못 미치는 것 말고는 회복 시설에 대한 인상도 비슷하다. 하지만 방대한 수의 회복 시설과 요양소 수용 능력은 놀라울 정도였으며 다른 어떤 선진국과 비교하더라도 인구 대비 더 큰 규모일 것이다. 혁명 후 압수된 제정 러시아 시대의 궁전과 대저택이 이런 시설로 활용되고 있다. 현재 사용가능한 회복 시설이 많다는 사실은 소련 사람들의 건강에서 희망적인 전망을 찾을 수 있게 한다.

레닌그라드의 한 종합 진료소

레닌그라드 볼로다르스키Volodarski 구역에 위치한 대규모 종합 진료소는 외래 진료소로 알려져 있으며 모든 분과를 갖추고 있고 간호학교도 있다.

이 지역에 있는 노동자들은 모두 무상으로 진료를 받는다. 노동자들은 종합 진료소에 직접 접수하여 진료를 받는데 구역 의사가 환자를 상급 의료 기관에 전원 하는 체계가 아니다. 필요한 경우 환자는 이곳에서 병원으로 전원되기도 한다. 구역 간 긴밀한 협조가 이루어지며 같은 의사가 종합 진료소 환자를 계속 담당한다.

이 종합 진료소에는 128명의 의사가 근무하고 있으며 필요한 경우 왕진을 가기도 한다. 구역 의사는 따로 없으며 대개 환자가 종합 진료소에 있는 의사를 직접 방문한다.

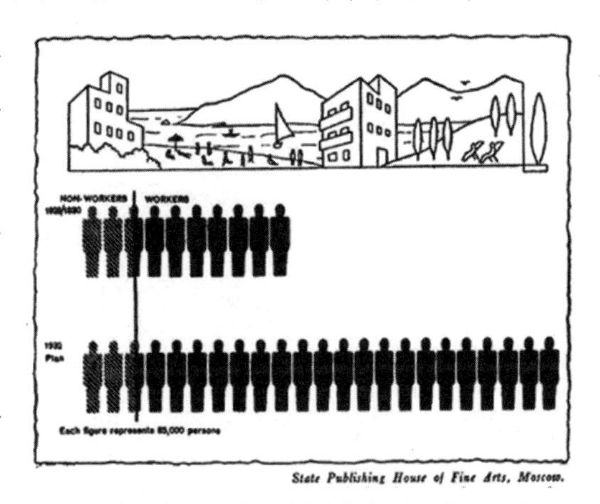

State Publishing House of Fine Arts, Moscow.

1929~30년 그리고 1932년 소련에서 휴양소와 요양소를 이용한 사람의 수. 1932년의 수치는 추정치이다.

레닌그라드 소재 신축 종합 진료소 @존 킹스베리

환자가 걸을 수 없거나 종합 진료소에 갈 수 없는 다른 특별한 신체적인 이유가 있는 경우에는 의사가 환자의 가정에서 환자를 돌본다.

산업 현장에서의 주된 어려움, 이를테면 질병 증명서 과다 발급 같은 문제는 사라지는 추세인데 의사의 독립적인 지위 덕분이다.

로스토프의 통합 진료소

가장 훌륭한 조직과 장비를 보여주는 종합 진료소의 예는 로스토프도나우의 진료소였다. 이 도시 최고의 종합 진료소로 모든 전문 분과를 다 갖췄고 의료진에는 의과대학 교수들이 포함되어 있었다. 의과대학 학생들은 이곳에서 수련을 받으면서 외래 진료소에서 실습을 한다.

종합 진료소에는 4개의 진료소 또는 외래 진료소가 배치되어 일반적인 질병을 담당한다. 소화기계 질병 환자들을 위한 야간 요양소에서는 환자들이 수면을 취하고, 적절한 음식을 제공받으며, 이곳에서 직장으로 출근한다. 신경계 질환을 위한 비슷한 시설도 있다.

특정 성병 치료를 위한 의료 센터도 종합 진료소의 한 분과로 존재한다.

최근 알코올 중독 치료를 위한 분과가 개설되었다. 인민 위원회의 지원을 받으며, 알코올 중독 퇴치에 대한 강연도 마련되고 있다.

통합 진료소 소장 루빈슈타인 박사는 각 분야의 운용 방식을 설명한 후 대기실이나 상담실에 붙어 있는 흥미로운 교육용 도표나 만화를 우리에게 보여 주었다.

이 종합 진료소에서 진료받는 환자의 수는 매일 약 1천 8백 명에 달하며 모든 질병을 대상으로 한다. 결핵의 경우 예전에는 이곳에서 담당했으나 그 동안의 경험에 비추어 치료가 까다로워 다른 기관에서 의뢰된 환자를 이곳에서 주로 담당하는 것이 적절하다는 결론이 내려졌다.

환자와 관련된 문서는 모두 수집, 보관된다. 따라서 결핵 환자는 상황에 맞는 최적의 의학 지식을 바탕으로 한 치료를 받는다. 지난 3년 간 결핵관리위원회 모임이 10일 단위로 열리고 있다고 했다. 이 위원회는 환자를 담당하는 종합 진료소의 의사, 낮 동안 직장에서의 환자 상태를 잘 알고 있는 외래 진료소의 의사를 포함한다. 환자의 미래 근무 조건이 여기서 결정되고, 부분적인 장애로 인해 발생하는 임금 손실분은 보험국에서 지급한다. 환자 관리는 외래 진료소 의사와 환자가 근무하는 공장의 의사가 맡는다. 노동자들은 이러한 건강 사업과 이에 관여하는 노동자위원회에 지대한 관심을 가지고 있다.

모든 어린이 환자는 투시경fluoroscope을 이용하여 검사하며 특수한 경우가 아니면 엑스레이 검사를 하지 않는다. 환자와 접촉한 사람들도 검사의 대상이다.

종합 진료소는 인구 2만 5천 명 정도의 도시 구역을 담당한다. 구역은 12개의 소구역으로 나뉘고 각각의 소구역에는 의사 한 명이 배정된다. 소구역의 의사는 약 2천 100명의 인구를 책임진다. 의사의 거주지는 본인이 결정할 수 있으며 자신이 근무하는 소구역이 아니어도 상관없다. 의사는 구역 진료소에 고용되어 매일 이곳에서 일정 시간을 근무한다. 소구역 학교의 학교 의사가 되기도 하며 자신이 배정된 구역에 사는 사람들의 위생 관리를 담당하고 대중에게 건강 교육을 시행하기도 한다.

구역 의사는 그 지역 사람들의 주치의로 볼 수 있는데 구역 의사만 그 역할을 하는 것은 아니다. 어린이들은 아동 센터에서 건강 상담과 진료를 받는다. 어린이 환자의 왕진이 필요하면, 아동 센터 의사가 그 일을 담당한다.

하르코프의 제3 노동 종합 진료소

하르코프에서 방문한 제3 노동 종합 진료소는 새로 지어진 웅장한 건물이었다. 이 종합 진료소를 간단히 묘사하기 위해, 우크라이나공화국 보건 담당 인민 위원과 소비에트 시 의회 의장이 함께 편찬한 방대하고 상세한 책자를 활용하였다. 서문이 특히 중요하다. 이를테면 "소련의 의학은 사회적이고 예방적이라는 특징"을 가지고 "소련이라는 국가처럼 소련의 의학도 노동자들 자신이 세우고 지휘한다."라고 되어 있다.

이 특별한 종합 진료소는 노동자 구역에 위치하며 하르코프 소재 공장을 대상으로 무상 의료 지원을 제공하는 것이 주된 목적이다.

다양한 형태의 서비스 기능을 갖춘 대규모 진료소로 약 4천 명의 노동자와 그 가족들을 담당한다. 하르코프 시 의회 보건부에서 관리하고 재정 지원은 보험 기금에서 받는다. 신축 건물은 4층으로 1층에는 엑스선을 이용한 진단 치료실, 접수처, 직원을 위한 공간, 식당과 다양한 다른 사무실이 위치한다.

하르코프 소재 제3 노동 종합 진료소 @소비에트 사진 자료원

2층에는 외과, 비뇨기과, 정형외과, 화학 세균학 진단 검사실, 4세 이하 아이들을 위한 진료소, 의사 사무실, 연구실, 응접실 등이 위치한다.

3층에는 치료 부서와 위험 산업 노동자들을 치료하기 위한 특수 부서, 체육 상담 부서, 신경 정신과 진료소, 마약 중독 진료소, 산부인과 진료소, 성생활 및 결혼에 대한 질문, 상담을 위한 진료소, 전기와 광선 치료 부서, 교정 체조를 할 수 있는 장소 등이 위치한다.

4층에는 안과, 이비인후과, 흡입 치료실inhalatorium, 위생 상담 부서, 치과와 유아 진료소가 위치한다.

그 외에도 4개의 구 별관과 결핵 진료소, 성병 부서, 식이 영양 진료소, 유제품을 제공하는 주방milkfood kitchen, 특수 식이 식당, 약국, 90개 병상을 갖춘 진단 병동과 60개 병상을 갖춘 물리치료 병동이 있다.

위에서 열거한 내용만 가지고는 모든 분야의 의료 요구를 완벽하게 해결하는 소련 의료의 현실을 다 설명할 수 없다. 환자를 위해 다양한 특수 부서들이 서로 완벽하게 협력하는 것을 다 설명하기 어렵다.

제3 노동 종합 진료소는 임상은 물론 연구 시설도 훌륭하게 갖추고 있다. 종합 진료소로 전해지는 소중한 연구 자재를 사용하기 위해 특수 연구소가 운영되고 있다.

이 신설 종합 진료소 근처에는 거대한 규모의 신규 트랙터 공장이 위치한다. 1만 6천여 명이 작업 중이며, 이 공장에도 비슷한 형태의 독립된 종합 진료소와 400병상의 병원이 있다.

로스토프의 치료 병원

로스토프에 있는 치료 병원은 1천 2백 병상의 일반 병원으로, 수치요법hydropathy, 엑스선을 이용한 암 치료, 열 치료 등을 포함한 다수의 분리된 부서로 나뉘어 있다. 병원은 자체의 발전기를 이용해 온수와 난방을 제공한다. 병원 부지에 주차되어 있는 구급차도 볼 수 있었다.

방문 당시 입원 중이던 88명의 어린이 중 56명은 어머니와 함께 있었다. 아이가 기침을 하면 즉시 침대 양옆으로 유리 칸막이가 설치된다. 칸막이로 격리된 아이들이 칭얼거리지 않는 것이 흥미로웠다. 회복기 아이들을 위한 시설로, 예쁜 놀이방과 놀이방에서 연결된 발코니가 있었다.

미취학 아동을 포함한 모든 아동들은 병원 결핵과로 보내져 특수 검사를 받는다. 모두 투시경 검사를 받고 원칙적으로 엑스선 사진은 찍지 않는다.

활동성 결핵 환자들은 특수 병원으로 전원된다.

감염 환자들이 치료 받는 구역을 다른 구역과 격리하기 위해 문에는 항상 잠금 장치가 되어 있다.

티프리스의 철도 노동자 병원

티프리스에서 방문한 곳 중에는 철도 노동자 병원도 있었다. 훌륭한 시설을 갖춘 500병상의 병원으로 소련 내 모든 직급의 철도 노동자를 위해 마련된 의료 기관이다. 이 병원의 존재는 소련 의료 체계가 특정 직업군을 위한 특별한 제도를 가지고 있음을 보여준다. 하지만 직업에 따라 제공되는 병원이 전부 다르면 의료 서비스가 중복되거나 서로 지나치게 경쟁하게 될 위험성도 분명해 보인다.

대단히 체계적인 병원이었다. 우리는 특히 산부인과에 관심이 있었다. 두 분과의 구성원들이 엄격히 나뉘어져 있었는데 산과의 경우 분만을 위한 특별 공간이 있었고 분만 후의 환자들은 일반 병동에서 지냈다. 반면 아기들은 다른 병동에 엄격하게 격리되어 보호된다. 아기는 모유 수유를 위해 엄마에게 데려와지고 수유 후에는 다시 아기 병동으로 돌아간다. 열이 나는 환자는 즉시 격리된다.

산모들은 임신 기간 동안 산전 상담 센터를 이용하고 개인의 상태를 담은 의무 기록은 환자와 함께 병원으로 전달된다. 분만이 시작되면 구급차를 통해 병원으로 이동하고 만약 합병증 때문에 도움이 필요하다고 판단되면 환자는 분만 시작 전에 병원으로 보내진다. 병원에서는 조산사가 분만을 하고 의사는 감독을 한다.

의료 기관 치료와 비의료 기관 치료의 통합

의료 기관과 비의료 기관의 의료 서비스 통합은 한 미국인의 경험을 통해 설명할 수 있겠다. 이 미국인은 뉴욕 카운티 공공복지회에서 비서로 일했던 사람으로 당시 모스크바 소재 소련 정부에서 영어 강사로 7주째 근무하는 중이었다. 그는 편도선염을 앓았고 이어 급성 류머티즘, 흉막염에 걸렸다. 그는 당시 소련의 노동자였으므로 구역의 의사가 집으로 왕진을 왔다. 의사는 자신이 담당하는 환자의 위생 상태는 물론 개인 복지까지도 파악하도록 되어 있다. 회복 속도가 만족스럽지 않았기 때문에, 그는 병원으로 보내졌고 근무한 지 7주밖에 안 되었지만 노동자로서 일반 병동에서 치료받았다.

병원에서의 치료는 만족스러웠고 음식의 질을 제외하면 전반적으로 좋았다고 그는 말했다. 간호도 상당히 좋았다. 입원 기간은 총 6주로 다른 환자들처럼 전문가의 진료가 필요한 '의뢰 대상consilium'으로 분류되어 부가적인 의학적 지원이 적용되는 치료를 받았다. 병원 치료는 모두 무료였다.

퇴원 후 한 달 동안은 구역 의사의 관리를 받았고 필요하면 전문가의 도움도 여전히 받을 수 있었다.

이후 장기 요양 치료를 위해 러시아 리비에라Riviera에 있는 요양소로 보내졌다. 한 달 간의 거주 치료에 222루블이 청구되었다. 노동자라면 누구나 부담할 수 있는 수준이며 필요하다면 노동조합이 그 비용을 부담할 수도 있다.

구역 의사가 처음 진단할 때 발급한 증명서로, 그는 응급 경비로 쓸 수 있는 최대 50루블의 금전적 지원을 받을 수 있었다. 치료 기간은 총 10주로 이 기간 동안 강사로서 받는 원래 임금의 1/2을 지급받았다. 그가 만약 노동조합원이었다면 임금 전체를 지급 받았을 것이라고 말했다.

그는 러시아 노동자들이 통상 받는 치료를 그대로 받았고 아무도 그의 국적에 관심을 갖지 않았다고 했다. 거의 완전한 의료 통합의 예이다. 의료 서비스는 과잉도 결핍도 없이 거의 이상적인 수준으로, 가정과 전문가가 있는 의료 기관 사이의 정확한 연속성을 갖추고 있었다.

듣기로는 외국인도 구분 없이 병원에 입원할 수 있다고 한다. 다만 숙련된 의료 서비스가 부족한 지역인 경우 농민과 노동자들이 먼저 치료를 받고 나머지는 가능한 범위만큼 치료를 받을 수 있다. 이는 생산을 담당하는 이들이 항상 제일 우선이어야 한다는 원칙을 바탕으로 한다.

의료 기관에 대한 추가 자료

분만 전후 여성을 위한 의료 서비스는 도시의 경우 거의 모두 특수 병원에서 이루어지며 시골 지역에서도 대부분 비슷하다.

빠르게 증가하고 있는 병원의 병상의 수는 아래와 같다. 의료 기관 치료에는 공장, 진료소 및 다양한 일반-특수 의원들, 종합 진료소에서 시행되는 외래 환자 치료도 포함된다. 환자는 치료를 목적으로 이런 기관을 찾으며 집에서 치료를 받는 경우는 환자가 움직일 수 없거나 활동이 상태를 악화시킬 수 있는 경우에 한한다.

의료 기관 치료와 다른 진단 치료 전문 시설의 양적 증가를 보여주는 아래 통계는 1932년 발행된 『소련문화비평』 7~9권에 바탕을 두고 있다.

러시아공화국의 병원 병상 수

	1927~8년	1931년*	1932년*
소도시	111,095	139,594	162,366
시골 마을	43,590	67,908	82,009

*1931년 통계는 예비 조사 자료이며 1932년 통계는 추정치이다.

같은 기간 러시아공화국의 시골 지역 의료 구역 수는 4,667개에서 7,962개로 증가하였다.

러시아공화국의 요양소 병상 수(사회 보험 등 다른 부서의 요양소는 포함하지 않음)

	1927~8년	1931년	1932년
전 연방	11,277	18,250	21,431
지역	8,887	14,763	17,580

이 통계는 다음에 제시된 특수 보건 기관에 대한 자료와 함께 5개년 계획 성공의 예로 흔히 인용되었다.

보건 서비스 공급

	1927~8년	1931년	1932년
감염병에 배정된 병원 병상	19,500	32,650	40,554
실험실	189	357	575
살균지disinfection points	56	243	592
살균국disinfection stations	13	49	68
위생 의사	1,289	1,989	3,846

앞에서 제시한 도표에는 혁명 전과 비교할 수 있는 통계 자료가 없어 안타깝다. 다음 표는 러시아공화국에서 1913년, 1926년, 1927년 보건 서비스 통계를 비교 제시하고 있다.

	1913년	1926년	1927년
세균학 연구소	12		37
세균학 실험실	29		189
말라리아국malaria station	–		102
파스퇴르국	19		50
결핵 진료소	조금		248
성병 진료소	–		159
성병 관리국	–	144	
아동상담 센터(도시)	6	461	
아동상담 센터(시골)	7	268	
분만원 병상 수	5,280	12,910	
병원 병상 수(군 병원 미포함)	146,381	206,414*	

* 이 도표에서 표시된 병원 총 병상 수와 258쪽 도표에서 표시된 1927~8년 도시와 시골 총 병상 수에 차이가 있는 듯하다.

	1913년	1926년	1927년
응급지원국	4	99	
응급처치국	조금		1,064
가정진료국	16	457	
물리치료기관	4	94	
마을의료국	2,732	4,397	

같은 보고서의 다른 부분에는 다음 표가 실려 있다. 이는 1927~8년을 1932년과 비교했을 때 의료 시설 공급이 얼마나 빠르게 개선되었는가를 잘 보여 준다. 앞선 해의 공급을 100으로 했을 때 그에 대한 1932년의 비율을 표시한다.

1932년 공급의 상대 증가(1927~8년의 공급을 100으로 했을 때)

	구역과 러시아공화국의 지역	공화국
도시의 병원 병상	144	174
도시의 의사 접수처	212	270
도시의 의류국	338	650
도시의 간호 병상	673	782
시골의 병원 병상	187	196
시골의 외래 진료소	167	188
시골의 정규 탁아소 병상	12,935	15,950

20장

결핵 요양소와 관련 기관들

소련 의학을 관찰한 이방인들이 제일 놀라는 점은 휴양소, 회복 시설, 요양소 등이 지나치다 싶을 정도로 많다는 사실이다. 대개는 결핵 환자 관리에 집중되지만 대상이 점차 확장되어 일반적으로 활용되는 추세이다.

먼저 결핵에 대해 살펴 보자면 2개 주요 도시에서는 이미 결핵 사망률 개선이 뚜렷하다는 점에서 아래 제시된 공식 통계가 중요한 의미를 가진다.

폐결핵 사망률 (10만 명당)

	모스크바	레닌그라드
1914년	289	300
1931년	120	130

결핵 관리는 1929년 6월 15일에 제정된 결핵 센터 관련 법령에 의하여 관리된다. 법령에 따르면 결핵 센터는 사회적 예방 기관으로

시골 지역의 결핵 퇴치 관련 모든 정책을 수행하며 구역 병원 내에 조직된다. 각각의 결핵 센터마다 명확한 담당 구역이 있으며 결핵 유병률이 높은 곳, 이주 노동자가 많은 곳, 국가 농장이나 집단 농장이 위치한 곳에 우선적으로 설치 운영된다. 또한 결핵이 자주 발병하는 직장과 가정의 경우 특별 조사와 지역 내 보건 의료 공무원들과 모성 아동 복지 기관의 긴밀한 협조를 권고하고 있다. 결핵 센터는 모든 결핵 환자에게 예방적, 사회적 지원을 제공하고, 다양한 의료 기관으로 전원을 결정하며, 결핵 관련 전시회나 일반 보건 전시회의 결핵 관련 전시를 준비해야 한다. 관련 검사는 구역 내 병원을 이용한다.

앞서 설명한 훌륭한 정책들이 어떻게 시행되는가를 직접 볼 수 있는 기회도 여러 번 있었다. 그 내용은 아래 제시할 인터뷰와 방문에 부분적으로 포함될 것이다.

몇몇 도시에서는 투시경과 엑스레이를 이용하는 발달된 결핵 진단법을 볼 수 있었다. 결핵 환자들을 위해 마련된 사회 정책 또한 우수했는데 직장 복귀 후 지속되는 건강 관리가 그 중 하나이다. 질병으로 장애가 발생하면 이로 인한 임금 손실분은 보험국이 노동자에게 지급한다.

의료 기관에는 등급별 일광 요법 부서가 설치되어 있는 경우도 많았다. 아이들은 결핵 진료소의 분리된 구역에서 치료를 받는다. 티프리스의 예를 들자면 여름 휴양 시설이나 요양소에 참가할 아이들은 모두 결핵 검사를 받아야 한다.

러시아공화국에서의 결핵 관리 체계

러시아공화국 보건 담당 당 정치위원은 결핵 관리에 투입되고 있는 엄청난 공공 자원의 통계를 보여 주었다. 현재 모스크바에는 24개의 결핵 진료소에 226명의 상근 의사가 있으며, 1931년 한 해만 77만 6천 명이 치료받았는데 그 중 9만 명이 초진 환자였고 이 중 3만 명이 결핵으로 확진되었다. 결핵 담당 의사들은 대부분 이런 진료소에서 근무한다.

러시아공화국의 중앙결핵연구소에서 네스린Neslin 박사를 만났다. 그는 모스크바 진료소 네트워크에 대해 설명해 주었다. 진료소는 특정 수의 병상을 보유하며 요양소나 병원은 더 많은 병상을 보유하고 있다고 한다.

결핵 진료소에서는 인위적 기흉pneumothorax 생성술 등 다양한 특수 치료법이 시행되고 있다. 의료 기관의 치료는 언제나 노동자에게 우선권이 주어진다. 접촉은 철저히 감시되며 아이들의 경우는 더 그렇다. 아이들의 경우 검사는 3~6개월마다 이루어지고 투베르쿨린 반응 검사 및 결핵이 의심되는 경우 엑스선 검사를 시행한다.

도시의 활동성 환자들은 거의 모두 의료 기관의 치료를 받는다. 러시아를 통틀어 혁명 전에는 350개였던 결핵 병상이 현재는 3만 5천 개이며, 추가로 1만 2천 병상의 주야간 요양소가 있다.

주야간 요양소는 대개 진료소 부설로 공장에서 3~4교대로 근무하는 많은 노동자들에게 서비스를 제공한다. 치료는 무상이며 요양소 진료도 마찬가지이다. 대부분의 환자들이 요양소를 이용한 경험을 가진다.

공장 식당에서는 폐결핵 환자를 위해 특별히 마련된 식이를 제공한다. 활동성 결핵 환자가 병원 입원을 거부하는 경우는 아주 드물다.

모든 의료 기관의 결핵 의사는 상근 공무원이다. 결핵 진료소의 구비 시설이 민간 의사보다 훨씬 좋기 때문에 민간 의사에게 치료받는 환자는 극소수에 불과하다.

노동조합은 의사와 간호사, 결핵 관리를 담당하는 다른 직원들로 구성된다. 앞서 설명했듯이 소련의 노동조합은 직종별로 구성되는 미국이나 영국의 형태와는 다르다. 소련에서는 원칙적으로 '한 작업장은 하나의 노동조합이다.'

종종 의료 기관 내 전문가와 행정 직원 사이에 갈등이 발생하기도 하는데, 일반적으로는 노동조합이 개입하여 사업이 원활히 운영되도록 중재한다.

의사는 일반의든 결핵 담당의든 상관없이 간호사보다 2.5배 많은 임금을 받는다. 전문 기술자보다는 낮고 교사보다는 높은 수준이다. 이례적으로 우수한 의사의 경우 특수 수당이 주어지지만 그렇다고 해서 자본주의 사회처럼 문제가 발생하지는 않는다고, 네스린 박사가 말했다. 왜냐하면 축적한 부로 생산 수단을 통제할 수 없기 때문이다.

최근까지도 결핵 환자 간호는 전문화되어 있었으나 현재는 다른 환자와 같게 한다.

활동성 결핵 환자를 위한 요양소 병상 수는 현재도 부족하지는 않지만 그렇다고 충분하지도 않다고 한다. 네스린 박사는 결핵이 '퇴치되고 있지만' 더욱 빠른 감소를 위해 사용 가능한 병상 수를 더 늘려야 한다는 의견을 피력했다.

사마라와 티프리스의 연구소들

다른 곳과 마찬가지로 사마라에서도 결핵은 산업 환경과 관련하여 특수하게 여겨지고 있었다. 사마라에만 6개의 요양소가 있으며, 어떤 곳에서는 마유주koumiss를 이용한 치료법을 사용하기도 했다. 지난 3년 동안 결핵 환자 수는 절반으로 줄어들었다. 야간 요양소의 경우에는 환자가 두 달 동안 거주하면서 주간에는 직장으로 출근하는 방식으로 운영된다.

티블리 시에서 방문한 결핵연구소는 인상적인 신축 건물이었다. 이곳에서 연구소와 연계된 의과대학 2학년 수업을 참관하였는데, 수업은 러시아어가 아니라 조지아어로 이루어지고 있었다. 학생의 연령대는 상당히 다양했는데 이러한 특징은 소련의 다른 교육기관에서도 마찬가지이다.

티프리스 결핵연구소의 의과대 학생들 @마가렛 버크화이트

결핵 환자들이 독립적으로 티프리스의 결핵연구소를 찾는 경우도 종종 있긴 하지만 대개는 외래 진료소나 공장에서 의뢰된다. 아이들은 연구소 내 분리된 구역에서 치료받는데, 입구와 대기실이 다른 구역과 구분되어 있다. 여름 휴양 시설이나 요양소에 갈 아이들은 모두 이곳에서 검사를 받아야 한다. 조지아에 있는 다른 결핵 기관

들도 모두 이 중앙 연구소와 긴밀히 연계되어 있다.

연구소 부속으로 등급별 일광 요법 부서가 있고 주간 요양소를 이용하는 어른 환자를 위한 공간을 따로 건축 중이었다.

모든 취학 아동은 결핵 반응 검사를 받으며 결핵이 의심되면 엑스선 검사를 받는다.

모스크바의 야간 요양소

10개의 모스크바 야간 요양소 중 한 곳을 방문했다. 특수 질병에 한정된 것이 아니라 신경 쇠약, 빈혈 등으로 휴식이 필요한 노동자를 위한 기관이다. 요양이 필요하다고 판단되면 대개 공장 소속 의사가 전원을 의뢰한다.

수용 인원은 남성 39명, 여성 36명이다. 환자들은 매일 오후 4시~5시반경에 요양소에 돌아와서 목욕을 하고, 옷을 갈아 입고, 의사의 검진을 받은 후, 다음날 아침에 작업장으로 출근한다. 제공되는 시설은 모두 1인실이다.

하르코프의 아동 예방원

하르코프에서는 특별히 선정된 아이들이 머무는 요양소 또는 예방원에 방문할 기회가 있었다. 2~3월에 걸쳐 선별이 이루어지고 입소는 5월에 시작된다.

여름 동안 두 집단의 아이들이 각각 40일씩 이곳에서 지낸다. 요양소에서 지내는 동안 아이들은 의료 전문가에게 주기적으로 건강 검진을 받고 치과 및 다른 진료를 받는다. 체육 교사가 상주하고 시민화 교육은 하루에 20분씩 이루어진다. 아이들의 부모에게 청구되는 비용은 없다.

우크라이나에도 비슷한 요양소가 있다고 전해 들었다. 9년 전 시작되었는데 우크라이나공화국 보건 행정 조직의 두드러지는 성과이다.

결핵 퇴치 노력에서 주요한 역할을 하는 기관은 공장이다. 공장에서는 결핵 전염을 막기 위해 예방적 조치가 시행되고 노동자 위원회에서는 이용 가능한 의료 기관에 누굴 보낼 것인가 하는 문제에 대해 의논한다. 레닌그라드의 저명한 한 대학 교수는 혁명 후 가장 도움이 되는 일은 노동자를 위한 요양소와 치료 시설의 광범위한 활용이라는 의견을 밝혔는데 우리도 이에 동의한다. 이러한 시설들은 혁명 전에는 거의 존재하지 않았다. 현재는 모든 노동자들이 매년 2주 동안 공공 비용으로 휴양 시설에서 지낼 수 있는 기회를 가진다.

휴양소와 요양소

누구든지 소련 전역에 있는 다양한 휴양소와 요양소의 수를 들으면 무척 놀란다. 이런 휴양 시설은 전국 어디에나 존재하며 노동자가 실제 아프지 않더라도 1년에 2주 동안은 이런 곳에서 지낼 권리를 주장할 수 있는 것 같다.

우리가 방문한 다양한 휴양 시설은 1~2장에 걸쳐 이미 설명한 적이 있지만 여기에 좀 더 자세한 내용을 풀어 놓기로 한다. 레닌그라드 네바 강변에 있는 아름다운 궁전은 현재 노동자들의 2주 유급 휴가를 위한 휴양소로 사용되고 있다. 비용은 청구되지 않으며 수용에 여유가 있는 한, 모든 노동자들이 이곳이나 또는 비슷한 다른 시설에서 휴가를 보낸다. 사치를 누릴 수 없는 일상을 살아가는 노동자들은 궁전의 멋진 방들을 대신 누리고 있었다.

레닌그라드에서 방문한 야간 요양소도 이전에는 사유지였던 교외의 웅장한 건물이었다. 이곳 역시 화려한 가구나 실내 장식이 여전히 남아 있었다. 130병상의 기관으로 초기 결핵 환자를 위한 용도로 이용되고 있었으며 한 번에 각각 35명의 남녀를 입원시킬 수 있다. 이곳에 수용된 사람들은 하루 7시간 일한 후 이 기관으로 퇴근한다. 퇴근 후에는 목욕을 하고 1시간 휴식을 취한 후 저녁을 먹은 다음 의사와 상담을 한다.

조지아 Borzhom 근처의 순환기 요양소와 환자들 @마가렛 버크화이트

이전에 요양소를 이용한 적이 있는 환자들의 경우, 위생 환경을 유지한다는 관점에서 이 야간 요양소에 수용되지 않으며, 건강 상태에 따라 환자에게 배정되는 작업 종류를 결정하는 조치 등은 아직 도입되지 않은 듯했다. 하지만 이런 환자들

에게 비교적 가벼운 작업을 시키려는 시도는 이루어지고 있다.

환자에 따라서는 장기간의 요양소 치료가 필요해 보이기도 했지만 이런 시설이 언제나 이용 가능하지는 않은 것 같았다.

크림 반도는 소련의 주요 건강 휴양지가 위치한 지역이다. 기후가 아름답다는 이유도 있지만, 그보다는 이 지역에 제정 러시아 시대의 왕족과 귀족이 사용한 궁전, 대저택, 별장 등이 많이 위치한, 즉, 부유한 이들의 전유물이던 곳이기 때문일 것이다.

얄타에서

흑해 증기선을 타고 이동한 우리는 크림 반도 해안에 위치한 건강 휴양지의 중심지 얄타에 도착했다. 인구 2만 명의 이 도시는 높은 산맥으로 둘러싸여 있으며 역사적으로는 고대 그리스의 지배를 받기도 했다. 도착 다음날 아침 크림 지역 사회보험 기관의 책임자인 야콥슨S. J. Jacobson 박사를 만났다.

소련의 사회보험에 대해서 이야기하며 그는 사회보험의 주요 목적을 다음과 같이 설명했다. 첫째, 의학적 치료에서 예방을 강조한다. 둘째, 요양소와 휴양 시설을 늘리고 시설을 개선한다. 이들 기관의 수는 혁명 전과 비교하여 이미 몇 배는 더 증가한 상태다.

주요 목표는 노동자를 지원하는 것이다. 현재 수요에 맞춰 혜택받는 이의 90퍼센트는 중공업에 종사하는 노동자였던 것 같다. 기술자도 우선적으로 혜택을 받을 수 있다.

크림 지역 의료 사업의 주요 목표는 이 지역의 특수한 기후가 가진 치유력을 백 퍼센트 활용하는 것이다. 이 관점에서 보면 요양소는 해발 500미터쯤에 건립되는 것이 이상적이라고 야콥슨 박사가 말했다. 이전의 요양소들은 해수면과 같은 고도에 지어져 있다.

보험국에서 운영하는 휴양 시설 외에도 보건인민위원회에서 운영하는 비슷한(똑같이 좋은 것 같지는 않다) 시설이 존재한다. 중앙에서 보내는 환자에 대해서는 보험국과 보건인민위원회 두 기관의 합의를 거친다. 실제로 두 기관의 통합도 고려되고 있다. 환자는 소련 전 지역에서 오지만 진행된 질병을 가진 환자의 경우 이렇게 먼 곳의 요양소로 보내지는 경우는 드물다. 피보험 환자가 치료를 받으면 임금은 온전히 보전되고 치료비는 무상이며 집으로 돌아가기 전에 특별한 지원도 제공된다.

크림 반도 해안 지역에는 보험 대상이 아닌 이들을 수용하는 시설도 많다.

휴양 시설에서 노동자가 쓰는 비용의 최소 반 이상이 보건 기금에서 충당되므로, 모든 신청자들을 수용하기에는 기금이 충분하지 않다고 야콥슨 박사가 말했다.

중공업 분야의 휴양 시설 이용자 결정은 선정위원회에서 맡는다. 지역 결핵 진료소가 결정 과정에 참여하기도 한다.

노동자를 위한 주야간 요양소는 이 지역에서는 상대적으로 뒤처진다. 폐에 공동이 생긴 환자, 사진이나 조명을 다루는 산업에 종사하는 환자들은 특별 교육을 받는다. 작업 치료도 시행되고 있으며 작업 치료를 통해 생산된 물건의 판매에는 어려움이 없다고 했다.

퇴소할 때가 되면 환자는 자신의 병력을 기록한 복사본을 건네받고 원래의 구역 진료소에 이 문서와 기록 카드를 제출해야 한다.

아이들을 위한 요양소는 거의 존재하지 않는다. 전염의 주요 매

개체가 노동자들이었기 때문에 먼저 이들에게 집중하기 때문인 듯 했다.

결핵 환자들은 심지어 아이들의 경우에도 항상 다른 질병과 격리되어 치료된다.

도로시 Dolossy 요양소 방문

도로시 요양소 @존 킹스베리

우리는 얄타 너머 고도 490미터 산자락에 있는 대규모의 도로시 요양소를 방문했다. 아름다운 곳에 위치하고 있었으며 시설 또한 훌륭했다. 겨울에는 300명, 여름에는 480명가량의 환자들이 머문다. 환자가 입소하면 외부에서 전염병이 침투하지 않도록 특별한 주의 조치가 취해진다. 그릇이나 수저는 매 식사 후 모두 소독하며 가래가 묻은 물건은 태운다.

요양소의 건립과 유지 비용은 사회보험에서 충당되고 각각의 환자는 생활비로 하루에 6루블을 지불한다.

환자가 요양소를 떠난 후에도 치료가 지속되며, 공장이나 다른 작업장, 결핵 진료소의 의료 기록도 이런 목적으로 참조 가능하다.

리바디아 방문

다음 우리가 방문한 곳은 리바디아Livadia였다. 이곳은 제정 러시아 차르였던 알렉산더 3세가 크림 반도에서 머물렀던 웅장한 거주지로 여러 개의 부속 건물로 구성되어 있으며, 궁전 등의 건물은 현재 1천 300명에서 1천 500명의 노동자를 수용한다. 이들은 2주 이상의 요양 치료를 위해 소련의 다양한 지역에서 온 노동자들이다. 말 그대로 거대한 규모의 회복 시설이며 특별 치료가 필요한 환자를 위해 부속 시설도 갖추고 있다. 이곳은 사회보험과 정부의 보건 부서에서 보내는 노동자 모두를 수용한다.

우리와 동행한 크림 지역 주 요양소 소장인 카르펜코Karpenko 박사가 휴양 시설의 운용에 대해 설명해 주었다. 이곳의 휴양 시설은 중앙 정부가 관리하며, 피보험자가 아닌 집단 농장 노동자, 피보험자이지만 크게 아프지 않거나 아니면 보험에서 운영하는 휴양시설에 병상이 부족한 경우가 그 대상이다. 교통비는 본인 부담이며 반드시 노동조합원이어야 한다고 했다.

여름에 머무는 이들은 주로 공장의 '특별 작업대' 노동자들인 반면 겨울에는 집단 농장 노동자들이 월등히 많아 '농민의 궁전peasants' palace'이 되곤 한다.

차르 시대의 옛 궁전이었던 얄타 근처 리바디아의 휴양소 @존 킹스베리

노동자들은 리바디아에서 대개 6주 동안 머문다. 이들은 다양한 지역에서 무리지어 오며 어느 정도의 자율을 누린다. 이곳에 오는 중공업 노동자들은 기강이 잘 잡혀 있는 편이다.

리바디아의 직원들과 흥미로운 대화를 나눴다. 의료 책임자의 경우 혁명 후 들어선 새 정권에 대한 선호가 뚜렷했다. 전과 비교해 임금은 낮아졌지만, 혁명의 영향은 의심의 여지없이 긍정적이며 그래서 금전적 걱정은 이제 없다고 말했다. 환자 개인에 대한 의사로서의 관심은 확실히 늘었으며, 개인의 복지는 공동체 복지를 통해 이루어진다는 사회주의 원칙을 젊은이들이 열정적으로 교육받고 있기 때문에 자신의 생각은 앞으로도 계속될 것이 분명하다고 확신했다.

마지막으로 모스크바에서 만난 저명한 조직학 여교수의 말을 인용하려고 한다. 그는 60세가 넘었으며 원래 부유한 집안 출신으로 차르 시대에 혁명 활동에 가담했다. 사회 진보의 증거로 프롤레타리아 계급 대부분이 매년 2주일씩 이용하는 휴양 시설의 엄청난 성장을 예로 들었다. 혁명 이전에 프롤레타리아는 중요하게 여겨지지 않았지만 이제 그들은 중요한 존재가 되었다. 옛날에는 가장 고통 받는 계급이었지만 이제는 새 정권 아래서 가장 중요한 혜택을 우선 받아야 하는 게 옳다는 관점을 밝혔다. 사회주의의 선두를 구성하고 건설하는 이들이 바로 그들이기 때문에 제일 먼저 혜택을 누리는 게 마땅하다고 했다.

21장

성병의 예방과 치료

성병의 예방과 치료는 11장에서 간단히 언급된 결혼 및 이혼 문제와 밀접히 관련되어 있다. 쉬워진 이혼에 대한 반대 여론이 많음에도 불구하고 소련의 예에서 볼 수 있는 것처럼, 결혼과 상관없이 일시적으로 같이 지내는 이들이 성적으로 특히 더 문란하다고 보기 어려우며 성병 확산과의 관련성도 뚜렷하지 않은 듯하다.

성병 발생 통계는 대개 신뢰하기 힘들지만 『국제 건강 연보』에 수록된 통계를 다음과 같이 인용한다.

19292년 성병 발생 건수

매독	연성하감	임질
354,295	13,841	411,015

혁명 전 러시아는 매독이 창궐했다고 알려져 있다. 대부분 '죄 없는innocent' 환자들로 성 관계가 아닌 경로로 전염된 경우이다. 사마라 지역도 마찬가지이며 현재는 크게 감소하고 있다고 한다.

로스토프도나우에도 예전에는 입맞춤이나 모유 수유 등으로 전염된 '죄 없는' 매독이 많았지만 그조차도 1924년 1만 명당 45명에서 1930년 0.5명으로 감소하는 추세라고 루빈슈타인 박사는 말한다.

모스크바의 피부성병연구소 소장인 카자로프Kazaroff 박사는 성병 퇴치 시설에 대한 귀중한 정보를 공유해 주었다. 매독과 임질 모두 감소하는 추세이며 특히 매독에서 그 경향이 뚜렷하다. 모스크바와 주변 지역의 매독 발생 등록 통계는 다음과 같다.

1927년	인구 1만 명당 57.75명
1928년	인구 1만 명당 46.42명
1929년	인구 1만 명당 44.30명
1930년	인구 1만 명당 38.50명
1931년	인구 1만 명당 31.00명

필요한 치료가 소홀히 여겨지는 경우는 거의 없다. 환자의 사회적 지위와 상관없이 치료는 항상 무상이며 제한 없이 제공된다. 치료의 지속성을 강조하는 교육이 상당수 이루어지고 있고 필요하면 가정 방문도 포함된다. 하지만 치료를 계속하는 것이 강제는 아니다.

모스크바의 성병 관련 의료 시설은 400병상 규모이다. 도시에는 5개의 성병 진료소가 있고, 공장이나 다른 진료소에서도 성병 치료가 이루어진다. 매독 완치는 혈액과 척수 검사로 확정된다.

카자로프 박사의 설명에 따르면, 성병의 감소는 치료를 통해서만이 아니라, 첫째 노동자들이 스스로 성병 퇴치 자원을 관리함으로써 자기 절제의 필요성을 깨닫게 되고, 둘째 실업이 사라짐에 따라 매춘이 자연스럽게 '근절'됨으로써 이루어졌다고 한다. 현재 모스크바에는 극소수의 매춘부만 존재한다.

연구소에서 주도하는 성병 관련 강연이 공장에서 개최되기도 하는데 환자 증가에 따른 활동으로 보인다. 교육에는 영화와 프린트 자료가 활용된다.

진단 검사도 역시 무상이며 연구소에서는 임균 특별 연구가 진행되고 있었다.

카자로프 박사는 집단 감염으로서의 매독이 제2차 5개년 계획이 끝나기 전에 '근절'되기를 기대하고 있다.

결혼할 때 부부 두 사람 모두 건강 증명서를 발급받는 것이 의무이지만 일반적으로 강제 사항은 아니다. 하지만 증명서를 발급받지 않은 상태에서 둘 중 한 사람이 성병에 감염되면 유책 배우자는 법적인 처벌을 받게 된다. 결혼하지 않고 두 사람이 같이 살다가 감염이 확인되는 경우 감염에 대한 벌금을 내야 한다.

문화 수준이 향상됨에 따라 결혼 상담이 점점 일반화되고 있다. 결혼 상담은 성병 진료소에서 이루어진다.

매춘부를 위한 예방 진료소

우리는 모스크바 소재 매춘부의 교화를 돕는 '예방 진료소'를 방문했다. 500명의 여성이 치료를 받고 있었다. 자발적으로 입소하여 처음에 의사의 검진을 받고 전문 치료가 필요한 경우는 병원으로 전원된다. 다른 경우에는 이곳에서 치료하며 낮에는 노동에 참여한다. 시설 내에 뜨개질이나 바느질 일감이 많으므로 1달에 70루블 정도의 평균 임금을 받고 일하며 35불은 기관 사용료 명목으로 공제

되며 문맹이라면 학교에 가게 된다. 약 10퍼센트는 장애를 가지고 있는 걸로 알려져 있다.

이곳에는 치과 의사를 포함 총 15명의 의사들이 있으며 하루에 3~7시간씩 근무한다.

환자들은 대개 하루 7시간 동안 공장에서 일하며 일반적으로 퇴근 후에도 공장 업무를 계속한다. 5퍼센트 정도에서 시설 이탈이 일어나는데 대개는 다시 돌아온다고 한다. 4일에 한 번씩 외출이 가능하며 소재는 파악되고 집에 다녀올 수도 있다. 예전 환자를 위한 시설 내 모임도 열린다.

대부분의 환자들은 나중에 결혼을 하고 아이를 가진다. 어떤 여성들은 예방 진료소에 있는 동안 아이와 함께 머물기도 하며, 임신한 여성도 입소할 수 있다.

모스크바에는 이런 형식의 기관이 여러 개 있다.

로스토프도나우에는 구역마다 4개의 진료소 또는 외래 진료소로 구성된 특별 성병 센터가 있다. 이 중 하나는 150쪽에서 소개한 통합 진료소 내에 위치하면서 다른 부서 의사들과 직접적으로 협력하기도 한다.

로스토프 진료소에서 수집된 통계 자료와 임상 기록은 참조와 통계 연구를 위해 따로 보관된다.

소련에서 성병은 운이 없는 정도로 여겨지지 수치심을 일으키는 것 같지는 않았다.

루빈슈타인 박사가 제공한 다음 자료는 로스토프에서 감소하고 있는 매독 발생률을 보여 준다.

인구 1만 명당 발생 건수

	매독	임질
1927년	80.3	126.1
1930년	51.0	100.0

티프리스에는 조지아공화국 전역의 지점을 연계하는 성병연구소가 있다. 그 외 다양한 종합 진료소에 성병을 치료하는 특별 부서가 있다. 매춘은 여전히 발생하고 있으며 매춘부는 갱생원reformatory에 수용되기도 한다.

22장

의료 서비스의 특징

앞에서 설명한 내용을 바탕으로 소련 의료의 주요 특징에 대해 좀 더 자세히 얘기해 보기로 한다.

시작하기 전에 우리가 다루는 내용이 소련에서 찾을 수 있는 최선이며 제일 훌륭하게 발전된 모습을 부각시키게 될 것이라는 점을 다시 한 번 분명히 하려 한다. 그 이면에는 반복해서 밝혔듯이 과밀한 도시 거주민들과 광대한 땅에 흩어져 사는 시골 인구의 수요에 못 미치는 의사 부족이라는 실상이 있다. 하지만 의사 부족은 빠른 속도로 해결되고 있으며 그 때문에 지금껏 이룬 성과에 대한 감탄을 숨길 이유는 없다.

앞 장에서 소련 의료에서 두드러지는 특징 두 가지를 이미 설명했다. 첫째 의사는 극소수를 제외하고는 모두 국가 공무원이다. 둘째 의료 서비스는 체계적인 의료 기관에서 놀랍도록 집중되어 시행됨으로써 필요한 경우 의사는 전문가와 의료 기관의 지원을 즉각적이고 일상적으로 보장 받을 수 있다.

소련의 의료 서비스에서 경제적 동기가 거의 작동하지 않는다는 점은 이미 밝힌 바 있다. 의사는 영리 경쟁에서 분리되었다. 진료비를 청구하는 민간 의료 서비스는 적고 그나마도 감소 추세라 추계에서 생략해도 될 정도인데 인구 대부분이 가난해서 그렇기도 하지만, 도시의 공공 의료 서비스를 이용할 경우 필요 시 언제든지 병원을 이용할 수 있을 뿐만 아니라 정교한 자문 체계까지 갖추고 있어 민간 의료 서비스보다 훨씬 우수하기 때문이다.

다음과 같은 질문을 던져 보자. 새로운 환경에서도 의사의 생계가 환자가 지불하는 진료비로 유지하던 시절만큼 훌륭한 의료 서비스를 기대할 수 있을까? 절대 다수 환자들에게 이 질문은 탁상공론에 가깝다. 왜냐하면 혁명 전 러시아의 민중 다수는 의료 지원을 거의 받지 못했고, 예외가 있었다면 병원의 의료직이나 구역의 공공 부조 의료 공무원에게 받는 부실한 의료 서비스뿐이었다. 현재 전체 인구 대다수가 누리는 의료 서비스는 예전과 비교한다면, 의료의 질이나 특화한 전문의 제도, 유용성 모든 면에서 놀랄 만큼 우수하다.

위에서 제기한 질문에 대해 소련의 의사들은 주저 없이 긍정적인 의견을 제시했다(예는 237쪽 참조). 환자-의사 관계에서 금전적 연결을 제거함으로써 의사가 치유 예방 사업을 수행할 수 있는 능력을 크게 성장시켰다는 주장도 있었다. 이는 『의료와 국가』에서 도달한 결론과도 일치한다. 이 책에서는 영국의 질병 보험 아래에서의 의사의 모습을 다음과 같이 언급하고 있다.

> "양심적인 보험 의사insurance doctor는 그가 담당하는 보험을 가진 피보험자들에게 진료비와 상관없이 만족스러운 치료

를 제공할 수 있는 훌륭하고 요긴한 존재이다."

하지만 아래와 같은 환경에 대해서도 덧붙이고 있다.

"비도덕한 의사의 경우 환자를 너무 성급하게 보거나 제대로 확인하지 않고 근무가 불가능하다는 진단서를 부적절하게 발급하는 등의 이유로 심각한 도덕적 악영향을 초래하기도 한다."

다음은 관련 내용으로, 같은 책 250쪽에서 발췌하였다.

"전일제 정규직은 개인의 진취성을 저해하고 지속적인 노력에 방해가 된다는 비판의 대상이 되곤 한다. 하지만 의료계나 학계의 전임직 공무원을 생각한다면 심각하고 부당한 비난이다. 특정 개인에서는 가능성이 있을 수 있겠지만 사실 전체적으로 보면 적은 비율일 거라는 게 내 판단이다. 이런 경우라면 종신직을 보장하는 것이 게을러지는 이유가 되고 그래서 현재의 정체된 업무 방식이 고정되고 강화되는 결과를 초래하기도 할 것이다.

하지만 학문적 정체나 도덕적 무기력이 공무원에게 나타난다 해도 그것이 공무원만의 특징이라고 말할 수는 없다. 이들이 가끔 누리는 안정된 삶을 가난한 구역의 민간 의사들이 수행하는 의료에 비교해 보자. 의사들은 환자를 서둘러 보고, 환자가 너무 많은 탓에 진단 없이 치료를 수행하며, 의학 저널은

열어 보지도 못한 채 책상에 쌓여 가고, 의사 단체가 제공하는 학회는커녕, 유지 보수 교육에도 참가할 여유가 없다.(어느 편이 나을 것인가.)"

환자가 의사를 방문할 때마다 진료비가 청구되기 때문에 돈이 안 되는 환자를 피하거나 불필요한 방문을 유도하는 영국과 비교하면 소련은 반대이다. 영국의 경우 '보험 대상'에 올라 있는 환자 수와 의사의 소득이 의사 개인의 인기에 달려 있다는 사실을 감안하면 영국과 소련을 비교하는 것은 부적절해 보인다. 소련에서는 원칙적으로 환자는 자신에게 배정된 의사와 상담한다. 이 원칙이 엄격하게 적용되는 것은 아니지만 시골의 경우에는 거의 항상 그렇다. 영국에서도 시골 마을이나 병원, 진료소에서 의료 지원을 받는 환자의 경우에는 대부분 소련과 같은 원칙이 유효하게 적용되고 있다.

효율을 위해 금전적 동기는 중요하다. 하지만 금전적 동기가 언제나 인간의 행동을 결정하지는 않는다. 이미 보았듯이 금전적 동기가 사라진 곳에서도 여전히 훌륭한 의료 서비스가 펼쳐지고 있다. 직업적 자긍심, 뛰어나고 싶은 욕망, 동료들에게 인정받고 싶은 바람이 의사들에게도 아주 중요하게 작용한다. 또 이타적인 일을 했을 때의 만족감, 봉사라는 순수한 사랑과 고통 받는 이들을 보살피겠다는 바람 등이 다른 경우도 그렇듯 의사들의 마음을 사로잡고 있다.

소련 의료의 가장 중요한 원칙이라고 할 수 있는 또 다른 특징은 인구의 대다수를 구성하는 산업 노동자와 가장 빈곤한 농민 그리고 그들의 가족이 새로운 의료 체계를 일정 수준 이상으로 이용 가능하게 되었다는 점이다. 진료소 및 종합 진료소에 대한 우선권이 이들에게 주어지고, 병원 입원이나 요양소 및 회복 시설에서의 치료가 필요하면 제일 먼저 기회가 주어진다.

공중 보건 사업 조직을 포함한 소련 정부 주도의 의료 국유화 사업은 혁명 후 초대 보건인민위원회 당 정치위원인 니콜라이 세마쉬코N.A. Semashko 박사가 맡았는데 제정 러시아 시대의 의료 체계에 대해 다음과 같이 언급한 적이 있다.

> "당시의 의료 체계는 자본주의 국가의 특징을 모두 갖고 있었다. 부유한 이들에게는 더 좋은 의료 서비스가, 가난한 이들에게는 낮은 수준의 의료 서비스가 주어졌다. 실제로 예방 의학이라고 할 만한 것은 없었다. 가난한 이들을 위한 특별한 보살핌은 존재하지 않았으며, 요양소 같은 시설은 부유한 이들이 독점했다."

1931년이 되자 소련 전역에 빈곤층을 위한 회복 시설과 요양소 병상 72만 4천 개를 갖추게 되었다는 것은 주목할 만한 사실이다.

치료에 대한 우선 순위와 선호가 노동자에게 주어지긴 하지만, 그렇다고 노동자 범주에 포함되지 않는 이들에게 치료가 제공되지 않는 것은 아니다. 비노동자(이에 대한 정의는 91쪽 참조)를 만나 개인적인 경험을 확인하는 것은 쉽지 않았지만 대체로는 비슷할 것이다. 러시아공화국 보건 담당 당 정치위원이 우리와의 인터뷰에서(232쪽 참조) 언급했듯이 그들의 목표는 모든 이들에게 무상으로 의료를 제공하는 것이지만 필수적으로 우선권이 주어지는 대상은 육체 노동자들인 것이다. 따라서 지식인 계층이 진료소를 이용하는 경우 노동자들이 치료를 마칠 때까지 기다려야 한다.

다른 문제로는 비노동자 다수가 덜 행복해 보인다는 점이다. 배급표를 받지 못할 수도 있고, 국영 상점에서 물건 구매가 힘들 수도 있으며, 극장, 오페라, 영화관 등 노동조합원에게 부여되는 저렴한 표를 구할 수도 없다.[1] 질병 보험에서의 비노동자들의 지위는 뒤에 설명하도록 한다.

의료 지원에 대한 비노동자의 지위는 예외적이라 비노동자는 노동자보다 더 가난하더라도, 노동자가 누릴 수 있는 최선의 의료 서비스를 요구할 수 없다. 하지만 우리가 확인한 바에 따르면 비노동자도 대개는 의료 서비스를 제공받는다.

어떤 비노동자들은 공무원인 의사를 근무 외 시간에 사적으로 고용하기도 한다. 하지만 이미 언급했듯이 민간 의료 서비스는 소련 전체 의료 행위의 10퍼센트에도 못 미치는 것 같다.

소련 의료의 중요한 특징은 의료 서비스의 흐름이 사실상 한 창구로 통일되었다는 점이다. 각각의 공화국에는 '전체 인구를 위한 단일 국가 체계'가 존재한다. 예전에 지주였던 이들이나 다른 '비노동자들'이 노동자의 의료 수요가 만족된 후에만 치료를 받을 수 있다는 사실이 이 주요 원칙을 벗어나는 것은 아니다.

병의 치료는 전적으로 무상이고, 비용은 독점적 기업을 통해 조성되는 정부 기금에서 지불한다.

무상 치료 원칙에 일부 예외가 있는데 이를테면 임신 중절을 유

---

1. 대개 관람 표의 반 이상이 절반 가격으로 노동조합이나 공장에 제공된다. 이것은 교육위원회에서 제공하는 보조금의 일종이다. (Maurice Dobb in *Soviet Russia and the World*, London, Sidgwick & Judson, 1932.)

도(193쪽 참조)하거나 요양소에서 머무는 경우(257쪽 참조)가 이에 해당한다. 특정 의원이나 때로는 병원에서도 진료비의 일부를 내도록 하는 경우가 있다.

소련에서의 질병 치료는 다른 어떤 나라보다 더 완전하게 기관화 institutionalized해 있는데 이 때 기관에는 의원 및 비거주 의료 기관도 포함된다. 의료 서비스의 기관화 경향은 모든 국가에서 나타나고 있는데, 그 범위는 해당 국가의 재원에 크게(전적으로는 아니라도) 의존하여 발전하고 있다. 적절한 재정이라는 측면에서 의료의 기관화 요구에 저항하기는 힘들어 보인다. 그 필요를 설명하는 근거는 『의료와 국가』에서 충분히 다루고 있으므로 여기에서는 생략하겠다.

미국 의료와 소련 의료의 비교

원고 작업을 하는 동안 의료서비스비용연구위원회가 미국에서 5년 동안의 연구를 끝내고 작성한 최종 보고서를 받아 보게 되었다. 이 보고서는 현재 미국 의료 서비스 공급의 불균형을 다음과 같이 나열하고 있다.

- 가족 간의 의료비 분배의 불균등
- 특정 시골 지역의 경우, 의사와 병원의 극심한 부족
- 회복 시설의 전반적 부족
- 실수요에 못 미치는 치과 의사의 전반적 부족
- 공공 의료 시설의 인력과 재정 지원 부족
- 비용 문제로 인해 다수 환자들이 간호 서비스를 받지 못하

는 상황. 산과와 공중 보건 수련을 받는 간호사의 실질적 부족, 일반 인구들이 고용하지 못하는 민간 간호사의 공급 과잉.

- 질 낮은 진료의 만연과 자가 치료 유행
- 의사, 치과 의사, 간호사 전반의 낮은 소득
- 예방적 조치의 불충분한 활용
- 의료 서비스의 우열을 정확하게 구분할 수 있는 능력 부재

이러한 점들을 우리가 소련의 대도시에서 관찰한 내용에 비교해도 괜찮을 것 같다. 편의를 위해 번호를 붙이기로 한다.

1. 소련의 경우 도시와 다수의 시골 지역에 거주하는 전체 인구의 8할에서 의료비의 불균등한 분배가 사라졌다. '박탈 계급'은 감소 추세이긴 하지만 아직 존재하며 공공 기관에 속하지 않고 독립적으로 존재하는 지적 노동자들과 그 가족들도 여전히 존재한다. 하지만 이들도 대체로는 육체 노동자와 농민, 다양한 사회 기관에서 일하는 이들에게 제공하는 의료 서비스와 동일한 공공 의료 체계에 의존한다.
2. 소련과 미국 모두 시골 지역의 의사와 병원 부족은 심각하다. 다만 소련의 경우 도로 등의 교통 시설이 부족하기 때문에 더 심각하다.
3. 미국의 회복 시설은 대체로 부족한 데 반해 소련은 이 점에 있어서는 이례적으로 훌륭한 시설을 갖추고 있다. 하지만 광대한 영토에 비해 휴양소나 요양소의 분포가 고르지 않은 경향이 있다.

4. 치과 의사의 부족은 단연코 미국보다는 소련에서 훨씬 더 심각하다. 다만 이에 대한 구체적인 통계 자료를 구할 수 없었다.
5. 미국의 경우 다른 자본주의 국가들과 마찬가지로 공공 의료 기관의 재정 지원은 실질적이고 긴급한 요구를 감당하기에는 턱없이 부족하다. 게다가 분배도 상당히 불평등해서 어떤 자치 단체는 의료 서비스 전반에 대해 상당히 완성된 체계를 갖추고 있는가 하면 다른 자치 단체에서는 모든 의료 서비스가 제한적이기도 하다.

전체 인구의 4/5를 포함하는 소련 시골 지역의 경우 기관 및 비기관 치료 모두에서 의료 서비스 공급이 부족한 편이다. 미국도 많은 시골 지역에서 의료 서비스의 불충분한 공급을 보이지만 그 정도에 있어서 소련에 비해 덜 심각하다. 소련의 도시들에서는 훌륭한 수준의 의료 서비스가 거의 완전히 통합된 형태로 특히 노동자를 대상으로 제공되고 있어 의료 서비스의 부족은 눈에 띄지 않았다. 도시와 시골의 차이는 감소하는 추세이긴 하지만 치과 치료의 공급 차이는 여전하다. 의료 서비스의 통합은 의료 행위의 과잉이 존재하지 않는다는 것을 의미한다.
6. 간호 서비스의 부족은 미국만의 문제는 아니다. 소련의 경우 서구 국가보다 훨씬 심각한 상황으로 부족한 간호사의 수와 불충분한 수련 수준을 원인으로 들 수 있다. 다만 소련에서의 질병 관리가 주로 기관에서 이루어진다는 사실이 부족한 간호 서비스로 인한 고통을 경감시킬 것이라고 예상한다.
7. 약초 등을 제외하면 소련에서의 자가 치료는 예외적이다.

약은 구하기 힘들며 아주 비싸다.

8. 의사 소득의 경우 두 국가를 비교할 근거를 찾기 어려웠다. 실질적인 대공황 발발 이전인 1929년, 민간 의료 서비스에서 미국 의사들이 벌어들인 총 소득은 50분위 수에서 3천800달러, 33분위 수에서 2천500달러, 18분위 수에서 1천500달러였다. 1929년 미국에서 3천800달러 소득이라면 소련에서 현재 제일 높은 임금을 받는 의사보다 더 나은 삶을 누릴 수 있을 것 같다. 하지만 대다수 소련 의사들의 소득이 미국의 1천500달러보다 낮은 구매력을 가진다고 보기도 어렵다.

9. 예방적 조치의 활용은 문명국 모두 형편없는 수준이고, 예전에 예방 사업을 시작했고 처음부터 예방 수준이 높았던 다른 국가들에 비하면 소련은 여전히 뒤처져 있다. 하지만 공장 의료 활동이나 진료소와 종합 진료소 활동은 각각의 환자를 개인으로서는 물론 공동체의 일원으로 간주하고, 환자의 치료 범위에 환자가 소속된 집단도 포함한다는 점에서 인상적이었다. 이에 해당하는 예는 앞서 이미 제시하였다.

10. 대다수의 일반 대중이 의료 서비스의 좋고 나쁨을 구분할 수 없는 것은 전 세계적인 특징이고, 생물학을 포함한 과학 교육의 일반화와 함께 개선될 것으로 보인다. 그 사이에 주제 넘을지도 모르는 질문을 하나 해 보자. 환자가 의료 서비스의 우열을 구분할 수 없는 경우, 환자가 지불하는 진료비를 의사 보수로 받는 경우와 받을 진료비에 신경 안 써도 되는 경우 중 어느 편이 환자나 공공에게 더 해롭겠는가? 비록 아직 불완전하긴 하지만 소련에서 시작한 의료 체계에 마음이 갈 거라고

우리는 생각한다.

서두에 제시한 몇몇의 글에서 우리가 소련에서 본 의료 서비스는 그들이 가진 최상일지도 모른다는 가정을 했다. 그렇다 하더라도 여전히 불완전했고 그 양상도 다양했다. 게다가 고도로 조직화한 의료 단위들이 '지나친 전문주의specialism로 치닫는' 위험을 종종 보여 주기도 했다. 서구 국가의 민간 의료 서비스가 가진 단 하나의 장점이자 압도적인 특징인 '인간적인 면'이 소련 의료에 부족하다는 비난을 많이 하는 것 같다. 하지만 이에 동의할 근거는 찾지 못했으며 그렇다 하더라도 공공 체계로 구성된 의료가 야기하는 불가피한 결과라고 생각하지 않는다. 게다가 공공의 지원 없는 환자를 측은히 여기는 평균 정도의 지식을 가진 가정의와 진료소, 종합 진료소, 병원, 요양소가 훌륭하게 운영되는 소련의 체계 중 선택해야 한다면, 후자가 전체 다수에게 유리하며 또 딱히 '인간적인 면'이 부족하다고 볼 수도 없는 것이다.

많은 결함에도 불구하고 우리의 보고서는 소련의 의료가 현재의 불완전함과 함께 훌륭한 장점들도 많이 가지고 있음을 보여 주고 있다. 물론 소련 의료의 역사는 아직 얼마 되지 않았고 그래서 결점도 많다. 큰 결함이라면 소련은 물론 다른 국가들에서도 나타나기는 하지만, 차별 없이 전 인구에게 적용되는 접근성을 달성하지 못한 점이다. 하지만 이 점에서 소련은 다른 나라들과 좀 다르다. 이를테면 소련의 의료 서비스에서 배제되는 인구 집단은 소수의 비프롤레타리아 집단이며 이들 또한 부분적으로 배제될 뿐이다. 반면 미국을 포함한 대부분의 서구 국가들에서는 부유층과 극빈층들만이 최선의 치료를 받을 수 있을 뿐, 다수의 인구에게 의료 서비스의 공급은 지불할 수 없는 수준이거나, 혹은 자선이나 공공 기금을 기반으로 마련된 불충분한 경우이다. 다양한 의료보험을 가진 나라들에는 차이가 있을 수 있다. 하지만 이러한 국가들에서 보험으로 의료 서비스에 지불하는 비용이 해결되더라도, 이용 가능한 평균 의료 서비스는 완전함과는 거리가 멀며, 우리의 판단으로는 소련의 도시에서 산업 노동자들이 누리는 의료 서비스의 예에 비해 다소 덜 만족스러운 수준이다.

소련의 의료 제도는 직접적인 지불이 사라졌다는 큰 장점이 있다. 이로써 자본주의 국가에서는 언제나 존재했던 의료 서비스의 민간과 공공 영역 사이의 관계라는 시급한 문제도 사라지게 되었다.

이 의료 제도의 더욱 중요한 특징 즉 프롤레타리아 계급에게 필요한 의료 수요는 모두 국가의 부담으로 무상 공급되고, 국영 의료가 제공하는 다양한 형태의 서비스 사이에 간극이 생기거나 중복되지 않게 조정되는 체계라는 점은 의사와 공중 보건 학자에게 좋은 인상을 줄 것이 분명하다.

23장

대규모 공동체 의료 서비스에 대한 일반적인 고려 사항

서문에서 이미 밝혔듯이 소련의 보건 의료 제도를 다룬 우리의 연구는 유럽 18개국의 의료 제도와 정책 과정을 주제로 한 국제 연구(14쪽 참조)의 연장선상에서 기획되었다. 그 연구 과정에서 도출된 근거는 이후 1932년에 출판된 『의료와 국가』에서 요약 제시되었다. 도출된 결론들이 제대로 정책으로 이어진다면 통합적 의료 서비스 공급이 가능해지고 보편적 이용도 용이해지는 등 큰 영향을 끼칠 수도 있다. 소련에 대한 연구도 다른 국가들에 대한 연구가 그랬던 것처럼 제대로 정책에 적용된다면 분명히 사회적으로 더 폭넓게 활용될 수 있을 것이다.

소련의 의료 상황을 이상적인 의료 서비스와 관련하여 생각해 볼 필요가 있을 듯하다. 이 장에서는 우선 바람직한 의료 서비스의 모습을 가정하고 다른 나라와 비교해 볼 때 소련이 이 모습에 더 가깝게 실현한 점들을 짚어 보도록 한다. 『의료와 국가』에 실린 일반론을 다음 문단에서 활용하였다. 인용 부호를 사용하지는 않았지만 대개 강조된 문장들은 이 책에서 그대로 발췌했다.

1. 공동체에 속한 모든 개인의 건강과 관련한 보건 의료 서비스는 당사자와 공동체의 다른 사람들에 대한 관심과 책임에 대한 문제이다.[1]

인간은 누구도 혼자 살지 않는다. 아프면 다른 사람에게 의존하게 되고 능률도 떨어지게 된다. 공동체의 다른 사람들도 불가피하게 고통을 겪는다. 이 점이 공공 의료 서비스 공급을 지지하는 자기중심적 동기self-interested motives이며 이에 대한 자각도 늘어나고 있다. 물론 이웃 사랑이라는 더 고차원적인 동기 또한 존재한다.

2. 정부가 주도하는 공동체는 건강 관련 법률은 물론 건강 회복을 위한 다양한 개선 방안을 실질적으로 적용하는 데 관심을 가져야 한다.[2]

전 세계적으로 요구되는 정부 차원의 조치를 대신할 수 있는 유일한 대안은, 필요한 보건 의료 서비스를 스스로 깨달아서 개인적으로 또는 서로 도와서 수행하는 방법뿐이다. 하지만 의료와 공중 보건학적 요구는 복잡다단하고 적어도 어떤 부분에서는 공동체 수준의 조치가 필요하기도 해서, 이런 대안적 방법은 대규모 공동체에서는 거의 불가능하다. 게다가 이런 방법은 이기심의 뿌리가 개인의 마음에서 제거된 후에라야 '현

1. 『의료와 국가』 1장

2. 같은 책, 2장

실 정치'의 공간에서 완전하게 실행될 수 있는 것이다.

3. 그렇기 때문에 정부 조직은 다음과 같은 사실을 충분히 인식하고 조치를 취할 필요가 있다. 어느 곳이든 공동체에 공급되는 보건 의료 서비스는 개탄스러울 만큼 부족하고 단편적이다. 또한 많은 아픈 이들에게 적절한 의료 서비스를 공급하기 위해 개인 의료인이 공급할 수 있는 수준을 넘어서는 제도와 기관의 구성이 필수적이다.[3]

세계적으로 인정받고 있는 이 제안의 근거를 이 책에서 제시할 필요는 없을 것 같다. 어떤 국가도 경험적으로 이 제안의 정확성을 부정하기 어렵지만 일부 국가의 경우 자료의 결함이 다른 국가에 비해 더 심한 경우도 있다.

4. 어떤 국가든 대다수 인구를 위한 질병 비용은 엄청나고, 가정 의료 서비스는 대부분 환자들에게 만족할 만한 치료와 빠른 회복을 보장하지 못한다. 반면 병원 치료 비용은 인구 대다수의 경제적 능력을 넘어선다는 점은 지극히 분명하다.[4]

5. 앞의 설명은 필연적으로 다음과 같은 결론에 도달한다. 모든 이들에게 적절한 의료 지원을 제공하기 위해서, 그 형태가 민간 자선이든 공제 보험[5]이나 세금이든(이 경우 필요 경비는 소득

---

3. 『의료와 국가』 2장

4. 같은 책, 3장

5. 유럽 국가들의 경험에 비추어 볼 때 사회보험의 경우 국가 지원 없이 완전한 의료 서비스를 제공

에 따라 전체 공동체가 부담) 지속적이고 균등하며 적절한 흐름에 따라 시행되어야 한다.

이런 결론은 실제로 적절하게 현실화되는 곳이 거의 없음에도 불구하고, 누구라도 쉴 곳과 먹을 것, 의료 지원이 부족해 죽거나 극심한 고통을 겪어서는 안 된다는, 모든 문명국에서 받아들여지는 상식으로부터 나온다.[6]

6. 환자들이 단지 의사나 보조적인 의료 지원만을 필요로 하는 경우는 드물다. 정도의 차이는 있겠지만 개인의 성격은 물론 산업, 경제, 위생, 심리 정신적 요인을 포함한 모든 환경 조건에서 부정적인 요소들이 증가하거나 반복됨으로써 질병이 발생한다. 그러므로 모든 질병은 경제적, 지식적 측면에서 조사되어야 하며, 건강 위해 조건들을 확실히 파악하고 제거해야 한다는 관점에서 치료되어야 한다.[7]

7. 환자들에게 숙련된 의료 서비스를 충분히 제공하기 위해서는 치료 장소를 불문하고, 환자의 능력과 상관없이, 필요한 모든 종류의 치료가 가능해야 한다.[8] 만약 이 언급과 다른 개념으로 의학적 치료를 이해한다면 앞서 1번과 2번 아래 서술한 일반 원칙에 대한 오해나 모순을 의미한다.

하기에는 충분하지 않다는 사실을 언급해 두고자 한다.

6. 『의료와 국가』 4장

7. 같은 책, 4장

8. 같은 책, 5장

이는 무상 의료(즉 전체로서 공동체가 납세자의 소득에 따라 진료 비용을 지불하는)가 서비스를 원하는 모든 이들에게 무조건적으로 제공되어야 함을 의미하는 것은 아니다. 오히려 정부 기구는 질병이라는 만약의 경우를 대비하고, 질병에 대한 서비스를 제공하기 위해 공동체의 모든 구성원들이 각자의 몫을 능력에 따라 부담하도록 하기 위해 필요하면 강제적인 방법을 동원할 의무가 있다.[9]

8. 질병 예방은 치료보다 항상 더 중요하다는 원칙이 널리 받아들여지고 있다.[10] 따라서 모든 의료 활동은 이 원칙에 의거하여 평가되어야 한다. 소련의 여러 의료 서비스 형태 중 특히 예방 의학적으로 가치 있는 내용을 들자면 다음과 같다.

- 예비 어머니를 위한 산전 및 산후 서비스
- 분만 관련 의료 서비스
- 학교의 건강관리
- 상점, 사무실, 작업장, 공장 등에서 개인 위생 제도 도입
- 모든 환자에서 의사의 진료 아래 시행되는 초진 및 정기적으로 적용되는 완전한 의료 검진

위에 열거된 대부분 사항에서 개인은 건강에 문제가 발생하기 전에 생리학적 상태를 검사받을 수 있다는 점을 이야기할 필요가 있다.

---

9. 『의료와 국가』 5~6장

10. 같은 책, 7장

앞서 언급된 공동체를 위한 바람직한 의료 서비스에 대한 가정은 더 많은 희망 사항을 포함하기 때문에, 한 가지 이상의 관점에서 만족스럽지 않게 제공되면 그 요건 충족은 실패할 수 있다. 이러한 희망 사항들은 어느 정도는 앞서 언급된 가정 속에 이미 포함되어 있지만, 전술한 가정을 달성하기 위해 필요한 의료 기구medical machinery의 대강을 설명하는 데 도움이 되기에 여기에서 따로 언급하도록 한다.

1. 치료를 위해 방문하는 환자들 중 상당히 많은 경우에서 일반의와 전문의 사이의 의견 교환이 필요하다.

2. 의사들은 특히 일반의의 경우 질병 발생 이전부터 환자 개개인과의 소통을 통해 환자의 생리학적, 사회학적 정상 상태를 일상적으로 잘 파악하는 것이 필수적이다.

3. 정확한 진단에 최선을 다하지 않고 질병을 치료하는 행위는 특히 임금 노동자에게 제공되는 의료 서비스에서 최악으로 여겨지며 꼭 고쳐져야 한다.[11]

4. 문명국 정부는 모두 다른 기관에 보조금을 책정하거나 아니면 질병 치료를 포함한 다양한 의료 사업을 직접 수행하고 있다. 정부의 재정 지원 여부를 떠나 의료 서비스는 다음과 같은 부서에 의해

---

11. 『의료와 국가』 12장

대개 빈틈없이 수행되고 있다.

- 공중 보건 부서
- 공공 부조 부서(자선 단체)
- 민간 자선 단체(병원, 진료소 등)
- 민간 의료인

다른 국가들의 경우 이렇게 다양한 의료 기구들이 수행하는 서비스는 정도의 차를 두고 대개 중첩된다. 직접 드러나든 암묵적이든 흔히 경쟁 관계 속에서 의료 서비스를 제공하며, 만족스러운 치료를 위해 필수적인 환자에 대한 정보 교환은 거의 이루어지지 않는다.

어떤 국가에서는 정부 의료 사업의 대부분을 민간 의료인과 자선 단체가 대신하고 있다.

5. 최근 몇 년간 의료에서 제일 주목할 만한 특징은 중앙 및 지역 정부가 공중 보건 부서로 하여금 개인 건강 유지와 관련된 의료 서비스와 환경 조건 개선 사업을 시행하는 범위extent이다. 특히 영유아 상담과 영유아 의원, 학교에서의 건강관리와 치료, 결핵 진료소와 요양소, 성병 치료, 지체 장애와 심신 미약자 치료 등에서 이 점은 더 두드러진다. 최근 개발된 산전 상담과 시설 분만의 방대한 확장 또한 빠뜨릴 수 없다.

현재 대부분의 국가에서 극빈자 대상의 일상적인 질병 치료는 공중 보건 부서의 관리 아래 있으며 정신 병원 건립 또한 마찬가지이다.

공중 보건 부서 아래 구축되는 의료 서비스 통합 과정은 이미 대부분 국가에서 많이 진행된 상황이다. 일부 국가는 완전한 제도를 갖고 있지만 질병보험 혜택을 받는 이들의 치료는 제외되기도 하는 반면, 소련은 이 또한 국가 단위의 통합된 의료 서비스 체계 내에 포함된다. 게다가 소련은 현재 보험과 분리되어 있는 가정 의료를 의료 서비스 통합에 포함시키는 과정 중에 있다.

국가의 보조금으로 운영되는 집단 진료group practice와 공중 보건 부서 주도로 이미 확장된 의료 서비스의 경우 많은 부분 같은 분야를 담당하기 때문에, 이 둘을 분리해서 생각하는 것은 현재 만족스럽지 않은 서비스의 조정 과정, 중복, 결점 등을 지속시키고 확대시키기만 할 것이다. 미국이든 영국이든 추가적으로 공급되는 서비스가 공중 보건 서비스 체계에 속하지 못하면 그 서비스들은 불가피하게 불만족스러울 수밖에 없다.

그렇지 않더라도 서비스 중복의 지속 혹은 만연을 과학적으로 정당화할 수 없을 것이다. 보건 행정은 '감염병'과 '예방 가능한 질병'만을 다루는 것이 아니며 이 구분을 하던 시대는 지났다. 보건 행정은 그 자체가 건강과 능률이라는 목표를 달성하지 못할 수도 있다. 비능률 발생을 피할 수 없더라도 발생 기간을 감소시킴으로써 최선의 업무를 수행한다. 현재 공중 보건 부서가 지체 장애인을 위해 수행하는 방대한 서비스는 이를 반영하는 좋은 사례이다.

6. 보건 의료 사업의 통합을 추진하기 위한 공공과 민간 의료 서비스의 조정은 부유한 이들을 제외한 모든 이들을 위해 필요하다.

통합이 다양한 의료 기관의 융합을 의미하는 것만은 아니지만, 어느 정도의 융합은 대단히 바람직하다. 다만 의료와 예방 서비스가 모자라거나 넘치지 않는 완전성을 얻기 위해 각각의 위치에서 상호 협조할 수 있는 세밀한 계획이 필요하다.

이를 위하여 민간 의료 서비스가 의료 행위에 대해 진료비 요구를 중단하고 계약 기반의 의료 서비스로 대신하는 변화는 아주 중요하다. 의료 서비스에서의 '계약'이라는 발상은 보수적인 사람들에게는 몹시 불쾌할 수 있다. 하지만 필요할 때마다 충실히 도움을 청하는 환자들이 존재하는 가정의의 의료 서비스는, 지불이라는 정의는 포함되어 있지 않지만, 계약을 바탕으로 한 의료 서비스의 한 형태라는 것을 기억해야 한다. 계약의 핵심은 한 개인이 서비스를 제공하고 다른 개인이 이 사람의 서비스를 계속해서 받겠다는 직접적 혹은 암묵적인 약속이다. 마음이 여린 의사라면 방문과 상담을 늘이거나 줄이고자 하는 물질적인 동기를 폐기함으로써 마음 편하게 환자의 안녕을 위해 의료 행위를 수행할 수 있다.[12]

달라진 조건 아래서 서비스에 대한 보상의 주체가 환자 자신인가, 부분적으로 또는 전적으로 피보험자로서의 환자인가, 아니면 세금인가 하는 문제는 주어진 환경에 따라 다르다.[13]

7. 의료 상담과 방문에 대한 현재 통계에 따르면, 민간 의료인에 대한 진료비 지급 중단으로 말미암아, 환자를 위해 필요한 경우, 집단 진료의 도입이 더 쉬워질 것으로 보인다. 집단 진료가 제공할 수 있는 상담 서비스는 모든 가족들이 항상 이용할 수 있어야 한다. 의

---

12. 『의료와 국가』, 40~42쪽, 249~255쪽, 259~264쪽

13. 같은 책, 6~7장, 15장

사들은 환자의 입장에서 볼 때 가족과 같은 역할을 담당해야 한다.[14]

다만 집단 진료 서비스의 수요를 따질 때, 대중은 광범위하고 전문적인 의료 지원이 필요하다는 강박적인 믿음을 가지고 있다는 것을 기억하는 게 중요하다. 하지만 대다수의 병은 사람들의 예상과는 달리 현명하고 연륜 깊은 일반의라면 만족스럽게 치료할 수 있다.[15]

8. 필수 병원 치료를 포함한 집단 진료 서비스는 진료비가 낮은 경우 대다수 공동체 구성원에게 적용 가능하다. 만약 집단 진료 서비스를 인구 다수가 이용할 수 있게 된다면, 보험 기금과 일반 공동체에 부과되는 세금의 지원은 필수적이다. 이 때 보험 기금은 보험에 가입한 가족들이 지불한 보험료와 임금 노동자의 경우 고용인이 부담하는 부가적인 금액이 몇 년 동안 누적되어 조성된다.

마지막에 언급한 내용을 살펴 보자. 임금 노동자나 저소득 인구를 위해 검토할 가치가 있는 집단 진료 서비스의 유일한 형태는, 시나 자치군이 정부와 같은 행정 단위를 구성하고, 지역 자치정부 기구가 통합 의료 서비스에 재정적, 물질적 지원을 하며, 중앙 정부는 보험제도에 재정 지원을 하고 의료 서비스의 효율과 적절성을 평가하는 최소 기준을 결정할 때 의견을 피력할 수 있는 경우이다.

이는 의학적 주제에서 의사 자치 단체에도 동일하게 적용된다.

집단 진료 서비스 간의 재정적, 전문적 경쟁이라는 발상은 절대 용납되어서는 안 된다.

---

14. 『의료와 국가』, 13장

15. 같은 책, 15장

서비스가 만족스러우려면 집단 진료는 의사 개인의 의료 행위가 지속될 수 있도록 조정되어야 한다. 의사의 지리적 분포가 경제적이고 효율적인 한 이 경우 가족이 선택한 의사는 그 가족의 신뢰를 받는 조언자가 될 수 있다.[16]

시골 지역의 경우 민간 의사의 선택 가능성은 언제나 제한적일 것이 분명하다. 하지만 자문을 받을 수 없거나 병원이 가정의를 지원하는 상황을 환자들로 하여금 편견 없이 계속 허용되게 해서는 안 된다.

의료 서비스 평가

만족스러운 의료 서비스를 갖추기 위해 필요하다고 제안된 몇 가지 주요 조건을 이 책에서 기술한 소련의 상황과 비교해 볼 수 있겠다. 의료 서비스의 장점을 판단하기 위해 효율과 성공을 가늠하는 세 가지 주요 평가 항목을 질문해 보겠다.

첫째, 의료 체계는 치료 기간 단축이나 예방적 조치를 통해 공동체 내의 질병 총량을 얼마나 감소시키는가?

둘째, 의료 체계는 일반 의료, 치과 의료, 간호, 다른 필수적인 부가 서비스를 포함하여 모든 건강 관련 수요를 만족시키는가?

셋째, 의료 서비스는 시골과 도시 인구 모두에게 모자라거나 중복되지 않고 효율적으로 제공되는가?

평가 항목들이 겹친다. 하지만 이미 언급한 바와 같이 어떤 문명

---

16. 『의료와 국가』, 13~16장

국도 모든 면에서 완벽하게 이 평가 항목을 충족시키는 의료 체계를 현재까지 발전시키지 못했다.

첫 번째 평가 항목을 적용하기 위해 소련의 일반적인 이환율 감소를 살펴 보자. 특정 급성 감염성 질환의 발생 감소는 놀랄 만한 수준이다. 콜레라는 근절되어 1927년 이후 단 한 건도 신고되지 않았다. 1912년 1만 명당 5건이던 천연두는 1914년 6건, 1919년 치솟아서 30건이 되었다가 1922년 급속히 감소하여 7건, 1924년 2건, 1928년 0.6건, 그리고 1929년에는 아주 낮은 0.37건을 기록했다. 1920년에서 1921년 사이에 유행한 장티푸스는 총 400만 건에 이르지만, 1925년에서 1929년까지 4년 동안의 매년 평균 발생 장티푸스는 4만 건을 조금 넘는 수준이었다.

제정 러시아 시대와 비교한 혁명 후 소련의 결핵 발생률은 알 수 없다. 혁명 전후 몇 년 동안 결핵 발생 기록 체계가 부실했고 따라서 요즘 통계와 비교했을 때 당시에는 파악되지 않은 채 존재하는 결핵 환자들이 많았다. 소련 정부 관계자들에 따르면 이러한 상황 때문에 증가하지 않은 결핵 발생 건수가 다음에 제시된 통계 수치에서 드러난다. 이 자료는 루바킨 박사로부터 입수했다.

『국제 건강 연보』에 따르면 매독 1기와 2기, 연성하감(무른궤양), 임질의 발생 수 통계는 1927년부터 1929년 3년 동안 눈에 띄는 감소세를 보인다. 루바킨 박사는 "1913년 육군 내 성병 발생 건수가 1천 명당 12.8건이었으나, 1924년부터 1927년까지 8.02건으로 감소했다"고 밝혔다. 모스크바와 로스토프에서의 주목할 만한 성병 감소 추세는 22장에서 확인할 수 있다.

이환율에 대한 부가적인 근거는 일반 영아 사망률에서 추론해 볼

소련의 결핵 이환율 (1만 명당 발생 건수)

	폐결핵	다른 형태의 결핵
1913년	59	
1924년	54.5	14.1
1925년	76.3	21
1926년	79.9	27.4
1927년	88.1	30.5
1928년	90.5	30.4
1929년	86.1	30.4

수 있다. 이 사망 통계는 최근 들쭉날쭉한 경향이 있긴 하지만 혁명 전 또는 직후와 비교해 보면 확실히 낮다. 다음에 제시한 표는『국제 건강 연보』에서 가져왔다. 따라서 이환율과 사망률의 변화를 기준으로 평가를 하자면 소련의 보건 의료 서비스는 이미 영아 사망률을 포함한 사망률 감소와 관련 있다.

두 번째로 제안된 평가 항목은 일반 의료, 치과 의료, 간호 등의 공중 보건 관련 수요에 대한 공급이 충분한가를 묻는 것으로, 앞의 몇몇 장에서 묘사하고 언급한 여러 도시의 지역 의료 서비스가 이 질문에 대한 확실한 답변이 될 수 있겠다.

반면 치과 의료의 부족은 공인된 사실이며 시골 지역에서는 특히 그랬다. 치과 의사의 공급 사정에 대해서는 특별히 더 조사하지 못했고 이 주제에 대한 인쇄물도 거의 볼 수 없었다. 하지만 보건 교육을 통해 치과 수요가 증가하고 있으며, 그에 따라 전문 인력을 육성하고 치과 의원의 수를 증가시키는 후속 조치가 취해지고 있다는 인상을 받았다.[17]

---

17. 이 책의 원고 완성 후, 콜럼비아 대학교 치과 및 구강 외과학과 알프레드 아우어Alfred Owre 학장에게서 소련의 치과 의료 서비스에 대한 흥미로운 정보를 제공받았다. 그는 최근 오데사, 키예프,

인구 1천 명당 일반 사망률

	소련	러시아	유럽 러시아	우크라이나	레닌그라드	모스크바
1911~3년	27.3				21.8	23.2
1918년					46.7	
1921년					31.0	
1920~2년						27.2
1923년	23.1	23.1		17.1	16.1	14.0
1924년	23.7	23.7		19.3	16.6	15.2
1925년		25.8	25.86	28.7	15.1	13.3
1926년	20.3	20.9	20.9	18.1	14.4	13.7
1927년			22.5	17.8	16.0	13.5
1928년			18.5	16.5		
1929년			20.36	17.54	15.43	13.23
1930년					14.6	

생존 영아 1천 명당 영아 사망률

	유럽 러시아	우크라이나	모스크바	레닌그라드
1916년				270
1917년				236
1919년				284
1921년				173
1922년				228
1923년		273	163	138
1924년		128	177	168
1925년		145	132	149
1926년	187	141	134	147
1927년			139	167
1928년	167	136	127	136
1929년	205.6	150.49	130.9	150.8
1930년				141

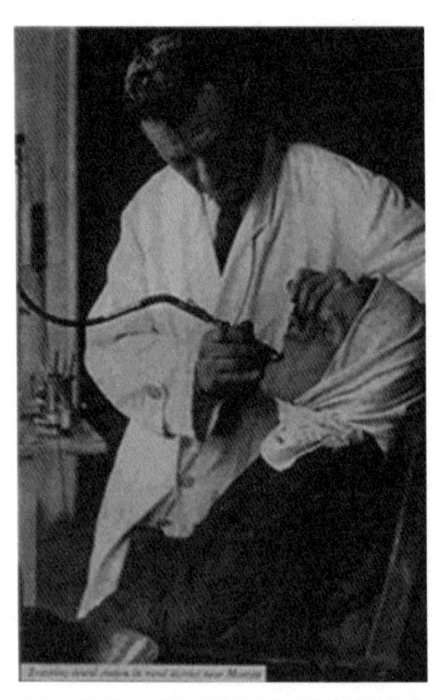

모스크바 근교 시골 지역의 이동 치과 진료소 @ 소비에트 사진자료원

311쪽의 표는 루바킨 박사가 전해 준 우크라이나에 대한 통계이다. 다른 연방 공화국에 대한 상세 자료는 가지고 있지 않다고 했다. 1926년 우크라이나 인구는 총 28,887,000명이었다.

소련의 조산사 제도는 다른 어떤 나라보다 완전한 시설을 갖추고 있다. 특정 질병에 집중하는 특수 시설을 피하면서 도시의 진료소와 종합 진료소를 이용하는 체계는 훌륭하다고 하겠다.

소련 국가 의료의 약점 중 하나는 가정 치료이다. 소련의 현재 주택 사정을 고려하면 대다수의 환자를 기관에서 치료하는 편이 이상적이고 불가피해 보인다. 게다가 왕진 진료 요청에 대해 즉각적인 서비스 공급이 가능할 것인가, 의문도 든다. 소련 의료의 최대 장점은

모스크바, 레닌그라드에 있는 구강 의학 연구소와 종합 진료소들을 방문하였다. 동의 하에 그의 편지를 여기에서 인용한다. "… 엄청나게 불리한 조건에도 불구하고 현재까지의 성취는 놀랍다. … 내가 대화를 나눈 몇몇 사람들은 모두 의사로 치과 의료 서비스의 기본 분야에 대한 대규모 실험을 수행하고 있었다. … 나는 기술적 어려움을 극복하며 그들이 보여 준 기발함에 놀라움을 금치 못했다. 예를 들면, 틀니를 만드는 데, 금과 백금 대신 크롬과 스테인리스 스틸을 사용하고 있었다." 아우어 Owre 학장은, 앞으로 5년 동안 1만 명의 학생들에게 기술학교 3년 과정의 교육을 제공할 계획이라고 밝혔다. " … 학생들은 일반 대학생들과 동일한 예비 교육 과정을 받게 될 것이며 … 미국의 평균 치의대 과정과 같은 정규 기술 수련을 받게 될 것이다. 하지만 학위가 주어지지는 않을 예정이다. 오지에서 3년 동안 근무를 마치면 대학의 센터로 돌아와 과학 연구에 참여할 수 있다. 3년 반에서 4년 동안 의학 학위 과정을 마칠 수도 있다. 시험은 까다롭다. … 레닌그라드에서 방문한 실험실은 놀라울 정도로 체계화된 곳으로, 매달 3만 5천 개의 틀니와 7천 개의 부분틀니를 사용한 기록을 보여 준다. … '호화로운 고급' 틀니나 간단한 시술로도 가능하지만 특별히 선택된 시술(예를 들어, 금을 이용한 부분틀니 작업)을 제외한 다른 치과 치료는 실질적으로 무상이며, 교육도 모두 무상으로 제공된다."

우크라이나의 치과 내원 환자 수

	전체	피보험자
1924년	6,956,561	5,113,036
1925년	10,861,356	8,110,214
1926년	12,519,443	9,633,422
1927년	14,686,273	11,577,650

일원화한 제도로서, 도시의 의료 서비스가 모자라거나 중복되는 상황을 피하면서 모든 환자들이 필요한 모든 서비스를 철저하고 완전히 받도록 특별한 주의가 기울여지고 있다. 소련의 시골 지역 보건 시설은 다른 나라들보다 더 부족하다. 하지만 개선이 이루어지고 있는 현장을 직접 보았고, 농민과 노동자들은, 부족하긴 해도 혁명 전과 비교하면 훨씬 나은 수준의 의료 서비스를 누리고 있음이 분명했다.

이 장의 초반에 언급한 바람직한 의료 서비스에 대한 가정을 놓고 평가하자면, 소련은 많은 부분에서 우리가 조사하고 연구한 다른 어떤 나라들보다 이 가정에 가까이 접근했다고 결론내려도 될 듯하다. 실제로 소련의 의료는 모두를 위한 충분한 의료 서비스의 기준으로 여기에서 언급한 고려 사항에 대부분 바탕을 두고 있다. 소련의 의료 제도는 적어도 그 프로그램 내에서는 다른 어떤 나라에서 관찰된 경우보다 종합적이고 통합적이라는 결론을 내려야겠다. 많은 분야에서 정책 수행이 프로그램 부족으로 중단되기도 하지만 목표를 향해 엄청난 속도로 진전하고 있으며, 그 속도가 워낙 빨라 일시적으로 질이 양에 희생되는 일도 분명히 발생하고 있다. 이러한 특징은 소련 계획 경제의 거의 모든 분야에 적용된다.

끝맺는 말

소련에서 처음 가진 질문은 보건 의료 활동에 관한 것이었고, 그래서 말 그대로 이 영역으로만 한정했다면 소련 정부의 일반 정책과 활동에 대한 결론적 언급은 이 책에서 모두 빠졌을지도 모른다. 하지만 당시 우리는 다음의 질문을 피할 수 없었다. 재정 책임을 통합하고 국가 전체 자원을 통제하는 소련 체제가 공동체 전체를 위해 완전한 보건 의료 서비스를 예외라고 할 만큼 훌륭한 수준으로 지원하고 있는가? 이에 대해 우리는 망설임 없이 바로 긍정적이라고 답할 수 있을 것 같다.

소련 정부는 사회경제 생활을 공적으로 계획하여 조직화하는, 세계 역사상 가장 거대한 규모의 시험장이다.

소위 민주주의 정부라 불리는 나라들도 실은 중앙의 배후 조종과 지역 실력자의 지배가 대의 정치의 현실을 약화시키고 있는, '소수에 의해 지배되는 정부 체제'라는 것은 잘 알려진 사실이다. 그러나 소련 대의 정치의 보편적 기반은 어디에서나 볼 수 있는 선거 회의이다. 이 회의는 '박탈 계급'을 제외한 모든 이들에게 열려 있다. 하지만 실제 권위는 독점적이고 엄격하게 선발된 공산당의 동지애와 명령에 의해 행사된다. 공산당원의 수는 복종과 모범되는 행동에 대한 높은 기준에 못 미치는 이들을 제외함으로써 체계적으로 최소 인원으로 유지된다. 이 '공산당원'은 소규모 위원회(105쪽 참조)에 의해 지도를 받는다. 모든 정책 사안은 당의 정책이 되기 전에 철저하게 토의되며 초기 단계에서의 자유로운 공개 논쟁은 환영받는다. 하지만 일단 결정이 내려지면 절대 복종이 원칙이며, 이를 위배하는 경우 출당이라는 처벌을 감수해야 한다. 비밀 음모나 저항을 계속하는 경우 오지나 타국으로 추방되는 등 엄격히 처벌된다.

이 충성스러운 구성원들이 정부 요직의 대부분을 차지하고 전체 사회 구조를 장악한다. 레닌의 정의에 따르면 프롤레타리아 독재 또는 노동자에 의한 정부는 '선택된 의식 있는 소수에 의한 독재'가 된다.

또는 트로츠키의 표현대로 "프랑스가 종교 개혁을 넘어선 것처럼 러시아도 이전의 민주주의를 넘어섰다." 대신 러시아는 '임금 노동자들에 의한 통치' 정책을 받아들였다. 근거가 있지는 않은 듯하지만 이 때 임금 노동자들이 지닌 '일반 의지general will'는 법 안에서 설명되고 구현된다고 공산당은 주장한다. 우리가 소련 현 정권을 반대하는 트로츠키의 말을 믿는다면 이 권위는 "곧 닥칠 정치적인 우여곡절이 무엇이든 간에, 종교 혁명이나 직접 민주주의 체계가 그 시대에 그랬듯이 대중의 의식을 불가역적으로 파고들고 있다."[1]

프레드릭 비일Frederick Veale은 레닌을 인용하면서[2] "소위 볼셰비키라고 불리는 이들 100명 중에 진짜 볼셰비키는 1명이고, 나머지는 39명의 범죄자들과 60명의 바보들이다."라고 말했다. 토머스 칼라일이 영국인을 묘사하면서 '대개는 멍청이들'이라고 자주 인용한 표현의 냉소적인 변용일 뿐일지도 모르지만 어떤 식으로든 권력을

---

1. Leon Trotsky, *My Life*, New York, Charles Scibner's Sons, 1930.

2. *In The Man from the Volga, a Life of Lenin*, New York, R. Long & R.R. Smith, 1932.

획득하고 유지하는 적극적이고 공격적인 소수에 의해 주입된 정책을 인민 대중이 받아들일 것이라는 소련의 의도와 일치한다.

마르크스주의와 그 실현을 위해 필요한 정책을 수립하는 과정에서 적용되는 소비에트 윤리 기준은 분명히 실용적이다. 모든 행동을 판단하는 기준은, 마르크스주의와 레닌주의에서 제시하는 지상 낙원을 실현시키려는 시도이며, 소련의 정책을 논의할 때에는 이 두 대가의 저작에서 발췌한 내용이 인용되고, 마치 신학을 논할 때 성경 지문을 인용하는 것과 같은 최종적인 권위를 부여받는다.

이 실용적인 원칙은 사법 제도의 운용에도 적용된다. 소련의 사법 제도는 우리가 앞서 설명했듯이(145쪽 참조) 몇 가지 훌륭한 특징을 보여 준다. 하지만 같은 위법 행위라 하더라도, 민간인에게 가해졌다면 경미한 수감으로 끝났을 행위가 정부나 연방을 반대하여 일어났다면 사형에 이르게 될 수도 있다.

이런 점은 집단 농장을 위해 자신의 재산을 마지못해 포기한 소농들을 다루는 과정에서 가장 눈에 띄게 드러났다. 이 개인주의자들이 겪은 끔찍한 고난에 대해 다 이야기나 할 수 있을지 의문이다. 이들 중 다수는 개인주의는 물론 실제로 저지른 범죄에 대해서도 죄책감을 느끼고 있었을지 모른다. 1932년에서 1933년 사이 공동체 농장 구성원들 중 새로운 지위에서 업무를 제대로 수행하지 못하는 사람들은 가혹한 대우를 받았다. 단체 소유의 밀을 사익을 위해 훔치거나 숨기는 일도 있었고, 그렇지 않더라도 공동 이익을 목표로 하는 작업의 생산성이 떨어지는 일도 있었다. 사실인지 확실하지 않으나 그 결과 1932년에서 1933년으로 넘어가는 겨울 동안 소련의 도시 인구는 극심한 영양 결핍을 겪었다고 알려져 있다.

지금처럼 생산성이 충분하다 해도 소규모 농장과 농민의 사유 재산은 양립할 수 없으며, 완전한 사회주의 체제 건립에 걸림돌이 되는 존재는 가차 없이 제거되어야 한다는 이유에서 지주에 대한 가혹한 처우가 용인되었다. 이는 '전쟁의 방식the method of war'이다. 소련 정부의 정책은 집산주의를 방해하거나 해가 되는 사람들에 대한 전쟁이 수년간 필요하다는 의미로 공공연하게 받아들여진다.

공산주의 정책을 실제로 수행할 때는 범죄의 대상이 공동체인가 아니면 단지 개인인가에 따라 처벌이 달라지는데, 연방국가 정치부는 반국가적 범죄자라고 판단되는 이들을 자체의 비밀 재판소에서 기소하고 유죄를 선고하고 심지어 사형 같은 처벌도 할 수 있다.

공산당은 현재 소련 인구 중 1억 명이 넘는 25세 이하 청년들이 성인이 될 때쯤이면 새로운 정권의 열렬한 지지자가 되어 있을 것이라는 강렬한 희망을 가지고 있다. 꾸준하고 세계적인 교조화가 이를 가능하게 한다면, 희망은 실현될 것이다. 이미 그 계획에 따른 성공을 보여 주는 조짐들이 보이고 있다.

완전한 국가 사회주의는 토지와 다른 형태의 산업 재산의 소유권을 국가가 가지며 모든 민간 기업의 영리 활동이 억제된다. 소련에서 대규모로 진행되고 있는 이 보상 없는 압류는 휴양소, 회복 시설, 요양소가 넘치는 현실을 설명할 수 있는 부분적 이유가 된다.

현재 소련의 누진 소득세는 영국만큼 가혹하며 상속세는 가파르게 상승해 많지 않은 상속 재산에도 실제로 압류가 될 지경에 이르렀다. 주택이나 자동차 같은 재산의 소유권은 소유주에게 금전적 이익을 발생하지 않는 개인적 사용으로 제한된다. 실제로 다른 나라에서 이해되는 '시민의 자유'는 크게 축소되었다.

이 모든 일은 '사적 이익을 추구하는 동기를 거의 전적으로 폐기함으로써' 이루어지는데 실제 시행된 작업에 대한 임금, 월급과는 차이가 있다. 임금은 획일적이지 않아 어느 정도의 경쟁은 존재한다. 하지만 그 차이는 적고, 그렇지 않다 하더라도 고소득의 소비 동기는 확연히 부족하다. 소련의 예에서 우리가 배울 점은 사적 이익은 자본주의 폐해에 뿌리를 두고 있으며, 따라서 생산의 목표가 이익이 아니라 소비인 비자본주의적 환경이 작용하는 나라의 내수 시장은 소진되지 않는다는 것이다. 마지막 언급은 경험으로 증명된다. 1932년과 1933년 현재 자본주의 국가들에서는 실업이 만연하고 식량과 구매자를 찾을 수 없는 제품들이 넘쳐나고 있다. 하지만 소련에서는 산업 노동이 가능한 이들의 비자발적인 실업은 존재하지 않는다. 여전히 부족하긴 하지만 식량과 일상용품의 생산과 분배는 점진적으로 증가하고 있다.

사적 이익이라는 동기는 실질적으로 폐기되었다. 아래 루이스 피셔Louis Fisher가 해 준 이야기를 소련 산업 조직의 기본 원칙을 강조하는 측면에서 다시 적어 보겠다.

> 한 소년이 질문을 받았다. "어떤 사람이 사과 6상자를 한 상자 당 18코펙에 구입한 다음 1상자당 36코펙에 되판다면 이 사람은 최종적으로 얼마를 가지게 되는가?"
>
> 소년은 대답했다. "감옥에 가게 됩니다."

사적 이익을 추구하려는 동기가 폐기되거나 최소화되면서도 개인의 노력이 과연 높은 기준에 도달하고 유지될 수 있을까?

예전에 고용주였거나 자본가였던 개인들이 기울이는 경제적 노력의 강도는 확실히 작아졌다. 노동자들은 예전처럼 열심히 일하지 않는다. 물질적 차원의 사회 경쟁은 거의 사라졌지만 부를 향한 투쟁의 큰 부분은 권력을 향한 투쟁으로 대체된 것 같기도 하다.

평균적인 인간 본능을 고려한다면 그러한 환경에서의 생산 수준이 자본주의 국가의 경쟁적 환경에서 발달된 생산 수준과 동일하게 유지될 것이라 기대하기는 힘들다. 그러나 정부가 방대한 수의 임금 노동자들에게 가지는 관심에 대해 우리가 직접 경험한 바를 고려한다면 이 그럴듯한 예상은 사실이 아니었다. 소련의 젊은 세대들이 공산주의에 대해 보이는 강렬한 열정과 장년 세대 육체 노동자들이 열렬한 믿음으로 참여하는 '노동 돌격대'의 모습을 보면 노동자의 경험 부족이라는 문제점이 극복되기만 한다면, 그 예상이 꼭 현실이 되지 않을 수 있음을 깨닫게 될 것이다.

하지만 특히 시골 지역의 경우 집단 농장화로 말미암아 자신의 땅을 독립적으로 경작하고 싶어 하는 농민들의 숙원이 물거품된 후 심각한 정도의 '태업'이 발생하기 시작했고, 정부는 실업 수당과 구제 조건으로 노동자를 강제할 대안을 수립해야 할 상황에 직면해 있다. '전능한 관료omnipotent bureaucracy'는 사회주의 정부에서는 불가피하며 사람들은 모두 실질적으로 국가의 고용인이 된다. 이 점은 중립적인 언급이며 바람직할 수도, 그렇지 않을 수도 있는 결과이다. 이타적인 동기가 증가하고 일반화한다면 '누구든지 너희 중 으뜸이고자 하는 이는 모두의 종이 될지어다.'라는 기독교적 이상이 현실이 되고 강제는 필요하지 않게 될 것이다. 하지만 현재의 문명에서 사적 이익에 대한 동기가 사라지거나 배제된 특정 인구 집단에서 종종 강제가 필요할 것으로 예상된다.

우리의 관점에서 소련에 반대하는 가장 큰 이유는 소련이 계급 선호 체제system of class preferences라는 점이다. 소련의 정책은 종종 프랑스 혁명의 3대 이념인 자유, 평등, 박애와 비교되곤 한다. 프랑스 혁명은 이 이상을 실현시키지 못했으며 소련이 1789년에 프랑스의 이상을 실험했다 하더라도 마찬가지로 실패했을 것이다. 지금도 모두에게 완전하게 동등한 기회와 특권이 주어지는 공동체가 있다고 말할 수 없으며, 어떤 국가도 보편적인 박애를 아직 실현시키지 못했다. 하지만 어떤 이들은 전시와 같은 상황이 계속되고 있는 소련의 상황이 모든 결점을 정당화할 수 있다고 말하기도 한다.

계급 정부라는 소련의 체제는 윤리적인 면에서는 더 안타깝다. 지주나 자본가, 이들을 지지하는 지식 계급 등 노동하지 않고 유용한 서비스도 누리지 못하는 계급과의 사회적 전쟁social war을 편들기 위해 이 배제된 계급에 대한 혐오를 부추기는 언어와 행동들이 지속적으로 존재한다. 이런 상황이 계속되지는 않을 것이다.

완전히 사회주의적인 공동체를 건설하기 위한 노력이 영구적으로 성공할 수 있으려면 소련 정부 스스로 법이 허용하는 모든 직업군에서 일하는 모든 노동자들에게 꼭 같은 임금은 아니더라도 균등한 특권을 제공해야만 한다. 공산주의 정부는 자본주의 정부에서보다 더 높은 수준의 도덕 윤리가 필요하다. 공산당이 정부를 장악하고 계급 구분이나 종교적 신념에 대해 현재와 같은 입장을 고수한다면, 과연 더 높은 수준의 윤리 의식이 보장될 수 있을까? 제정 러시아는 최악에 가까운 부패로 악명이 높았다. 소련이라는 15년 전 새 정권 시작 이후 일관적으로 정직한 사회를 만들려고 애썼으나,

여전히 그 기대에는 못 미치고 있는 듯하다. 만약 소련 정부 역시 부패로 타락하게 된다면 소련은 어찌 될 것인가?

자신 있게 답할 수 있는 질문이 아니다. 만약 모든 사람들의 성격이 완전무결하고 개인적인 동기가 공동체의 이익과 부딪히게 두지 않는다면, 소련과 소련이 시도하고 있는 강요된 이상주의에 대한 방대한 실험의 성공을 예상할 수도 있다. 하지만 우리는 현실 세계에 살고 있다. 서로 부딪히는 다양한 자기중심적인 이익이 모여 있기에, 순수한 이타주의가 눈에 띄는 역할을 하지 못한다. 소련이 서구보다 높은 수준의 도덕성을 함양할 수 있을 것이라고 기대할 수 있을까? 소수에 의해 자의적으로 강요된 이상이 훌륭하게 달성된다면 세계 경제사를 통틀어 가장 거대한 성공이라 할 수 있다.

설사 공산주의 실험이 실패하더라도 소련 정부가 완전히 자본주의로 전환하게 되지는 않을 것이다. 이미 마련된 토대를 그렇게 되도록 내버려 두기에는 공동체 전체의 이해 관계가 너무 크다. 따라서 소련의 실험은 다른 나라에게는 불길한 징후이며, 노동자들 특히 선진국 전체 국민의 적어도 2/3를 차지하는 임금 노동자들의 미래 전망에 큰 영향을 끼치게 될 것이다. 그러므로 노동자들에게 꽤 높은 수준의 삶을 보장하고, 빈곤에 대한 끔찍한 공포에서 영원히 혹은 아주 가까운 미래만이라도 자유로울 수 있도록 하기 위해, 소련 외 국가들의 정치, 사상 지도자들은, 공산주의 형태의 사회주의가 소련에서 어느 정도 성공하고 보장하고 있는 권리를 수정된 자본주의 환경에서 보장할 수 있을 것인가 숙고해야 한다. 이는 단순히 생계에 대한 문제가 아니다. 칼라일이 아래와 같이 말했다.[3]

---

3. *Past and Present* , Book III, 13장.

"인간을 비참하게 하는 것은 죽음이 아니며, 굶주려 죽는 것은 더욱 아니다. 많은 사람들이 죽어왔고 모든 사람은 죽는다. 죽음은 고통이라는 불의 전차에서 우리를 구원하는 마지막 탈출구이기도 하다. 하지만 '이유도 모른 채' 끔찍하게 사는 것, 고통 받으면서도 아무 것도 얻지 못하고, 닳고 지치고, 고립된 채, 외롭게, 냉정한 세계적인 방임주의에 둘러싸여 있는 것은 인간을 비참하게 한다."

소련에서는 시골이든 도시든 상관없이 모든 산업 분야에서 노동자들이 제안을 하고 행정부를 비판한다. 이는 허용되는 정도를 넘어서 심지어 권장되며 의견들은 토론의 주제가 되어 꼼꼼하게 의논된다. 노동자들은 정책 결정에 일정 부분 역할을 차지하며, 산업이 부분적으로 그들의 소유이기도 하다는 것을 인식하게 된다. 평균적으로 따졌을 때 자본주의 국가들에 비해 소련 노동자들의 능률이 높지는 않다. 하지만 그들은 그들이 누릴 수 있는 파트너십에 행복해하고, 그들이 핵심적인 부분을 구성하는 산업에 적극적인 관심을 가진다. 이 점은 큰 사회적 소득이다. 이런 행복감은 다른 국가에서는 찾아보기 힘들지만, 이제는 지금껏 거의 성공하지 못한 협동의 행위와 시도들이 확실히 필요해 보인다.

해롤드 라스키Harold J. Laski 교수는 다음과 같이 말했다.[4]

"세계는 대안으로 등장한 공산주의 전망에 대응하는 답을

4. *Communism*. New York, H. Holt & Company; London, William & Newgate, 1927.

찾아야 한다. 그렇지 못하면 소련의 실험이 야기하는 범죄나 어리석은 행동 같은 비슷한 일이 반복되는 것을 막지 못할 것이다. 즉 공산주의를 피하는 방법은 공공 정책public policy으로 공산주의가 필요하지 않음을 증명하는 것뿐이다. 지금 각계의 지식인들은 진지하게 대안적 체제를 찾고 있으며, 정치인들은 자본주의를 되살리고 공산주의가 야기할지도 모르는 재앙을 피하기 위해 공공 정책을 추구하고 있다."

우선 자본주의 국가는 가난한 노동자들의 생활 수준을 향상시키고 경제적 안정을 도모하기 위한 정책을 필요로 한다. 둘째, 신중하게 계획된 협동조합 정책이 기업가들에게 어느 정도 보장되어야 한다. 셋째, 다른 나라 경쟁 기업들에 대해 적절한 계획을 세움으로써 치열한 경쟁과 만연한 과잉 생산을 예방할 수 있어야 한다. 이 중 첫 번째 목표를 달성하기 위해 이미 많은 조치들이 시행되었다. 노인층과 나머지 가족들을 위한 다양한 형태의 사회보험과 연금, 공중 위생 개선, 식량 공급 보장, 주택에 강제되는 기준 등을 그 예로 들 수 있다. 정치적 평등은 대부분의 나라에서 최소한 명목적으로라도 보장되고 있다. 하지만 정치적 평등만으로는 지속될 수 없으며 경제적 평등까지는 아니더라도, 적어도 생활 수준의 개선과 안전에 더 가까이 접근하려는 시도가 필요하다.

업무에서 노동자에게 돌아가는 이익을 고용주가 취하는 수익과 동등하게 보장하는 방법을 찾기 위해 많은 사람들이 생각을 모으고 있다. 소련의 실험으로 말미암아 다른 나라들에서도 더 많은 정책이 필요하다는 것을 알게 되었다. 자본주의는 모든 분야 산업 관계자들의 적극적 협동을 가능하게 하는 능력에 따라 평가받게 될 것이다. 공산주의는 생산자 간의 경쟁 의식에 쓸데없는 노력을 기울이지 않아도 된다는 사실에서 자본주의에 비해 유리한 면이 있다. 자본주의 국가들이 계속 번영을 누리고자 한다면 비슷한 협동 의식을 가능하게 만들어야 한다.

덴마크 농민들의 상업적 협동은 아주 인상적이었다. 농장에 필요한 모든 물건을 함께 구매하고 농장에서 생산된 물품들을 표준화한 후 함께 판매함으로써 번영과 만족을 얻고 있다. 그들에게 현재 유일한 장애물은 외국의 관세뿐이다.

이는 자본주의 지속 가능성을 시험하는 마지막 관문이다. 여러 나라들이 완전히 자족할 수 있는 상황이 아니라면 생산 경쟁은 조화를 이룰 수 있을까?

국제주의가 마르크스-레닌 이념의 필수 부분이 된 데는 이런 어려움에 대한 고려가 있었으며, 이 어려움 때문에 소련은 다른 국가들에게 소련의 예를 따르라고 주장하는 것이다.

만약 자본주의 국가들이 국제 무역에 대해 서로 합의하지 못한다면 게다가 만약 소련이 공산주의적 사회주의를 부분적으로나마 성공시킨다면, 다른 나라들은 실업에 수반되는 문제들로 계속 고통받을 뿐 아니라 더 큰 동요와 혼란의 시기를 겪게 될 가능성이 높다고 예측된다.

우리는 자본주의와 사회주의 모두에서 지금 도달한 위치를 유지할 수 없을 것이며, 각각의 극단은 필연적으로 폐기될 것이라고 생각한다. 이 관점은 은행가나 대기업과 중요한 관계를 유지하는 미국 법률가 협회의 저명한 구성원이 쓴 최근의 글에도 상당 부분 표현되어 있다.[5] 그는 다음과 같이 말했다.

> "지난 25년 동안 사회주의 사고의 발전은 소련 공산주의가 표현하듯 선명한 붉은 색이든 아니면 덜 선명한 어조로 표현되든 현명한 사람이라면 무시할 수 없는 요소이다. 이는 자본주의적 사고와 행동 양식에 영향을 미치고 있으며, 성향으로든 환경으로든 가장 폭력적인 적들을 포함한, 세상의 모든 사고와 행동 양식에 계속 영향을 미치게 될 것이다.
>
> 그러나 1917년 이후 소련도 자본주의적 영향이 끼치는 충격을 감지하고 있다. 러시아공화국의 경우 1917년 혁명 지도부가 거부하고 폐기했던 자본주의적 관행들을 다시 차용하고 있다. 이론가들은 인간 본성의 내재적 특징들을 고려하지 못했다. 개인을 지나치게 억압하는 국가이든 사회적 의무를 지나치게 간과하는 자본주의 체제이든, 개인들은 자신의 의지에 따라, 장기의 말처럼 움직여지는 걸 거부한다.
>
> 하나의 이념보다는 두 이념의 장점들이 작용 가능하게 결합하는 것이 개선된 사회 경제 질서를 구축하는 데 보다 나은 기반을 제공할 수 있지 않을까 검토할 시점이 된 것이다."

의료의 사회화 the socialization of medicine

지금까지의 언급은 경제학의 특별한 기준에 기초한 일반 정책에

5. Albert G. Milbank in "Socialized Capitalism" in the *Survey Graphic*, July, 1932.

관한 것이다. 어떤 면에서는 자본주의적 공동체와 사회주의적 공동체 사이에 뚜렷한 경계는 존재하지 않는다. 자본주의 국가 내에서도 사회주의적인 면이 많이 발견된다. 이를테면 필수품이나 생활 편의 시설의 공급을 공공 기금에서 충당하는 예를 들 수 있다. 이를테면, 상하수도, 쓰레기 처리, 공원, 박물관, 미술관, 음악회나 각종 교육 시설이 그에 해당한다. 국가나 시가 세금을 이용하여 무상으로 제공하는 다양한 의료 행위도, 사회보험도, 국가 사회주의 정책의 특징을 가진다.

우리는 공공 기금을 이용하여 의료 지원을 공급하는 의료의 사회화에 특별히 관심을 가지고 있다. 23장에서는 인간과 과학이 요구하는 의료 지원의 조건들에 대해 설명했다. 다른 장에서도 소련이 시행하고 있는 의료 지원의 주요 특징들을 기술하였다. 우리가 자세히 설명한 제도들은 국가 사회주의에 대한 선입견과 편견에서 벗어나 그 제도들이 가진 장점을 토대로 판단되어야 한다. 최악의 노예 상태란 옳고 그름을 따지지 않고 사회적 행위가 사회 체제를 옹호하는 교조에 적합한가 아닌가로 속단하는 사고 방식이다. 다행히도 대부분의 국가들은 이런 식으로 억압되는 것을 거부하므로 우리는 이 책에서 소련 의료의 장단점을 자유롭게 요약하여 제시하였다.

모든 문명 국가들의 의료는 50퍼센트 이상 사회화했다. 정신 질환을 포함한 모든 질병을 치료하는 데 집보다는 병원이나 기관이 더 많이 이용되고 있다. 가정 치료도 부분적으로 또는 전적으로 국가나 시가 서비스를 책임지며 다양한 형태의 질병 보험 제도도 마찬가지이다. 대부분의 병원 치료는 국가가 책임진다. 영국과 미국은 예외이긴 하나 상당 부분 국가 서비스가 존재한다.

모성 영유아 돌봄이나 가난한 이들을 위한 정책, 결핵이나 성병 등 특수 질병에 대한 다양한 국가 정책을 여기서 자세히 설명할 필요는 없겠다. 다만 서구 모든 국가들에서도 공공 의료 행위가 민간 의료 행위보다 훨씬 큰 규모라고 확언해도 괜찮을 것 같다.

이미 살펴 본 대로 소련의 위치는 아주 특별하다. 몇몇의 핵심적인 세부 사항을 얘기하자면 소련은 '의료의 사회화'라는 측면에서 다른 나라들을 추월했다. 소련은 의사를 물질적 경쟁의 영역에서 거의 완전히 분리하였으며 그 결과 부적절한 의료 서비스의 주요 원인이 제거되었다. 소련은 국가가 지불하는 무상 의료 서비스를 놀라울 만큼 완전하게 대다수의 도시 인구에게 즉시 제공할 수 있게 했으며, 이는 빠른 속도로 시골 지역으로도 확대되고 있다. 또한 의료를 사회적으로 접근함은 물론, 예방 의료적으로도 상당 부분 전환하여 통합적인 서비스를 제공하고 있다.

소련은 인구 전체를 대상으로 한 일원화한 의료 제도를 갖추어 서구 의료가 겪고 있는 문제점들, 서비스의 중복, 공백 등을 해소하고 있다. 그럼에도 시골 지역 의료 서비스에서의 공백은 인정할 수밖에 없다.

엄청난 성과이다. 새로운 제도는 완벽과는 거리가 멀지만, 고작 12년 동안 치열하게 보건 체계 조직화를 진행하고 있는 그들에게 완벽을 기대할 수는 없다. 하지만 다른 나라들은 이런 점에서 소련의 정교한 중앙집권적 정부를 부러워한다 해도 과언이 아니다. 소련은 이러한 노력 덕분에 과거의 복잡한 문제들을 다 털고, 통합된 방식으로 거의 보편적인 국가 의료 서비스를 시작할 수 있었고, 서유럽과 미국 의료에서 발생하고 있는 문제들로부터도 자유로울 수 있었다. 거의 무에서 시작했다는 유리한 점을 감안하더라도, 경제 능력이 없는 이들도 이용할 수 있는 만족스러운 의료 서비스를 통합적이고 보편적으로 현실화한 것은 다른 국가들이 도달하기 어려운 일임이 분명하다. 그러나 서구 국가들이 추구하는 국가 의료 서비스의 발달이 소련이 채택한 방법과 일치하지는 않을 것이다.

한 가지 문제점을 지적하자면 자본주의를 고수하는 국가들의 경우 재정적인 이익을 고려하여 앞으로도 질병 보험에 가입해 있는 노동자들에게 진료비를 매주 직접 지불하게 할 확률이 높다. 왜냐하면 미래의 보험 수혜자가 직접 진료비를 지불하게 함으로써 사회보험에서 개인의 역할을 명확히 할 수 있기 때문이다. 하지만 이러한 제도가 의료 측면에서 계속 유효하게 기능할까 하는 질문이 남는다.

사회보험의 의료 측면과 통합 의료 서비스의 전반적인 문제점에 관해서는 그 목표와 이상을 포함하여 21장에서 설명하였으므로 관심 있는 독자들이라면 참고하기 바란다.

인민의 건강과 사회적 안녕을 목적으로 대담할 정도로 독창적인 제도를 구축하기 위해 소련이 시행한 일들은 다른 나라들에게 도전이 되고 있다. 해리 에머슨 포스딕Harry Emersion Fisduck 목사는 한 나라를 위한 이런 도전의 중요성을 설명하면서,[6] 공산주의에 대해 미국과 관련하여 다음과 같이 말했다.

> "…미국이 공산주의의 도래를 막을 방법은 사회 개혁을 위해 그들과 같은 노력을 보여주는 것뿐이다. … 소련의 공산주

6. *New York Herald Tribune*, 1933년 1월 23일.

의자들은 실제로 희생 정신과 대단한 열정으로 스스로를 불태우는 중이다. 어떤 희생을 치르고서라도, 심지어 무자비한 박해의 희생을 치르더라도 더욱 나은 사회를 위한 제도를 구축하려 할 것이며, 우리가 그들과 궁극적으로 경쟁할 수 있는 유일한 방법은 적어도 동등한 열정을 사회 개혁에 투자하는 것이다."

그는 이렇게 결론을 짓는다.

"만약 우리 미국의 기독교 신자들보다 러시아의 무신론자들이 더 나은 사회 질서를 구축하기 위해 더 노력을 기울이게 되면 어떡할 것인가? 그것은 우리끼리의 경쟁이 야기하는 도덕적 난점moral crux이다."

이 주제는 '더 나은 사회 질서'를 충분히 포괄적인 정의에 근거하여 생각하면 명확해진다. 신과 영혼으로 이어진 인간이라는 인식 없이 그런 질서가 과연 만들어질 수 있을까?

이렇게 더 완전해진 정의에 따르면, 이 문제는 보이는 것처럼 불공평한 것은 아니다. 하지만 도전은 여전히 남는다. 서구 문명이 받아들이고 직면해야 할 도전이.